西江月·养老财之道

本书作者　张耀军

人力难支大业，资金苦觅维艰。

十年养老步蹒跚，入住牵勉过半。

国策银发经济，投资各路神仙。

养老财道有真言，精益管理无限。

养老·财之道

从规划到运营实战

张耀军——著

中国财经出版传媒集团
中国财政经济出版社
北京

图书在版编目（CIP）数据

养老 ：财之道 ：从规划到运营实战 / 张耀军著
. -- 北京 ：中国财政经济出版社，2024.5
ISBN 978-7-5223-3140-9

Ⅰ. ①养… Ⅱ. ①张… Ⅲ. ①养老院－财务管理－研究－中国 ②养老院－税收管理－研究－中国 Ⅳ. ①D669.6

中国国家版本馆CIP数据核字（2024）第091803号

责任编辑：尉 敏　　责任校对：胡永立
封面设计：MXK DESIGN STUDIO Q:1765628429　　责任印制：史大鹏

养老·财之道——从规划到运营实战
YANG LAO · CAI ZHI DAO——CONG GUI HUA DAO YUN YING SHI ZHAN

中国财政经济出版社 出版

URL：http：//www.cfeph.cn
E-mail：cfeph @cfemg.cn

社址：北京市海淀区阜成路甲28号　邮政编码：100142
营销中心电话：010-88191522
天猫网店：中国财政经济出版社旗舰店
网址：https：//zgczjjcbs.tmall.com
北京中兴印刷有限公司印刷　各地新华书店经销
成品尺寸：170mm×240mm　16开　21.25 印张　307 000字
2024年5月第1版　2024年5月北京第1次印刷
定价：108.00元
ISBN 978-7-5223-3140-9
（图书出现印装问题，本社负责调换，电话：010-88190548）
本社图书质量投诉电话：010-88190744
打击盗版举报热线：010-88191661　QQ：2242791300

推荐语

“好雨知时节，当春乃发生。”最近阅读了张耀军先生的《养老·财之道——从规划到运营实战》文稿，感觉眼前一亮。养老机构尤其是民营养老机构走过了十几年的路，一路磕磕绊绊，入住率低，盈利困难。养老机构怎么实现盈利，怎么实现可持续高质量发展，是摆在所有养老投资者和管理者面前不能回避的问题。这本书印刷出版太及时了。《养老·财之道——从规划到运营实战》告诉我们，精细化管理是解决这一问题的金钥匙。希望大家读一读这本书，对提升养老机构的管理能力，拓展管理思路大有裨益。

吴昂坪

中国社会保障学会养老分会副会长

北京市曜阳公益基金会副书记

推荐语

“它山之石，可以攻玉。”《养老·财之道——从规划到运营实战》是一本难得一见的养老机构经营管理工具书。本书作者既是专业的财务专家也是养老机构的管理者，作者通过自己的实践经验和大量的案例阐述了养老机构盈利的底层逻辑，介绍了部分管理工具在实务中的应用。这本书不但对养老机构的管理者和财务人员有借鉴和参考价值，同时对从事养老产业研究的专家学者而言，也是一本非常有益的参考资料。特别向读者推荐这本书。

于显洋

中国人民大学社会学系教授、博士生导师

中国老年学和老年医学学会社区居家养老分会会长

推荐语

养老机构不挣钱，甚至是亏损！社会上普遍这么认为，甚至业界里的一些人也是想当然。在实地调研中，有一些养老院硬件设施较好，价格不高，入住率高，老年人满意。有的养老院则相反，主要问题还是经营管理问题。认识了耀军老师以后，我们经常讨论这个问题的解决之道，也请他为会员讲课。最近，读了他几十万字的《养老·财之道——从规划到运营实战》书稿，眼前豁然。该著作理论联系实际，从战略规划、组织架构、专业服务、人员管理、市场运营、财务经营等全过程，系统阐述了养老机构经营管理的目标、任务、方法等。该著作的问世，使我们明白了一个现实问题：为什么养老院不挣钱！在日益激烈的竞争中，“两升一降”是必然选择，即提升服务管理水平，提升竞争力，降低运营成本。我相信，耀军老师的这本书，就像昏暗中的一束光，为养老学界和养老产业界带来正能量。

王衍臻

博士，民政部专家咨询委员会委员

北京信息科技大学新时代社会服务发展研究中心副主任

推荐语

干养老到底挣不挣钱？究竟如何挣钱？如何快速提升入住率？……这是我在一线调研中，大家经常会问到我的主要共性问题。我曾经想从已有的养老书籍中寻找答案，但没有找到满意的。看到《养老·财之道——从规划到运营实战》之后，眼前一亮，真可谓“众里寻他千百度，蓦然回首，那人却在，灯火阑珊处。”细品，我能深刻感受到作者的不容易。如果没有十年如一日的一线实践，没有高超的总结提炼能力，没有一颗无私而博大的情怀，将养老机构开源节流等核心问题定量阐述得如此清晰并主动分享是不现实的。在此，我也非常愿意将此书分享给关注养老的朋友，相信您一定能开卷有益，少走弯路！

郑志刚

博士，毕业于中国科学院遥感应用研究所，北京大学社会学系博士后。现任北京孝为先信息技术有限公司CEO。先后兼任中国老年学和老年医学学会社区居家养老分会副会长、康养分会副主任委员，中国老龄产业协会研究室副主任等职务

序言

吴玉韶

随着我国人口老龄化的加剧，机构养老作为国家养老服务体系的重要支撑，在国家养老服务事业发展中的作用日益凸显。“十二五”以来，我国养老机构取得快速发展，无论是数量还是质量，都实现了历史性突破。截至2022年底，全国注册登记的养老机构4万多个，床位518万张。但是从总体上看，许多养老机构依然存在着管理粗放、精细化管理水平较低等问题。如何有效地经营管理养老机构，确保其服务质量和运营效率与效果，成为了摆在养老机构管理层面前的重要课题。

张耀军先生编写的《养老·财之道——从规划到运营实战》正是对这一问题进行深入探讨的专著，而且填补了这一领域研究的空白。张耀军先生具有中国注册会计师、高级管理会计师、高级内部控制师等资格，深耕养老机构财务管理和运营管理十余年，积累了丰富的实践经验。本书结合实践经验和理论研究，站在财务视角，系统地阐述了养老机构经营管理的各个方面，包括会计实务、税收政策、精细化管理等多个方面。书中既有理论阐述，又有实例分析，还有管理工具应用指导。对于养老机构的管理者和从业人员来说，是一本很有参考和借鉴价值的书籍。

在精细化管理方面，本书从23个精细化管理方向做了阐述，包括从规划到实现满入住等一系列内容。在会计实务和税收法规方面，本书区分非营利性养老机构和营利性养老机构，进行了实务案例讲解，并在书中详细说明了相关法律法规条文以及文号，便于读者据以查询相关法律法规并深入学习。

《养老·财之道——从规划到运营实战》是一本内容丰富、实用性强的著作，对于养老机构的经营管理者和财务从业人员来说具有很高的参考借鉴价值。2024年初，民政部等12部门联合印发了《关于加强养老服务人才队伍建设的意见》(以下简称《意见》)。《意见》指出："支持配强养老院院长和人力资源、财务、质量等方面管理岗位，积极拓展养老顾问等岗位，探索引进职业经理人，着力打造一批懂养老、会运营、擅管理的养老服务经营管理人才，引领提升机构质量管理、规范运营、风险防控能力"。这本专著，为推进《意见》的执行落地也将发挥抛砖引玉的作用，激励更多养老机构管理人员参考并分享自己的管理经验，从而提升整个养老服务业的管理水平，推动养老服务业高质量发展。

"道阻且长,行则将至；行而不辍,未来可期"。我国养老服务事业是一项伟大而新兴的事业，推动新时代养老服务事业高质量发展，需要政产学研共同努力，需要几代养老人持之以恒地不断实践和探索。期待着张耀军先生探索不止，笔耕不辍，为推动中国养老机构管理再上新台阶做出新贡献！

（作者系中国社会福利与养老服务协会会长，
复旦大学老龄研究院副院长、教授、博士生导师）

作者序

国务院办公厅于2016年12月7日颁布了《关于全面放开养老服务市场提升养老服务质量的若干意见》(国办发〔2016〕91号)。2020年8月21日，民政部部务会议通过《养老机构管理办法》(民政部令第66号)，该办法对养老机构管理做出了新的规范，并于2020年11月1日起施行。社会资本大举进入养老服务市场，营利性养老机构如雨后春笋般在全国各地纷纷注册成立。

然而，养老机构的经营状况却不容乐观。一是入住率低。2020年7月29日，民政部2020年第三季度例行新闻发布会发布信息，全国共有各类养老机构4.23万个，床位429.1万张，收住老年人214.6万人。据此计算入住率为50%。据千龙网转载的2023年7月3日北京日报信息，北京市有养老机构517家，共11.2万张养老床位，总体入住率仅38%。养老机构是劳动密集型社会组织，以人力资源成本为主的固定成本占比较高，在入住率较低的情况下，必然会出现大面积亏损。二是高素质管理人才少。养老服务人才紧缺问题成为制约新时代养老服务业高质量发展的瓶颈，特别是高层次的管理人才更为紧缺。《上海市养老机构评价报告》[①]一书

---

① 黄钢、钱芝网、万广圣:《上海市养老机构评价报告(2018)》，北京：社会科学文献出版社，2019。

中，对上海市493家养老机构的管理及技术人员信息做了统计，管理人员占员工总人数比为14.01%，行政管理人员配置比例略高于10%。从管理人员的学历构成看，高中及以下学历占比为42.27%，大专/高职学历占比为35.98%，本科学历占比为20.55%，研究生及以上学历占比1.2%。这是上海市养老机构的管理人员现状，全国平均水平会更低。虽然近几年高端管理人才进入养老领域的情况有所增加，但管理人才短缺，管理水平较低的局面没有较大改善。

在从事养老机构财务和运营管理的十余年生涯中，我见证了许多充满情怀和社会责任感的养老投资人在养老服务路上的艰辛打拼过程，也见证了许多因为不懂经营导致严重亏损而不得不进行转让重组的事例。有的养老机构坚信酒香不怕巷子深的传统理念，一心一意做服务，忽视了市场营销的管理工作，对养老机构固定成本高昂的行业经济特性认知不清，导致入住率迟迟不能提高而连年亏损。有的养老机构没有正确认知高端养老的理念，认为高端养老就是硬件设施的高大上，投入巨额资金进行适老化改造与装修，运营成本高昂，连年亏损，资金链断裂，影响持续经营。有的养老机构盲目引进中高端的服务模式，没有考虑自身的收费水平与服务成本的合理匹配关系，导致边际贡献额较少，无法收回固定成本而连年亏损。有的养老机构人员超配，有的养老机构定位错误，有的养老机构“跑冒滴漏”严重……各种管理问题不一而足。

社会进入微利时代。如何提高养老机构的竞争力，如何提高养老机构的经营管理水平和盈利能力，始终是我思考的问题。经过十余年的实践经验和理论验证，结合上百家养老机构经营情况，我编写了《养老·

财之道——从规划到运营实战》一书。本书站在财务视角，本着养老机构“降本、增效、促收、提质”管理逻辑，着力理论研讨、案例解析、管理工具应用等几个方面，力图给读者提供一本接地气、可实操、零水分的实战手册。

本书主要包括以下几个方面。

1. 养老机构会计实务

该部分区分营利性养老机构和非营利性养老机构编写。营利性养老机构会计实务以《企业会计准则》为依据，非营利性养老机构会计实务以《民间非营利组织会计制度》为依据。两种性质不同的养老机构，适用的会计制度不同，在账务处理和财务管理方面有着较大的差异。但由于同为养老机构，在经营管理方面又有着极高的相同性。

2. 养老机构税收政策

作者发现，目前还没有一本书籍，对两种不同性质的养老机构的税收政策做过系统的梳理。在实务中，养老机构财务人员经常不加区分地套用税收政策。本书按照养老机构的性质，分别对其适用的税收政策做了介绍。有关税收政策皆为截至出版发行日有效的税收政策。为便于读者深入扩展学习，在相关政策后都注明了文号。

3. 养老机构精细化管理

养老机构是一个劳动密集型和服务型社会组织，工作人员多，老人多，且服务的对象是一个极为特殊的群体。养老机构要实现盈利，就必须在精细化管理方面下功夫。从管理现状看，整个养老服务行业处于一个相对粗放的管理状态。这个局面的产生，与养老机构市场化时间较短有关，与养老服务人才不足有关，也与业内管理理论研究缺失有关。

精细化管理内容很多，本书结合管理实际，讨论了养老机构精细化管理的23个方面，对养老项目前期的规划、决策到后期的开业与运营各个环节中所遇到的经营管理事项都做了一定深度的论述。比如，如何决策闲置资产进行养老项目改造，如何快速评价一个公建养老项目的优劣以备投标决策，如何完成开业筹备，如何进行价格设计和服务设计，如何管理入住与退住，如何制定战略管理指标等。

“嘤其鸣矣，求其友声”。希望这本书的出版发行，引起社会对养老机构经营管理的关注，从而在养老机构、研究机构、政府监管部门内激发对养老机构经营管理更深层面的交流探讨，共同推动养老机构的高质量发展。

本书承蒙吴玉韶先生（中国社会福利和养老服务协会会长，复旦大学老龄研究院副院长、教授、博士生导师）作序，吴昂坪先生（中国社会保障学会养老分会副会长，北京市曜阳公益基金会副书记）、于显洋教授（中国人民大学社会学系教授、博士生导师）、王衍臻博士（民政部专家咨询委员会委员，北京信息科技大学新时代社会服务发展研究中心副主任）、郑志刚博士（北京孝为先信息技术有限公司CEO，中国老龄产业协会研究室副主任）推荐，并在编写过程中得到了以下单位和个人的支持、建议，在此一并表示感谢！

（按姓名首字拼音排序）

党俊武先生　中国老龄科学研究中心副主任

董怀虎先生　光大养老

丁洪昌先生　中国老龄产业协会医养结合与健康管理委员会

丁　振先生　北京千禾颐养家苑养老服务有限责任公司

冯　胜先生　长友养老集团

黄　明先生　北京寸晖养老服务有限公司

黄明超先生　白山黑水文旅（北京）有限公司

李　强先生　新脉科技有限公司

刘　淼女士　北京培值会计师事务所

单成微女士　黑龙江依伴健康服务有限公司

谈义良先生　九如城养老创始人

陶美玲女士　善果养老集团

田兆东先生　中导智慧城市规划设计研究院

王国权先生　德亨仁厚养老集团

温伟文先生　华龄文化集团有限公司

吴广华先生　北京瑾泰农业科技有限公司

伍乐蒙先生　陕西省三秦养老服务协会

席剑涛先生　深圳第一养老集团

杨兴群女士　舜兴控股集团

姚　冀先生　通用技术集团国中康健华录健康养老有限公司

赵东升先生　中海鼎力（北京）建设有限公司

张　晋先生　中国健康养老集团研究院

张浩富先生　广东老林康养家具有限公司

张俊岭先生　四川中泰联合设计股份有限公司

张　平先生　聊城康城养老服务有限公司（裕昌·九州康城）

张瑞华女士　北京莲清康养服务有限公司（瑞华康养工作室）

其他对本书编写提供支持指导的各位同仁！

因时间原因，本书瑕疵在所难免，敬请读者指正！

本书作者　张耀军

2024年4月

Contents
目录

养老机构概述篇 1

引言 …… 2

一、养老机构发展简介 …… 3

二、养老机构定义及有关概念 …… 6

会计实务篇 17

引言 …… 18

第一章　非营利性养老机构会计实务 …… 20

✧ 第一节　预收款及收入会计处理 …… 20

✧ 第二节　成本费用的会计处理 …… 26

✧ 第三节　固定资产的会计处理 …… 39

✧ 第四节　装修改造以及摊销会计处理 …… 43

✧ 第五节　长期投资 …… 46

✧ 第六节　筹开期间费用会计处理 …… 47

✧ 第七节　资产减值损失与计提资产减值准备 …… 48

✧ 第八节　净资产 …… 48

✧ 第九节　非营利性养老机构会计报表样式 …… 49

第二章　营利性养老机构会计实务 …………………………… 53
✧ 第一节　预收款及收入会计处理 ………………………………… 53
✧ 第二节　成本费用的会计处理 …………………………………… 58
✧ 第三节　固定资产的会计处理 …………………………………… 71
✧ 第四节　装修改造以及摊销的会计处理 ………………………… 74
✧ 第五节　资产减值损失与计提减值准备 ………………………… 77
✧ 第六节　筹开期间费用会计处理 ………………………………… 77
✧ 第七节　所得税会计处理 ………………………………………… 78
✧ 第八节　利润结转及本年利润的分配 …………………………… 79
✧ 第九节　营利性养老机构会计报表样式 ………………………… 80

税收政策篇　85

引言 ………………………………………………………………… 86
第三章　与养老机构有关的主要税种简介 ……………………… 87
第四章　养老机构税收政策 ……………………………………… 90
✧ 第一节　增值税 …………………………………………………… 90
✧ 第二节　城建税、教育费附加、地方教育附加 ………………… 96
✧ 第三节　企业所得税 ……………………………………………… 97
✧ 第四节　个人所得税 ……………………………………………… 102
✧ 第五节　房产税和城镇土地使用税 ……………………………… 111
✧ 第六节　车船使用税 ……………………………………………… 112
✧ 第七节　契税 ……………………………………………………… 112

✧ 第八节 印花税 …… 113

精细化管理篇 115

引言 …… 116

第五章 养老机构成本精细化管理 …… 118

✧ 第一节 养老机构成本概述 …… 118

✧ 第二节 固定成本管理 …… 122

✧ 第三节 护理成本管理 …… 124

✧ 第四节 餐饮成本管理 …… 130

第六章 养老机构运营管理 …… 137

✧ 第一节 战略管理指标 …… 137

✧ 第二节 管理抓手—入住率 …… 140

✧ 第三节 退住管理 …… 144

✧ 第四节 服务定价 …… 149

✧ 第五节 收费管理 …… 158

✧ 第六节 请销假、退费、结算 …… 161

✧ 第七节 人力资源管理 …… 165

✧ 第八节 营销管理 …… 173

✧ 第九节 护理工时管理 …… 186

✧ 第十节 业务外包 …… 193

✧ 第十一节 多维度财务管理 …… 197

✧ 第十二节 管理用报表 …… 200

✧ 第十三节　经营管理指标 ······ 213
✧ 第十四节　经营诊断分析 ······ 219
✧ 第十五节　经营分析会 ······ 230
✧ 第十六节　满入住利润测算 ······ 234
✧ 第十七节　年度财务预测 ······ 241
✧ 第十八节　连锁经营管理 ······ 251

第七章　养老项目的前期工作 ······ 259

✧ 第一节　养老机构盈利的底层逻辑 ······ 259
✧ 第二节　养老项目市场调研 ······ 263
✧ 第三节　闲置资产改造养老项目决策 ······ 266
✧ 第四节　如何快速评估公建养老项目的投资价值 ······ 272
✧ 第五节　开业筹备指南 ······ 275

财务法规篇 281

养老机构概述篇

引言

什么是养老机构？

按照2020年11月1日起施行的《养老机构管理办法》，养老机构是指依法办理登记，为老年人提供全日集中住宿和照料护理服务，床位数在10张以上的服务场所。

1. 依法办理登记

依法办理登记，指的是按照市场监管部门颁布的公司登记法律法规或民政部门颁布的养老机构管理办法以及其他社团法人登记法律法规进行的登记。

2. 为老年人提供全日集中住宿和照料护理服务

根据《中华人民共和国老年人权益保障法》第二条，老年人是指六十周岁以上的公民。

全日集中住宿是指老年人24小时内集中住宿生活。

3. 床位数量

养老机构要求床位数量在10张以上。

一、养老机构发展简介

1. 南北朝时期

老有所养是儒家所推崇的养老思想。在儒家思想的影响下，“养儿防老”成了中国传统社会的普遍观念，子女赡养老人被认为是天经地义的。自古以来，中国社会养老一直以家庭养老为主。

战国时期，孟子就曾表达过他心目中的社会保障：老有所养，幼有所教，这是农耕社会里仁政思想对弱者的关注。《孟子·齐桓晋文之事》说：“五亩之宅，树之以桑，五十者可以衣帛矣。鸡豚狗彘之畜，无失其时，七十者可以食肉矣。谨庠序之教，申之以孝悌之义，颁白者不负戴于道路矣。”从西周到魏晋，尽管各朝都有一些社会救济措施，却没有从典籍中发现专门慈善机构的记载。直到南北朝时期，社会养老有了一些体制上的突破。公元521年，南朝梁武帝萧衍曾下诏宣布：“凡民有单老孤稚不能自存，主者郡县咸加收养，赡给衣食，每令周足，以终其身。又于京师置孤独园，孤幼有归，华发不匮。若终年命，厚加料理。”不仅提供衣食，给他们家的温暖，还要帮助老人料理后事。这是以国家之力来照顾无子赡养的老年人，可谓中国古代第一个官办的慈善机构和“养老院”。“孤和独”二字在汉字解释中，指的是幼而无父和老而无子的人，从“孤独园”的名字来看，重点关注以下社会弱势群体：既收养无家可归的孤儿，又收养无人赡养的老人。然而，孤独园规模多大？收养了多少人？如何照料老人？又存续了多长时间？已经难以详考。

2. 唐朝

唐代也有官方养老院，称之为“悲田坊”，又称“悲田养病坊”。在唐代武后长安年间（701~704年）即已设置。其后，在玄宗·开元五年（717年），由于宋璟等人奏请朝廷设置收容孤老贫病人的安养设施，唐朝政府即自僧侣中选任悲田养病使，在长安等地设立悲田养病坊。期初收容对象为无家可归的老年乞丐。悲田坊对社会影响很大。宋代著名诗人苏东坡有一次曾对他的弟子说："我上可以陪玉皇大帝，下可以陪悲田院乞儿。在我眼中天下没有一个不是好人。"可见当时的悲田院影响一直到了宋代。

3. 宋朝

宋代继承了前代设立国家救济机构的做法，在京城开封设立了两个福田院，负责收养鳏寡孤独者以及城中饥民。宋代的"养老院"称之为福田院。"福田"的含义也来源于佛经，意思是积善行可得福报，好像庄稼一样春种秋收。宋朝建立了收容机制，每当冬季来临，会安排官员到街头巡逻，收容老幼饥民到福田院生活。据《宋会要辑稿·食货六八·恩惠》记载，福田院也有现在人数定额限制，冬季可以适当突破限制人数。宋朝财务部门会根据收养人数，按照规定拨付相应的钱粮。

4. 明朝

明朝的"养老院"称之为济养院。明太祖朱元璋出身贫寒，对社会救济福利深有感触。朱元璋创立了三大福利机构，分别是养济院、漏泽园和惠民药局。让百姓老有所依，死有所归，病有所医。朱元璋还特别规定了官员追责制度，发现了无家可归的流浪汉，或者无人照顾的残疾人，要追究地方官员的责任。朱元璋还曾在南京郊外修筑救济公房，安排无家可归者居住。

5. 清朝

清代的"养老院"称之为普济堂。康熙皇帝在北京设立了"普济堂"，要求各地方仿效建立。普济堂由政府划拨耕地和其他用地维持日常经营。

普济堂由专人具体管理，从史料看，管理制度相对以前朝代详细。比如，江苏松江普济堂规定：该堂每年收容220名，投堂的人要年满50岁，无依无靠；凡是全力尚壮、能谋生的一概不收。江苏的《松江府志·建置》记录了普济堂的日常开支：老民每天早晚吃稀粥，中午吃干饭，每天定量是白米八合，盐、菜钱2文，午饭有蔬菜，初一、十五两天有豆腐皮等菜。每逢端午节、中秋节，各领赏钱20文。端午节后领席、扇钱34文，冬至后领柴钱14文、布袄钱100文。老民病故，给棺材、安葬钱3 000文。从这些记录看出，养老院的管理已经到了一定的高度。

6. 民国时期

民国时期的“养老院”叫法各不相同，“养老院”“老人堂”“安老院”“孝敬居”“婆婆亭”五花八门。由于民国时期社会动荡，战乱频仍，养老事业没有得到好的发展。

7. 新中国

1949年新中国成立之后，养老服务市场经历了一个曲折发展的过程，归纳起来可分为四个阶段。

第一阶段（1949—1977年）：孕育发展阶段。

基于计划经济的背景，主要解决部分困境老年人社会照护问题，对于入住养老机构的五保、孤寡对象以及优抚对象等，由政府开办的福利性养老机构提供生活照护型粗放式养老服务。此时的养老服务还不是一个独立的概念和服务形式，包含在社会福利范围之内。

第二阶段（1978—1999年）：探索发展阶段。

基于市场经济的背景，在完善政府为主的福利性服务的同时，探索解决社会养老问题，与养老服务相关联的老龄工作机构、老年法规、养老机构和管理规章首次出现。老年人福利服务和养老机构提供的服务开始了新发展。

第三阶段（2000—2011年）：体系化发展阶段。

根据联合国制定的标准，1999年中国正式进入人口老龄化国家行列。养老服务、养老服务业及社会养老服务体系建设成为关键词，养老服务从内涵、内容到政策法规、技术标准、人员等均有长足发展。为了应对人口老龄化，党和政府也采取了一系列积极应对的措施。

第四阶段（2012年至今）：快速发展时代。

2012年以来，新一届党中央高度关注养老服务和老龄工作，积极应对人口老龄化，中国养老服务进入新时代。政府在“保基本、兜底线”的基础上，从顶层设计、政策规划、政策执行和配套等多个方面来推进养老服务的市场化改革。社会养老服务体系、积极科学及时应对人口老龄化、老龄事业与老年产业成为关键词。我国的养老服务市场进入了全面发展的新时期。

根据国家统计局2023年2月28日发布的《中华人民共和国2022年国民经济和社会发展统计公报》的数据，截至2022年末，全国共有养老机构4.0万个，养老服务床位822.3万张。

二、养老机构定义及有关概念

（一）养老机构定义

按照2020年11月1日起施行的《养老机构管理办法》第二条："本办法所称养老机构是指依法办理登记，为老年人提供全日集中住宿和照料护理服务，床位数在10张以上的机构。"

根据此定义，养老机构具备以下三个特征。

1. 依法办理登记

依法，指的是公司登记法律法规或民政部门颁布的养老机构管理办法以及其他社团法人登记法律法规。登记，指的是在市场监督管理部门或者民政部门进行注册登记。登记为企业法人或者社会团体法人，并颁发企业法人营业执照或者社会团体法人登记证书。

2. 为老年人提供全日集中住宿和照料护理服务

这段话阐明了服务对象（老年人）、服务特征（全日集中住宿）和服务内容（照料护理）。

老年人：根据《中华人民共和国老年人权益保障法》第二条："老年人是指六十周岁以上的公民。"

全日集中住宿：老年人24小时内集中住宿生活，体现了养老机构与日间照料机构、老年人住宅等的区别。

照料护理：照料后增加了护理二字，强化了养老机构主要面向失能老年人服务的发展方向。

3. 床位数量

养老机构要求床位数量在10张以上。这是因为《养老机构管理办法》

等法律法规对养老机构的服务和运营提出了很多制度性要求，如果床位数量太低，很难满足管理要求。对床位数量不到10张的，就意味着不能作为养老机构实施管理。

（二）何为非营利养老机构和营利性养老机构

国务院办公厅2016年12月7日印发的《关于全面放开养老服务市场提升养老服务质量的若干意见》（国办发〔2016〕91号）为标志性事件，大力推动了社会资本进入了养老市场，营利性养老机构如雨后春笋在全国各地纷纷注册成立。

2018年12月29日修订的《中华人民共和国老年人权益保障法》取消了养老机构设立许可，要求实行养老机构登记备案和部门综合监管制度。

2020年8月21日民政部部务会议通过、2020年11月1日起施行的《养老机构管理办法》又对养老机构管理做出了规范。其中第二条明确：养老机构包括营利性养老机构和非营利性养老机构。

非营利性养老服务机构和营利性养老服务机构的主要区别如表0–1所示：

表0–1

项目	非营利养老服务机构	营利性养老服务机构
性质	福利性、公益性	营利性
登记机关	一般在民政部门登记	在市场监督管理部门办理登记
持有证书	社会团体法人登记证书	企业法人登记证书
投资方	国家财政投资/房地产企业配建/其他社会组织捐建	其他社会组织建设
产权方	民政部门	其他社会组织
财务管理	民间非营利组织会计制度	企业会计准则、小企业会计准则等

（三）何为公建公营、公建民营和民建民营

在2016年12月7日国务院办公厅印发《关于全面放开养老服务市场提升养老服务质量的若干意见》（国办发〔2016〕91号）文件出台前，作为产权属于民政部门的养老项目，大部分由民政部门直接管理，俗称“公建

公营”。在上述文件出台后，逐渐委托社会养老服务企业管理，俗称“公建民营”。

作为产权属于其他社会组织的养老项目，一般由自己直接管理，俗称“民建民营”。

（四）公建民营养老项目一定办理非营利养老机构登记吗

公建民营养老项目，属于公益性养老项目。但是不同地方的民政部门，对受托运营的养老机构性质以及在当地注册的运营机构性质要求并不相同，全国主要有以下几种情形。

1.受托方必须是非营利性养老机构，在养老项目属地办理非营利养老机构进行管理。

2.受托方必须是非营利性养老机构，在养老项目属地可办理营利性养老机构进行管理。

3.受托方可以是营利性养老机构，在养老项目属地可办理营利性养老机构进行管理。

附录：养老机构管理办法

养老机构管理办法

（2020年9月1日民政部令第66号公布　自2020年11月1日起施行）

·第一章　总　则·

第一条　为了规范对养老机构的管理，促进养老服务健康发展，根据《中华人民共和国老年人权益保障法》和有关法律、行政法规，制定本办法。

第二条　本办法所称养老机构是指依法办理登记，为老年人提供全日集中住宿和照料护理服务，床位数在10张以上的机构。

养老机构包括营利性养老机构和非营利性养老机构。

第三条 县级以上人民政府民政部门负责养老机构的指导、监督和管理。其他有关部门依照职责分工对养老机构实施监督。

第四条 养老机构应当按照建筑、消防、食品安全、医疗卫生、特种设备等法律法规和强制性标准开展服务活动。

养老机构及其工作人员应当依法保障收住老年人的人身权、财产权等合法权益。

第五条 入住养老机构的老年人及其代理人应当遵守养老机构的规章制度，维护养老机构正常服务秩序。

第六条 政府投资兴办的养老机构在满足特困人员集中供养需求的前提下，优先保障经济困难的孤寡、失能、高龄、计划生育特殊家庭等老年人的服务需求。

政府投资兴办的养老机构，可以采取委托管理、租赁经营等方式，交由社会力量运营管理。

第七条 民政部门应当会同有关部门采取措施，鼓励、支持企业事业单位、社会组织或者个人兴办、运营养老机构。

鼓励自然人、法人或者其他组织依法为养老机构提供捐赠和志愿服务。

第八条 鼓励养老机构加入养老服务行业组织，加强行业自律和诚信建设，促进行业规范有序发展。

·第二章 备案办理·

第九条 设立营利性养老机构，应当在市场监督管理部门办理登记。设立非营利性养老机构，应当依法办理相应的登记。

养老机构登记后即可开展服务活动。

第十条 营利性养老机构办理备案，应当在收住老年人后10个工作日以内向服务场所所在地的县级人民政府民政部门提出。非营利性养老机构办理备案，应当在收住老年人后10个工作日以内向登记管理机关同级的人民政府民政部门提出。

第十一条 养老机构办理备案，应当向民政部门提交备案申请书、养老机构登记证书、符合本办法第四条要求的承诺书等材料，并对真实性负责。

备案申请书应当包括下列内容：

（一）养老机构基本情况，包括名称、住所、法定代表人或者主要负责人信息等；

（二）服务场所权属；

（三）养老床位数量；

（四）服务设施面积；

（五）联系人和联系方式。

民政部门应当加强信息化建设，逐步实现网上备案。

第十二条 民政部门收到养老机构备案材料后，对材料齐全的，应当出具备案回执；材料不齐全的，应当指导养老机构补正。

第十三条 已经备案的养老机构变更名称、法定代表人或者主要负责人等登记事项，或者变更服务场所权属、养老床位数量、服务设施面积等事项的，应当及时向原备案民政部门办理变更备案。

养老机构在原备案机关辖区内变更服务场所的，应当及时向原备案民政部门办理变更备案。营利性养老机构跨原备案机关辖区变更服务场所的，应当及时向变更后的服务场所所在地县级人民政府民政部门办理备案。

第十四条 民政部门应当通过政府网站、政务新媒体、办事大厅公示栏、服务窗口等途径向社会公开备案事项及流程、材料清单等信息。

民政部门应当依托全国一体化在线政务服务平台，推进登记管理机关、备案机关信息系统互联互通、数据共享。

·第三章　服务规范·

第十五条 养老机构应当建立入院评估制度，对老年人的身心状况进行评估，并根据评估结果确定照料护理等级。

老年人身心状况发生变化，需要变更照料护理等级的，养老机构应当重新进行评估。

养老机构确定或者变更老年人照料护理等级，应当经老年人或者其代理人同意。

第十六条 养老机构应当与老年人或者其代理人签订服务协议，明确当事人的权利和义务。

服务协议一般包括下列条款：

（一）养老机构的名称、住所、法定代表人或者主要负责人、联系方式；

（二）老年人或者其代理人和紧急联系人的姓名、住址、身份证明、联系方式；

（三）照料护理等级和服务内容、服务方式；

（四）收费标准和费用支付方式；

（五）服务期限和场所；

（六）协议变更、解除与终止的条件；

（七）暂停或者终止服务时老年人安置方式；

（八）违约责任和争议解决方式；

（九）当事人协商一致的其他内容。

第十七条 养老机构按照服务协议为老年人提供生活照料、康复护理、精神慰藉、文化娱乐等服务。

第十八条 养老机构应当为老年人提供饮食、起居、清洁、卫生等生活照料服务。

养老机构应当提供符合老年人住宿条件的居住用房，并配备符合老年人安全保护要求的设施、设备及用具，定期对老年人的活动场所和物品进行消毒和清洗。

养老机构提供的饮食应当符合食品安全要求、适宜老年人食用、有利于老年人营养平衡、符合民族风俗习惯。

第十九条 养老机构应当为老年人建立健康档案，开展日常保健知识宣传，做好疾病预防工作。养老机构在老年人突发危重疾病时，应当及时转送医疗机构救治并通知其紧急联系人。

养老机构可以通过设立医疗机构或者采取与周边医疗机构合作的方式，为老年人提供医疗服务。养老机构设立医疗机构的，应当按照医疗机构管理相关法律法规进行管理。

第二十条 养老机构发现老年人为传染病病人或者疑似传染病病人的，应当及时向附近的疾病预防控制机构或者医疗机构报告，配合实施卫生处理、隔离等预防控制措施。

养老机构发现老年人为疑似精神障碍患者的，应当依照精神卫生相关法律法规的规定处理。

第二十一条 养老机构应当根据需要为老年人提供情绪疏导、心理咨询、危机干预等精神慰藉服务。

第二十二条 养老机构应当开展适合老年人的文化、教育、体育、娱乐活动，丰富老年人的精神文化生活。

养老机构开展文化、教育、体育、娱乐活动时，应当为老年人提供必要的安全防护措施。

第二十三条 养老机构应当为老年人家庭成员看望或者问候老年人提供便利，为老年人联系家庭成员提供帮助。

第二十四条 鼓励养老机构运营社区养老服务设施，或者上门为居家老年人提供助餐、助浴、助洁等服务。

·第四章 运营管理·

第二十五条 养老机构应当按照国家有关规定建立健全安全、消防、食品、卫生、财务、档案管理等规章制度，制定服务标准和工作流程，并予以公开。

第二十六条 养老机构应当配备与服务和运营相适应的工作人员，并依法与其签订聘用合同或者劳动合同，定期开展职业道德教育和业务培训。

养老机构中从事医疗、康复、消防等服务的人员，应当具备相应的职业资格。

养老机构应当加强对养老护理人员的职业技能培训，建立健全体现职业技能等级等因素的薪酬制度。

第二十七条 养老机构应当依照其登记类型、经营性质、运营方式、设施设备条件、管理水平、服务质量、照料护理等级等因素合理确定服务项目的收费标准，并遵守国家和地方政府价格管理有关规定。

养老机构应当在醒目位置公示各类服务项目收费标准和收费依据，接受社会监督。

第二十八条 养老机构应当实行24小时值班，做好老年人安全保障工作。

养老机构应当在各出入口、接待大厅、值班室、楼道、食堂等公共场所安装视频监控设施，并妥善保管视频监控记录。

第二十九条 养老机构内设食堂的，应当取得市场监督管理部门颁发的食品经营许可证，严格遵守相关法律法规和食品安全标准，执行原料控制、餐具饮具清洗消毒、食品留样等制度，并依法开展食堂食品安全自查。

养老机构从供餐单位订餐的，应当从取得食品生产经营许可的供餐单位订购，并按照要求对订购的食品进行查验。

第三十条 养老机构应当依法履行消防安全职责，健全消防安全管理制度，实行消防工作责任制，配置消防设施、器材并定期检测、维修，开展日常防火巡查、检查，定期组织灭火和应急疏散消防安全培训。

养老机构的法定代表人或者主要负责人对本单位消防安全工作全面负责，属于消防安全重点单位的养老机构应当确定消防安全管理人，负责组织实施本单位消防安全管理工作，并报告当地消防救援机构。

第三十一条 养老机构应当依法制定自然灾害、事故灾难、公共卫生事件、社会安全事件等突发事件应急预案，在场所内配备报警装置和必要的应急救援设备、设施，定期开展突发事件应急演练。

突发事件发生后，养老机构应当立即启动应急预案，采取防止危害扩大的必要处置措施，同时根据突发事件应对管理职责分工向有关部门和民政部门报告。

第三十二条 养老机构应当建立老年人信息档案，收集和妥善保管服务协议等相关资料。档案的保管期限不少于服务协议期满后五年。

养老机构及其工作人员应当保护老年人的个人信息和隐私。

第三十三条 养老机构应当按照国家有关规定接受、使用捐赠、资助。

鼓励养老机构为社会工作者、志愿者在机构内开展服务提供便利。

第三十四条 鼓励养老机构投保责任保险，降低机构运营风险。

第三十五条 养老机构因变更或者终止等原因暂停、终止服务的，应当在合理期限内提前书面通知老年人或者其代理人，并书面告知民政部门。

老年人需要安置的，养老机构应当根据服务协议约定与老年人或者其代理人协商确定安置事宜。民政部门应当为养老机构妥善安置老年人提供帮助。

养老机构终止服务后，应当依法清算并办理注销登记。

·第五章 监督检查·

第三十六条 民政部门应当加强对养老机构服务和运营的监督检查，发现违反本办法规定的，及时依法予以处理并向社会公布。

民政部门在监督检查中发现养老机构存在应当由其他部门查处的违法违规行为的，及时通报有关部门处理。

第三十七条 民政部门依法履行监督检查职责，可以采取以下措施：

（一）向养老机构和个人了解情况；

（二）进入涉嫌违法的养老机构进行现场检查；

（三）查阅或者复制有关合同、票据、账簿及其他有关资料；

（四）发现养老机构存在可能危及人身健康和生命财产安全风险的，责令限期改正，逾期不改正的，责令停业整顿。

民政部门实施监督检查时，监督检查人员不得少于2人，应当出示执法证件。

对民政部门依法进行的监督检查，养老机构应当配合，如实提供相关资料和信息，不得隐瞒、拒绝、阻碍。

第三十八条 对已经备案的养老机构，备案民政部门应当自备案之日起20个工作日以内进行现场检查，并核实备案信息；对未备案的养老机构，服务场所所在地的县级人民政府民政部门应当自发现其收住老年人之日起20

个工作日以内进行现场检查，并督促及时备案。

民政部门应当每年对养老机构服务安全和质量进行不少于一次的现场检查。

第三十九条 民政部门应当采取随机抽取检查对象、随机选派检查人员的方式对养老机构实施监督检查。抽查情况及查处结果应当及时向社会公布。

民政部门应当结合养老机构的服务规模、信用记录、风险程度等情况，确定抽查比例和频次。对违法失信、风险高的养老机构，适当提高抽查比例和频次，依法依规实施严管和惩戒。

第四十条 民政部门应当加强对养老机构非法集资的防范、监测和预警工作，发现养老机构涉嫌非法集资的，按照有关规定及时移交相关部门。

第四十一条 民政部门应当充分利用信息技术手段，加强对养老机构的监督检查，提高监管能力和水平。

第四十二条 民政部门应当定期开展养老服务行业统计工作，养老机构应当及时准确报送相关信息。

第四十三条 养老机构应当听取老年人或者其代理人的意见和建议，发挥其对养老机构服务和运营的监督促进作用。

第四十四条 民政部门应当畅通对养老机构的举报投诉渠道，依法及时处理有关举报投诉。

第四十五条 民政部门发现个人或者组织未经登记以养老机构名义开展活动的，应当书面通报相关登记管理机关，并配合做好查处工作。

·第六章 法律责任·

第四十六条 养老机构有下列行为之一的，由民政部门责令改正，给予警告；情节严重的，处以3万元以下的罚款：

（一）未建立入院评估制度或者未按照规定开展评估活动的；

（二）未与老年人或者其代理人签订服务协议，或者未按照协议约定提供服务的；

（三）未按照有关强制性国家标准提供服务的；

（四）工作人员的资格不符合规定的；

（五）利用养老机构的房屋、场地、设施开展与养老服务宗旨无关的活动的；

（六）未依照本办法规定预防和处置突发事件的；

（七）歧视、侮辱、虐待老年人以及其他侵害老年人人身和财产权益行为的；

（八）向负责监督检查的民政部门隐瞒有关情况、提供虚假材料或者拒绝提供反映其活动情况的真实材料的；

（九）法律法规、规章规定的其他违法行为。

养老机构及其工作人员违反本办法有关规定，构成违反治安管理行为的，依法给予治安管理处罚；构成犯罪的，依法追究刑事责任。

第四十七条 民政部门及其工作人员在监督管理工作中滥用职权、玩忽职守、徇私舞弊的，对直接负责的主管人员和其他责任人员依法依规给予处分；构成犯罪的，依法追究刑事责任。

·第七章 附 则·

第四十八条 国家对农村五保供养服务机构的管理有特别规定的，依照其规定办理。

第四十九条 本办法自2020年11月1日起施行。2013年6月28日民政部发布的《养老机构管理办法》同时废止。

会计实务篇

引言

会计核算的职能是提供财务信息的重要手段，通过会计核算可以获取养老机构的财务信息，包括财务状况、经营成果、现金流量等，为养老机构管理提供决策依据。会计核算的基本要求是规范。规范的会计核算具有以下意义：

1. 提高会计信息质量。规范化的会计核算能够确保会计信息的真实、及时、准确和完整，从而提高会计信息的质量，为养老机构的决策提供可靠的依据。

2. 提高养老机构经济效益。规范的会计核算能够有效降低养老机构的成本，提高养老机构的经济效益。

3. 提升养老机构管理水平。规范的会计核算能够提高养老机构的管理水平，使养老机构的各项管理工作更加科学、规范和有序。

4. 保障养老机构资产安全。规范的会计核算能够有效防止养老机构资产的流失，保障养老机构的资产安全。

5. 评估养老机构经营状况。规范的会计核算可以对养老机构的经营状况进行科学的评估，包括养老机构的盈利能力、偿债能力、运营效率等，为养老机构管理者提供了判断养老机构经营状况的重要依据。

6. 保障养老机构的合规运营。规范的会计核算保障了相关财务管理制度的贯彻以及落实，从而使得养老机构的相关经济活动具有一定的合法合规性。同时，会计核算也是在养老机构发展过程中形成内部成本控制水平的重要条件，直接关系养老机构的运营质量。

会计核算对于养老机构的发展至关重要，养老机构需要加强会计核算的规范化管理，提高会计人员的素质和水平，以确保会计核算的准确性、规范性和可靠性。

第一章

非营利性养老机构会计实务

从本章开始，按照养老机构日常业务发生的时间轴进行讲解。按照《民间非营利组织会计制度》以及有关规定，养老机构应当按照本制度的规定，设置和使用会计科目。在不影响会计核算要求和会计报表指标汇总，以及对外提供统一的财务会计报告的前提下，可以根据实际情况自行增设、减少或合并某些会计科目。明细科目的设置，除相关会计制度已有规定者外，在不违反统一会计核算要求的前提下，养老机构可以根据需要自行确定。

本章所列举范例之养老机构，假设均为增值税小规模纳税人，适用征收率为3%。

✧ 第一节　预收款及收入会计处理

一、会计科目设置

非营利性养老机构一级收入类会计科目主要有“提供服务收入”“政府补助收入”“捐赠收入”“商品销售收入”“投资收益”“其他收入”等。

可以在“提供服务收入”一级会计科目下增设“非限定性收入”和“限定性收入”二级会计科目，在二级会计科目下增设“床位费收入”“护理费收入”“餐费收入”“取暖费/制冷费收入”“一次性用品收入”“医疗收入”等三级会计科目。

在“政府补助收入”一级会计科目下增设“非限定性收入”“限定性收

入”二级会计科目。

在“捐赠收入”一级会计科目下增设“非限定性收入”“限定性收入”二级会计科目。

“商品销售收入”一级会计科目下按照商品种类设置明细账进行核算。

在“投资收益”一级会计科目下增设“非限定性收入”“限定性收入”二级会计科目。

收入类一级、二级、三级会计科目表参考如表1–1所示：

表1–1

一级会计科目	二级会计科目	三级会计科目
提供服务收入	非限定性收入	床位费收入
		护理费收入
		餐费收入
		一次性用品收入
		制冷取暖费/制冷费收入
		医疗收入
		……
	限定性收入	如有，按以上设三级会计科目核算
政府补助收入	非限定收入	一般不设三级会计科目，按照项目管理
	限定性收入	一般不设三级会计科目，按照项目管理
捐赠收入	非限定收入	一般不设三级会计科目，按照项目管理
	限定性收入	一般不设三级会计科目，按照项目管理
商品销售收入	按照商品种类进行明细核算，一般为非限定性收入	
投资收益	非限定收入	一般不设三级会计科目，按照项目管理
	限定性收入	一般不设三级会计科目，按照项目管理
其他收入	非限定收入	一般不设三级会计科目，按照项目管理
	限定性收入	一般不设三级会计科目，按照项目管理

二、日常业务会计分录编制

1.老年人办理入住，收到交纳的押金（保证金/备用金）、床位费、护理费、餐费等。

【例1-1】老年人办理入住，收到押金5 000元，预交3个月的床位费、护理费、餐费，分别是3 000元、6 000元、2 400元，一次性用品费800元，老年人11月1日办理入住，根据制度，预收取采暖季4个月取暖费600元。老年人使用微信扫码交款。次日微信收款转至银行账户，手续费0.6%。

①收到押金：

借：其他货币资金——微信收款 5 000

贷：其他应付款——××老人 5 000

②收到预交的床位费、护理费、餐费、取暖费：

借：其他货币资金——微信收款 12 000

贷：预收账款——××老人 12 000

③收到一次性用品费：

借：其他货币资金——微信收款 800

贷：提供服务收入——非限定性收入——一次性用品收入 800

④次日微信平台将资金转移至银行账户，扣除手续费106.80元（17 800×0.6%），到账17 693.20元：

借：银行存款——××银行 17 693.20

筹资费用（民非会计制度无财务费用科目）106.80

贷：其他货币资金——微信收款 17 800

⑤月末，确认床位费、护理费、餐费收入，月床位费1 000元，月护理费2 000元，月餐费800元，月取暖费（15天）75元：

借：预收账款——××老人 3 875

贷：提供服务收入——非限定性收入——床位费收入 1 000

——非限定性收入——护理费收入 2 000

——非限定性收入——餐费收入 800

——非限定性收入——取暖费收入 75

2.收到民政部门补助收入。

【例1-2】11月份，养老机构收到民政部门拨付的上年运营补贴30万元，失智老年人照料区改造补贴10万元，用于失智老年人照料区改造。

借：银行存款——××银行　　400 000
　　贷：政府补助收入——限定性收入　　300 000
　　　　政府补助收入——限定性收入　　100 000

3.收到捐赠收入。

【例1-3】11月份，收到社会捐赠3笔。其中：某单位捐赠消毒用品1批，价值2 000元。某慈善组织捐赠现金5 000元，不限定用途。某科研所用支票捐赠10 000元，用于失智老年人课题研究。

借：存货　　2 000
　　现金　　5 000
　　银行存款　　10 000
　　贷：捐赠收入——非限定性收入　　5 000
　　　　捐赠收入——限定性收入　　12 000

4.养老机构内设小型超市，销售物品。

养老机构内设小型超市，销售物品收入不属于增值税免税收入，按照小规模纳税人计算缴纳增值税。

【例1-4】11月份，养老机构销售老年用品共20 000元。

借：现金等　　20 000
　　贷：商品销售收入　　［20 000/（1+3%）］19 417.48
　　　　应交税金——应交增值税　　582.52

我们平时所称的销售额一般指的是含增值税的收入。不含税收入是指将销售额中的增值税剔除后的收入。增值税属于一种价外税，在我国商品含税定价的情况下，记账时就应将含税收入换算成不含税收入和销项税额两部分。设含税收入为A，不含税收入B=A÷（1+适用税率）。

5.养老机构销售药品，提供医疗增值服务。

【例1-5】11月份，医务部门销售药品3 000元，进销无差价。提供按摩、注射、鼻饲等增值服务，共3 500元。医务部门提供服务，按照该养老机构内部规定，实行后付费管理，等老年人下一个交费周期再一并收取。

借：应收账款——××老年人等　　6 500

贷：商品销售收入　　3 000[①]

　　提供服务收入——非限定性收入——医疗收入等　　3 500

6.月末，将收入结转至净资产。其中限定性收入转入“限定性净资产”，非限定性收入转入“非限定性净资产”。

【例1–6】承接【例1–1】至【例1–5】，本月末非限定性收入为35 592.48元，限定性收入为412 000元。

借：提供服务收入——非限定性收入——一次性用品收入　　800

　　提供服务收入——非限定性收入——床位费收入　　1 000

　　——非限定性收入——护理费收入　　2 000

　　——非限定性收入——餐费收入　　800

　　——非限定性收入——取暖费收入　　75

　　捐赠收入——非限定性收入　　5 000

　　商品销售收入　　19 417.48［20 000/（1+3%）］

　　商品销售收入　　3 000

　　提供服务收入——非限定性收入——医疗收入等　　3 500

　　贷：非限定性净资产　　355 924.8

借：政府补助收入——非限定性收入　　300 000

　　政府补助收入——限定性收入　　100 000

　　捐赠收入——限定性收入　　12 000

　　贷：限定性净资产　　412 000

三、收款管理

收款管理的主要内容包括交费清单的填制、交费流程和交费事后稽核三方面。

1. 交费单的填制

交费单包括初始入住首月缴费清单和预收清单。

---

① 非营利养老机构内部设立的非独立核算的医务室销售给老年人药品免征增值税。

入住首月一般情况下不满月，需要按照入住日期计算入住首月的交费项目金额，参考格式如表1–2所示（假如按照天数计算）。

表1–2 入住首月交费清单

老年人名称：王 × × 合同编号：× × × × × 联系方式：× × × × × ×
办理入住日期：202×年5月10日 本月入住天数：22天

交费项目	月收费标准（元）	入住首月交费（元）	预收方式	交费方式
1.床位费	1 000	709.68	按季度预收	微信
2.护理费	2 000	1 419.35	按季度预收	微信
3.餐费	800	567.74	按季度预收	微信
4.一次性用品费	800	800		微信
5.无				
合计		3 496.77		

编制： 审核：

因为按照季度预收，还要编制截至第二季度末剩余月份的预收清单。本季度月份为4–6月。还需要预收6月份一个月的款项（见表1–3）。

表1–3 预收清单

老年人名称：王 × × 合同编号：× × × × × 联系方式：× × × × × ×
办理入住日期：202×年5月10日 预收方式：按季预收 本季度剩余完整月份：6月

交费项目	月收费标准（元）	入住首月交费（元）	预收方式	交费方式
1.床位费	1 000	1 000	按季度预收	微信
2.护理费	2 000	2 000	按季度预收	微信
3.餐费	800	800	按季度预收	微信
4.一次性用品费	—	—		
5.无				
合计		3 800		

编制： 审核：

2. 交费流程

养老机构设立收银岗位的，由收银人员编制交费单，业务主管审核，然后持交费单、收款收据、pos刷卡单（或其他交费凭据）到出纳处，由出纳复核后收款。

养老机构安排出纳直接收款的，由出纳编制交费单，会计审核后办理收款。

3. 交费事后稽核

因为目前交费形式以微信、支付宝居多，还有的刷信用卡，交费资金并不能马上到账。需要事后根据银行到账后，将银行收款明细与交费清单对照稽核确认。

✧ 第二节　成本费用的会计处理

一、会计科目设置

非营利性养老机构成本费用类一级会计科目主要有“业务活动成本”“管理费用”“筹资费用”“其他费用”等。

1.“业务活动成本”是为了实现其业务活动目标、开展其项目活动或者提供服务所发生的费用，该项费用的发生是直接给老人提供服务或者完成某个项目发生的，具有直接性。该科目与“提供服务收入”是配比关系。两者的差额为开展业务活动或项目活动毛利的主要来源。

可以在“业务活动成本”一级会计科目下增设“政府补助支出”“一般业务活动成本”两个二级会计科目。“政府补助支出”主要核算政府拨付的运营补贴等补助资金使用时发生的支出。在“一般业务活动成本”二级会计科目下增设“床位成本”“护理成本”“餐饮成本”“取暖成本”“医务成本”“捐赠成本”“其他成本”等三级会计科目。“床位成本”核算租金或设施使用费、装修改造的摊销额、护理用固定资产的折旧、物业管理费等。“护理成本”核算发生的护理人员薪酬、护理用低值易耗品以及摊销额。“餐饮成本”核算发生的餐饮部门发生的人员薪酬、食材、餐饮部门固定资产折旧、餐饮用水电天然气费用、餐饮用低值易耗品等。“取暖成本”核算发生的公共取暖缴费、自备锅炉采暖发生的天然气费用、自备取暖锅炉的折旧等。“医务成本”核算发生的医生、护士的人员薪酬、医疗器械等固定资产折旧、医护用低值易耗品等。“其他成本”核算不属于上述成本的其他成本项目。

人员薪酬包括：工资、奖金、津贴、福利、单位负担的社保和住房公积金、单位购买的其他商业保险等。

增设“床位成本”三级会计科目的考虑：

①在实务中，养老机构收取的费用项目一般有床位费收费项目或者类似名称收费项目。设置“床位成本”便于与床位费收入相匹配；

②设置“床位成本”会计科目，可以将床位占用物理空间的建设成本、床位所依托的固定资产以及租金等固定成本进行归集。计算出每一张实体床位的实际投入成本，便于床位费定价与分析；

③便于搭建财务分析模型。财务分析模型依据收入成本项目为主搭建，收入成本项目越明细，分析的结果就越可靠、客观。

“业务活动成本”会计科目下设二级、三级会计科目参考如表1–4所示：

表1–4

一级会计科目	二级会计科目	三级会计科目
业务活动成本	一般业务活动成本	床位成本
		护理成本
		餐饮成本
		医务成本
		取暖成本
		捐赠成本
		其他成本
	政府补助支出	可以按照上述设置三级会计科目

2.在“管理费用”一级会计科目下增设“政府补助支出”和“一般管理费用”两个二级会计科目，“政府补助支出”主要核算政府拨付的运营补贴等补助资金使用时发生的支出。在“一般管理费用”二级会计科目下增设“董事会/理事会经费”“行政及后勤人员薪酬”“工会经费”“残疾人保障金”“管理税费”“水电能源费”“车辆费用”“办公费用”“差旅费用”“招待费用”“维修费用”“中介机构费用”“存货盘亏损失”“资产减值损失”“预

计负债损失”“无形资产摊销”“其他管理费用”等三级会计科目。行政及后勤人员包括管理层人员、财务行政人事人员、保安保洁消防维修人员、社工其他非业务服务部门人员。部分三级会计科目可以根据管理的需要设置四级会计科目。

“管理费用”会计科目下设二级、三级、四级会计科目如表1–5所示：

表1–5

一级会计科目	二级会计科目	三级会计科目	四级会计科目
管理费用	一般管理费用	董事会/理事会费用	可以不设四级会计科目
		行政及后勤人员薪酬	工资
			社保
			住房公积金
			其他商业保险
			福利费
		工会经费	不设四级会计科目
		残疾人保障金	不设四级会计科目
		管理税费	房产税
			土地使用税
			车船使用税
			印花税
			其他税费
		水电能源费	税费
			电费
			管理用天然气费
		车辆费用	油费
			维修费
			保险费
			路桥及停车费
		办公费用	办公用品
			通讯及网络费
			饮用水
			保洁保安消防耗材
			……

续表

<table>
<tr><th>一级会计科目</th><th>二级会计科目</th><th>三级会计科目</th><th>四级会计科目</th></tr>
<tr><td rowspan="17">管理费用</td><td rowspan="16">一般管理费用</td><td rowspan="4">差旅费用</td><td>城际交通费</td></tr>
<tr><td>住宿费</td></tr>
<tr><td>市内交通费</td></tr>
<tr><td>出差杂费</td></tr>
<tr><td rowspan="2">招待费用</td><td>招待餐费</td></tr>
<tr><td>其他招待费用</td></tr>
<tr><td>维修费用</td><td>项目管理，可不设四级会计科目</td></tr>
<tr><td>中介机构费用</td><td>可不设四级会计科目</td></tr>
<tr><td>管理用固定资产折旧</td><td>可不设四级会计科目</td></tr>
<tr><td>无形资产摊销</td><td>可不设四级会计科目</td></tr>
<tr><td>存货盘亏损失</td><td>可不设四级会计科目</td></tr>
<tr><td>资产减值损失</td><td>可不设四级会计科目</td></tr>
<tr><td>预计负债损失</td><td>可不设四级会计科目</td></tr>
<tr><td>其他管理费用</td><td>可不设四级会计科目</td></tr>
<tr><td>政府补助支出</td><td colspan="2">视情况参照上述设四级会计科目</td></tr>
</table>

3.在“筹资费用”一级会计科目下增设“募集资金费用”“借款费用”“其他筹资费用”二级会计科目。“募集资金费用”包括募集资金活动中发生的场地费、资料印刷费、活动经费等。

4.在“其他费用”一级会计科目下增设“固定资产处置损失”“无形资产处置损失”“罚没支出”“开办费用摊销”等二级会计科目。非营利性养老机构发生的营销费用，由于没有一级会计科目，可以在本科目中下设一个二级会计科目核算，如表1–6所示。

表1–6

<table>
<tr><th>一级会计科目</th><th>二级会计科目</th><th>三级会计科目</th></tr>
<tr><td rowspan="4">其他费用</td><td>固定资产处置损失</td><td>可不设三级会计科目</td></tr>
<tr><td>无形资产处置损失</td><td>可不设三级会计科目</td></tr>
<tr><td>开办费用摊销</td><td>可不设三级会计科目</td></tr>
<tr><td>罚没支出</td><td>可不设三级会计科目</td></tr>
</table>

续表

一级会计科目	二级会计科目	三级会计科目
其他费用	销售费用	销售人员底薪
		销售人员提成
		社保
		公积金
		……
		广告宣传费
		其他销售费用

二、日常业务会计分录编制

1. 计提及发放工资

【例1–7】承接【例1–2】，11月份，计提当月工资。其中：护理员工资40万元，医护人员5万元，餐饮人员工资4.8万元，行政管理及后勤人员工资22万元。其中属于个人负担的社保5.8万元，应交个人所得税3万元。护理员工资中，用运营专项补贴资金发放30万元，其余护理员工资由养老机构自有资金发放。

①计提工资：

借：业务活动成本——一般业务活动成本——护理成本

100 000

——政府补助支出——护理成本　　300 000

——一般业务活动成本——医护成本

50 000

——一般业务活动成本——餐饮成本

48 000

管理费用——一般管理费用——行政及后勤人员薪酬

220 000

贷：应付工资　　718 000

同时，从计提的应付工资中结转应交的个人所得税和应交的社保金等：

借：应付工资 88 000

　　贷：应交税金——应交个人所得税 30 000

　　　　其他应交款——应交社保金 58 000

②发放工资：

借：应付工资 630 000

　　贷：银行存款——××银行 630 000

③使用限定性资金时，要同时按照使用的金额从限定性净资产结转非限定性净资产：

借：限定性净资产 300 000

　　贷：非限定性净资产 300 000

2. 计提并缴纳社保金

【例1-8】11月份，收到社保扣款通知，个人负担的社保58 000元；单位负担的社保87 000元，其中，护理人员39 545元，医护人员6 058元，餐饮人员5 816，行政管理及后勤人员35 581元。

计提单位负担的社保金：

借：业务活动成本——一般业务活动成本——护理成本 39 545

　　　　　　　　——一般业务活动成本——医护成本 6 058

　　　　　　　　——一般业务活动成本——餐饮成本 5 816

　　管理费用——一般管理费用——行政及后勤人员薪酬 35 581

　　贷：其他应交款——应交社保金 87 000

3. 缴纳社保金及税金

【例1-9】承接【例1-7】【例1-8】，经计算，共支付社保金145 000元。

借：其他应交款——应交社保金 145 000

　　应交税金——应交个人所得税 30 000

　　贷：银行存款——××银行 175 000

4. 计提租金、支付租金及摊销

【例1-10】养老机构年租金1 000 000元，根据会计政策规定，需要按月摊销。

①计提租金：

借：待摊费用——租金　　1 000 000

　　贷：预提费用——租金　　1 000 000

②支付租金：

借：预提费用——租金　　1 000 000

　　贷：银行存款——××银行　　1 000 000

③摊销租金：

借：业务活动成本——一般业务活动成本——床位成本

83 333.33

　　贷：待摊费用——租金　　83 333.33

预提费用是在权责发生制原则下，属于当期的费用尽管尚未支付，但应计入当期损益。如养老机构固定资产大修理间隔的时间较长，在未进行大修理时，不可能产生大修理费用，但大修理费用应在固定资产两次大修受益期间内进行预提，作为当期费用。按期预提计入费用的金额，同时也形成一笔流动负债。预提费用主要有预提租金、保险费、借款利息、修理费用等，其金额有的可以确定，有些需要估计。

待摊费用是在权责发生制原则下，属于养老机构已经支出，但应当由本期和以后各期分别负担的、分摊期在1年以内（含1年）的各项费用，如预付财产保险费、预付经营租赁固定资产租金、预付报刊订阅费、待摊固定资产修理费用、购买印花税票等。

5. 计提固定资产折旧

【例1-11】11月份，养老机构计提折旧共31 000元，其中医务部折旧3 000元，餐饮部折旧3 200元，护理部门折旧10 000元，其他部门折旧14 800元。

借：业务活动成本——一般业务活动成本——医务成本　3 000

—般业务活动成本——餐饮成本 3 200

—般业务活动成本——床位成本 10 000

管理费用——一般管理费用——管理用固定资产折旧

14 800

贷：累计折旧 31 000

6. 发生装修改造费用及摊销

【例1-12】养老机构发生装修改造费用150万元，摊销期20年。11月份应摊销6 250元，按照会计政策规定，装修改造摊销全部计入床位成本。

①发生装修改造费用时：

借：长期待摊费用 1 500 000

贷：应付账款——××公司 1 500 000

②支付装修改造费用时：

借：应付账款——××公司 1 500 000

贷：银行存款——××银行 1 500 000

③11月份摊销时：

借：业务活动成本——一般业务活动成本——床位成本 6 250

贷：长期待摊费用 （1 500 000 ÷ 20 ÷ 12）6 250

7. 使用运营补贴和失智专区改造补贴

【例1-13】承接【例1-8】，11月份，养老机构收到民政部门拨付的上年运营补贴30万元，失智老人照料区改造补贴10万元，用于失智老人照料区改造。养老机构用失智专区补贴支付改造工程款10万元。该工程摊销期5年。

①支付改造工程款时：

借：长期待摊费用——失智专区 100 000

贷：银行存款——××银行 100 000

②本月摊销：

借：业务活动成本——一般业务活动成本——床位成本

（100 000 ÷ 5 ÷ 12）1 666.67

贷：长期待摊费用——失智专区　1 666.67

③使用限定性资金时，要同时按照使用的金额从限定性净资产结转非限定性净资产：

借：限定性净资产　100 000

贷：非限定性净资产　100 000

8. 购买食材、食材出库相关事项

【例1-14】11月份，养老机构购买食材180 000元，食材款未支付。当月食材出库175 000元，其中：出库老人用食材155 000元，出库员工用食材20 000元。

①购买食材：

借：存货——食材　180 000

贷：应付账款——××供应商　180 000

②食材出库：

借：业务活动成本——一般业务活动成本——餐饮成本

155 000

管理费用——一般管理费用——福利费　20 000

贷：存货——食材　175 000

9. 购买低值易耗品、低值易耗品出库相关事项

【例1-15】11月份，养老机构购买低值易耗品5 000元，款项已经支付。当月低值易耗品出库4 800元，其中：护理部门领用2 000元，医务部门领用1 500元，餐饮部门领用500元，其他部门领用800元。按照该养老机构的会计政策，低值易耗品领用时，采取一次转销法。

①购买低值易耗品：

借：存货——低值易耗品　5 000

贷：银行存款——××供应商　5 000

②低值易耗品出库：

借：业务活动成本——一般业务活动成本——护理成本　2 000

业务活动成本——一般业务活动成本——医务成本 1 500

业务活动成本——一般业务活动成本——餐饮成本 500

管理费用——一般管理费用——办公费用 800

贷：存货——低值易耗品 4 800

10. 支付中介费用

【例1-16】养老机构委托一家会计师事务所进行年度会计报表审计，约定审计费20 000元。预付30%，收到报告后开具全额发票，再支付70%。

①预付30%审计费时：

借：预付账款——××会计师事务所 （20 000×30%）6 000

贷：银行存款——××银行 6 000

②收到发票并支付70%时：

借：管理费用——一般管理费用——中介机构费用 20 000

贷：预付账款——××会计师事务所 6 000

银行存款——××银行 14 000

11. 支付职工培训费

【例1-17】本月支付职工培训费5 300元。该笔培训费使用财政专项补贴资金支付。

①支付职工培训费时：

借：管理费用——政府补助支出——其他管理费用 5 300

贷：银行存款——××银行 5 300

②使用限定性资金时，要同时按照使用的金额从限定性净资产结转非限定性净资产：

借：限定性净资产 5 300

贷：非限定性净资产 5 300

12. 支付水电费

【例1-18】本月支付水费8 000元，支付电费24 000元。

借：管理费用——一般管理费用——水电能源费用 32 000

贷：银行存款——××银行　　32 000

13. 自备锅炉购买天然气用于冬季采暖的相关处理

【例1-19】养老机构自备锅炉采暖，经测算需要购买天然气60万元，先期购买30万元。本月根据锅炉消耗天然气数据，使用12万元。

①购买天然气时：

借：待摊费用——天然气　　300 000

贷：银行存款——××银行　　300 000

②统计本月消耗时：

借：业务活动成本——一般业务活动成本——取暖成本　　120 000

贷：待摊费用——天然气　　120 000

14. 计算缴纳残疾人保障金

残疾人保障金：上年用人单位具体安排残疾人就业数量没有达到规定比例时，就其差额人员数量和本单位在职职工年平均工资之积计算缴纳的金额，以保障残疾人事业发展。

残疾人保障金如何计算缴纳？

【例1-20】上年养老机构在职职工200人，实质上具体安排残疾人2人，所在地职工年平均工资70 000元。根据当地残保金缴纳政策，计算如下：

残保金年缴纳额=（上年用人单位在职职工人员数量×1.7%-上年用人单位实质上具体安排残疾人就业人员数量）×上年所在地职工年平均工资×60%

用人单位在职职工是指用人单位在编人员或依法与用人单位签署1年以上（含1年）劳动合同（服务协议）的人员。用人单位在职职工人员数量，按本单位在职职工的年平均人员数量计算（12个月人员数量相加除以12），结果须为整数。季节性用工需要折算为年平均用工人员数量。

残保金金额=（200×1.7%-2）×70 000×60%=58 800（元）

借：管理费用——一般管理费用——残保金　　58 800

贷：银行存款——××银行　　58 800

15. 组织筹款活动相关处理

【例1-21】养老机构为入住的失智老人发起异常募捐活动，募捐款项用于失智老人的特殊护理。期间发生制作费3 000元，网络平台宣传费用2 000元，以现金支付工作餐费150元。

借：筹资费用——募集资金费用　　5 150
　　贷：银行存款　　5 000
　　　　现金　　150

16. 计提、支付银行贷款利息

【例1-22】养老机构有银行贷款100万元，年利率3%。按月付息，到期一次还本。

①本月计提利息2 500元（100×3%÷12）：

借：筹资费用——利息费用　　2 500
　　贷：预提费用——银行利息　　2 500

②支付利息时：

借：预提费用——银行利息　　2 500
　　贷：银行存款　　2 500

17. 对于非营利养老机构接受非现金资产捐赠时发生的应归属于其自身的相关税费、运输费等，应当计入当期费用，借记“筹资费用”科目，贷记“银行存款”等科目

18. 处置固定资产损失处理

【例1-23】养老机构为保证员工安全，将一辆老旧班车进行处置。老班车原值150 000元，已经计提折旧110 000元，处置金额30 000元。经计算，固定资产清理过程中发生损失10 000元。小规模纳税人销售自己使用过的固定资产，按下列公式确定销售额和应纳税额：销售额=含税销售额÷（1+3%），应纳税额=销售额×2%。但可以开具3%征收率的发票。

①结转固定资产账面价值：

借：固定资产清理　　40 000

累计折旧　　110 000
贷：固定资产　　150 000

②确认变卖收入：

借：银行存款　　30 000
贷：固定资产清理　　30 000

③确认应交的增值税，经计算税金约582.52元：

借：固定资产清理　　582.52
贷：应交税金——应交增值税　　582.52

④结转处置净损失：

借：其他费用——处置固定资产损失　　10 582.52
贷：固定资产清理　　10 582.52

19. 支付消防罚款

【例1-24】区消防部门进行检查，认为存在整改不达标的情况，给予罚款3 000元。

借：其他费用——罚没支出　　3 000
贷：银行存款——××银行　　3 000

20. 支付广告费，计算预提销售提成

【例1-25】支付广告宣传片制作费50 000元，计算预提当月床位销售人员提成20 000元。

借：其他费用——销售费用——广告宣传费　　50 000
——销售人员提成　　20 000
贷：银行存款——××银行　　50 000
预提费用——预提销售提成　　20 000

21. 成本费用的期末结转

成本费用类的发生额，到月末全部结转到“非限定性净资产”中。借记“非限定性净资产”会计科目，贷记相关成本费用科目。结转后，成本费用类科目无余额。

【例1-26】承接【例1-7】至【例1-25】

借：非限定性净资产 1 434 382.52

　　贷：业务活动成本——相关二级三级科目 935 869

　　　　管理费用——相关二级三级科目 407 281

　　　　筹资费用——相关二级三级科目 7 650

　　　　其他费用——相关二级三级科目 83 582.52

✧ 第三节　固定资产的会计处理

养老机构的长期资产包括长期投资、固定资产、在建工程、无形资产、长期待摊费用等。在实务中，经常发生的长期资产核算主要是固定资产和长期待摊费用的核算。

一、固定资产的概念

固定资产是指同时具有以下3个特征的有形资产：

（1）为行政管理、提供服务、生产商品或者出租目的而持有的；

（2）预计使用年限超过1年；

（3）单位价值较高。

单位价值较高的标准，由养老机构规定。一般来讲，养老机构可以将500元作为固定资产的标准。

二、固定资产的账务处理

固定资产的账务处理内容包括固定资产分类、固定资产购置、固定资产折旧和固定资产维修等。

1. 固定资产分类

养老机构可以根据固定资产定义，结合本单位的具体情况，制定适合于本单位的固定资产目录、分类方法。根据养老机构的业务性质，建议按照以下类别进行固定资产分类：

（1）房屋建筑物：拥有自有产权的房屋及建筑物。

（2）机器设备：电梯、锅炉、大型洗衣机、烘干机、车辆。

（3）护理床及辅具：护理床、轮椅、助行器等老年人或护理人员使用的用于老年人生活照料的固定资产。

（4）家用电器：空调、家用小型洗衣机、电视机、电扇、电暖器等。

（5）家具：衣柜、书柜、各类桌椅、沙发、文件柜、储物柜等。

（6）厨具：各种炊具、餐具、冷库、冷柜等厨房用品用具。

（7）办公用品设备：各类电脑、打印机、复印机、传真机、投影设备、会议用设备设施等。

2. 固定资产折旧

养老机构可以结合本单位实际情况，合理确定每类或每项固定资产的折旧年限、折旧方法、净残值等。根据养老机构的业务性质，建议按照固定资产类别确定折旧方法、折旧年限与净残值（见表1–7）。

表1–7

固定资产类别	建议折旧方法	折旧年限	净残值率
房屋建筑物	年限法	20年以上	5%~10%
机器设备	年限法	10~15年	5%~10%
护理床及辅具	年限法	8~10年	0
家具	年限法	8~10年	0
厨具	年限法	8~10年	0
办公用品设备	年限法	5~8年	0
其他固定资产			

3. 固定资产的购置

固定资产在取得时，应当按照取得时的实际成本入账。取得时的实际成本包括买价、包装费、运输费、交纳的有关税金等相关费用，以及为使固定资产达到预定可使用状态前所必要的支出。

【例1–27】养老机构202×年9月1日购置采暖锅炉1台，合同约定价款

100万元，安装费用15万元。锅炉价款已经支付，并收到发票。9月10日锅炉运抵现场，9月25日安装完毕，支付完毕安装费用。9月30日验收完毕达到可使用状态。

①支付锅炉款时：

借：在建工程——锅炉　　1 000 000

　　贷：银行存款——××银行　　1 000 000

②支付锅炉安装款时：

借：在建工程——锅炉　　150 000

　　贷：银行存款——××银行　　150 000

③锅炉验收合格，收到验收报告时：

借：固定资产——锅炉　　1 150 000

　　贷：在建工程——锅炉　　1 150 000

4. 固定资产计提折旧

一般应当按月提取折旧，当月增加的固定资产，当月不提折旧，从下月起计提折旧；当月减少的固定资产，当月照提折旧，从下月起不提折旧。

应当根据固定资产的性质和消耗方式，合理地确定固定资产的预计使用寿命和预计净残值。

可选用的折旧方法包括年限平均法、工作量法、双倍余额递减法和年数总和法。折旧方法一经确定，不得随意变更。如果由于固定资产所含经济利益或者服务潜力预期实现方式发生重大改变而确实需要变更的，应当在会计报表附注中披露相关信息。

【例1-28】承接【例1-27】，该锅炉预计使用寿命10年，预计净残值为原值的5%即57 500元，按照直线法计提折旧。从202×年10月份开始计提折旧。

每月计提折旧金额：（1 150 000−57 500）÷10÷12=9 104.16（元）

10月计提折旧时：

借：业务活动成本——一般业务活动成本——取暖成本

　　9 104.56

贷：累计折旧　　9 104.56

5. 固定资产的后继支出

如果一项修理或者技术改造延长了固定资产的使用寿命，或者使服务质量实质性提高，或者使运营成本实质性降低，则应当计入固定资产账面价值，否则，应作为费用处理。

【例1–29】承接【例1–27】，计提折旧5年后，发现对锅炉进行技术改造后，能显著降低天然气的消耗量，大幅降低运营成本。该项技术改造合同金额25万元，并完成技术改造。锅炉已经累计计提折旧5年，累计折旧金额9 104.56 × 12 × 5=546 273.60（元）。经过技改后的锅炉需要重新预计寿命期、预计净残值，重新计算折旧。

①结转固定资产账面价值：

借：在建工程——锅炉　　603 726.40

　　累计折旧　　546 273.60

　　贷：固定资产——锅炉　　1 150 000

②支付技改资金：

借：在建工程——锅炉　　250 000

　　贷：银行存款——× × 银行　　250 000

③验收合格，取得验收报告：

借：固定资产——锅炉　　853 726.40

　　贷：在建工程——锅炉　　853 726.40

【例1–30】承接【例1–27】、【例1–29】，如计提折旧5年后，发现有一个部件老化需要更换。该部件价值5 000元。按照固定资产后继支出的规定，购买该部件的成本费用应该作为费用处理。

借：管理费用——一般管理费用——维修费　　5 000

　　贷：银行存款——× × 银行等　　5 000

注：成本费用类的发生额，到月末全部结转到“非限定性净资产”中。借记“非限定性净资产”会计科目，贷记相关成本费用科目。结转后，成本费用类科目无余额。

✧ 第四节　装修改造以及摊销会计处理

适老化装修改造是养老机构主要投资的项目，主要发生在开业前。养老机构开业后，也会发生适老化装修改造，不过相比开业前，这类投资项目要少得多。

一、适老化装修改造的概念

适老化装修改造是指按照国家适老化建筑设计相关规范要求，通过合理规划、布局和装修，创造一个适合老年人生活和照料服务的居住及工作环境。

装修改造的范围很宽泛，涉及土建、安装、设备等内容。装修改造的规模有大有小，单体装修改造项目规模能达到亿元级别，小的装修改造规模可能就几万元。

二、适老化装修改造的账务处理

适老化装修改造的账务处理主要是工程项目成本的归集、建设资金的管理和后期摊销。

1. 成本归集和建设资金管理

自有房屋进行装修改造，计入原固定资产的成本。

租赁房屋进行装修改造在“其他长期资产”一级会计科目下设“长期待摊费用”二级会计科目进行处理。

【例1-31】养老机构计划对1个新租赁的场地进行适老化改造。第三方改造工程费用600 000元，假设上述费用按照3∶3∶3∶1的规则付款，即签订合同时预付30%；工程形象进度达到60%—80%时，支付30%；工程完工验收完毕，支付30%；剩余款项作为保证金，1年后支付。

支付预付款30%时，可以通过应付账款的借方科目核算：

①借：在建工程——××工程　　　　　　180 000

贷：应付账款——××装饰公司　　180 000

借：应付账款——××装饰公司　　180 000

贷：银行存款——××银行　　180 000

②支付进度款30%时：

借：在建工程——××工程　　180 000

贷：应付账款——××装饰公司　　180 000

借：应付账款——××装饰公司　　180 000

贷：银行存款——××银行　　180 000

③工程完工，并验收合格，双方最后商定改造费用为650 000元。

借：在建工程——××工程

290 000（650 000–180 000–180 000）

贷：应付账款——××装饰公司　　290 000

④同时结转在建工程：

借：其他长期资产——长期待摊费用——××工程　　650 000

贷：在建工程——××工程　　650 000

⑤支付至90%时：

借：应付账款——××装饰公司

225 000（650 000×90%–180 000–180 000）

贷：银行存款——××银行　　225 000

⑥1年后支付工程尾款10%：

借：应付账款——××装饰公司　　65 000

贷：银行存款——××银行　　650 000

2. 长期待摊费用的摊销期限

长期待摊费用的摊销期限，在账务处理上，一般按照以下规则确定。

（1）长期待摊费用摊销期限大于1年；

（2）已足额提取折旧的固定资产的改建支出，按照固定资产预计尚可使用年限分期摊销；

（3）租入固定资产的改建支出，按照合同约定的剩余租赁期限分期摊销；

（4）固定资产的大修理支出，按照固定资产尚可使用年限分期摊销。

按照以上摊销期限规则，在公建民营养老项目中，因适老化装修改造形成的长期待摊费用，最长摊销期限不能超过与民政部门签订的托管运营合同期限。

在现实中，却大量存在着公建民营养老项目适老化装修改造费用金额较大、受益期较长而托管运营合同期限较短的矛盾。某公建民营养老机构，床位数量300张。适老化装修改造投资额近2 000万，受益期在20年以上。签订的托管运营服务合同期限3年。按照3年期限去摊销，很明显，该项目不具有经济性。

公建民营项目受益期的考虑：

所谓的受益期，如果就资产而言，就是预计该资产可以使用的时间，或者该固定资产的法定使用年限。适老化装修改造中涉及大量土建工程安装工程的，受益期在20年以上；不涉及大量土建安装工程的，受益期咨询技术部门确定；租入固定资产大修理支出的，受益期为两个大修理期的间隔期。无法确定受益期的，受益期不超过10年。

公建民营项目剩余租赁合同期限的考虑：

由于公建民营养老项目托管运营合同一般都有到期后可以优先续租或续期的条款。如果存在这样的条款，经过合理预计，到期后极有可能续租，那么长期待摊费用剩余租赁期限可以考虑续租或续期的期限。出于谨慎原则，预计的最长剩余租赁期限不宜超过20年。

摊销期限的确定：

确定摊销期限时，按照合理预估后的剩余租赁期限和受益期限，按照孰短原则确定摊销期。

摊销时采用直线法平均摊销。

【例1-32】某养老服务公司托管一公建养老项目，合同期5年，签订合同半年内完成适老化装修改造1 500万元，受益期10年。合同约定到期后同等条件下，优先续签合同，续签时间不超过5年，连续续签不超过2次。

根据以上条件分析，首期托管运营合同剩余期限为9.5年，可预计的剩余租赁期限为10年，两者共19.5年。受益期10年，因此确定摊销期为10年。

经计算，每年摊销为150万元（1 500 ÷ 10），年末账务处理如下。

借：其他费用——长期待摊费用摊销　　1 500 000

　贷：其他长期资产——长期待摊费用——适老化装修改造　　1 500 000

年末，结转至非限定性净资产：

借：非限定性净资产　　1 500 000

　贷：其他费用——长期待摊费用摊销　　1 500 000

注：成本费用类的发生额，到月末全部结转到“非限定性净资产”中。借记“非限定性净资产”会计科目，贷记相关成本费用科目。结转后，成本费用类科目无余额。

✧ 第五节　长期投资

非营利性养老机构的长期投资包括长期股权投资和长期债权投资。

1. 长期股权投资

核算持有时间准备超过1年（不含1年）的各种股权性质的投资，包括长期股权投资和其他长期股权投资。非营利性养老机构如果有委托贷款或者委托投资（包括委托理财）且作为长期股权投资核算的，应当在本科目下单设明细科目核算。

长期股权投资应当区别不同情况，分别采用成本法或者权益法核算。如果非营利性养老机构对被投资单位没有控制、共同控制和重大影响，长期股权投资应当采用成本法进行核算；如果对被投资单位具有控制、共同控制或重大影响，长期股权投资应当采用权益法进行核算。

2. 长期债权投资

核算非营利养老机构购入的在1年内（不含1年）不能变现或不准备随时变现的债券和其他债权投资。

注意：非营利性养老机构按规定出资设立其他民间非营利组织，不属于《民间非营利组织会计制度》(财会〔2004〕7号，以下简称《民非制度》）规定的长期股权投资，应当计入当期费用。设立与实现本组织业务活动目标相关的民间非营利组织的，相关出资金额记入“业务活动成本”科目；设立与实现本组织业务活动目标不相关的民间非营利组织的，相关出资金额记入“其他费用”科目；设立其他营利性组织的，计入长期股权投资。

如果非营利性养老机构出资设立其他民间非营利组织并将出资金额计入长期股权投资的，应当将原“长期股权投资”科目余额中对其他民间非营利组织的出资金额转入“非限定性净资产”科目（以前年度出资）或“业务活动成本”“其他费用”科目（本年度出资）。

✧ 第六节　筹开期间费用会计处理

筹开期间的费用，在“其他长期资产”一级会计科目下设二级会计科目核算。筹开期间的费用，先在“其他长期资产”下设的二级会计科目“开办费用”中归集。等到开业当月一次计入“其他费用”一级会计科目中的“开办费用摊销”二级会计科目。

【例1-33】某养老机构从2023年5月1日开始筹备，2023年10月1开业。期间发生工资费用200 000元，计提固定资产折旧6 000元，领用低值易耗品20 000元，摊销装修改造支出60 000元，发生差旅费32 000元，水电费15 000万元，活动庆典费用30 000元。其他略。

①发生费用时：

借：其他长期资产——开办费用　　363 000

　　贷：银行存款等　　363 000

②开业当月一次性转入费用：

借：其他费用——开办费用摊销　　363 000

　　贷：其他长期资产——开办费用　　363 000

③开业当月月末，结转非限定性净资产：

借：非限定性净资产　　　　　　　　　　　　　　　363 000

　　贷：其他费用——开办费用摊销　　　　　　　　　　363 000

注：成本费用类的发生额，到月末全部结转到“非限定性净资产”中。借记“非限定性净资产”会计科目，贷记相关成本费用科目。结转后，成本费用类科目无余额。

✧ 第七节　资产减值损失与计提资产减值准备

资产减值损失包括：应收款项减值损失、存货减值损失、短期投资减值损失、长期投资减值损失、固定资产减值损失、无形资产减值损失等，分别核算相关的资产损失；

资产减值准备包括：坏账准备、存货跌价准备、短期投资跌价准备、长期投资减值准备、固定资产减值准备、无形资产减值准备等，与上述资产减值损失科目对应，分别核算计提的减值准备。

确认减值损失以及计提减值准备在资产负债表日，即每年年末。

资产负债表日，相关资产发生减值的，按应减记的金额，借记“管理费用”相关资产减值损失会计科目，贷记相应资产减值准备会计科目。本期应计提的减值准备大于其账面余额的，应按其差额计提；应计提的坏账准备小于其账面余额的差额的，则做相反的会计分录。

✧ 第八节　净资产

非营利性养老机构的净资产是指资产减去负债后的余额。净资产应当按照其是否受到限制，分为限定性净资产和非限定性净资产等。

如果资产或者资产所产生的经济利益（如资产的投资收益和利息等）的使用受到资产提供者或者国家有关法律、行政法规所设置的时间限制或（和）用途限制，则由此形成的净资产即为限定性净资产，国家有关法律、行政法规对净资产的使用直接设置限制的，该受限制的净资产亦为限定性净资产；除此之外的其他净资产，即为非限定性净资产。

时间限制是指资产提供者或者国家有关法律、行政法规要求非营利性养老机构在收到资产后的特定时期之内或特定日期之后使用该项资产，或者对资产的使用设置了永久限制。

用途限制是指资产提供者或者国家有关法律、行政法规要求非营利性养老机构将收到的资产用于某一特定的用途。

净资产来自限定收入和非限定收入、成本费用的期末结转以及注册资本的投入。

✧ 第九节 非营利性养老机构会计报表样式

非营利性养老机构“资产负债表”基本格式如表1–8所示。

表1–8 资产负债表

编制单位： 年 月 日 单位：元

资产	年初数	期末数	负债和净资产	年初数	期末数
流动资产：			流动负债：		
货币资金			短期借款		
短期投资			应付款项		
应收款项			应付工资		
预付账款			应交税金		
存货			预收账款		
待摊费用			预提费用		
一年内到期的长期债权投资			预计负债		
其他流动资产			一年内到期的长期负债		
受托代理资产			其他流动负债		
流动资产合计			流动负债合计		
长期投资：					
长期股权投资			长期负债：		
长期债权投资			长期借款		
长期投资合计			长期应付款		
			其他长期负债		

续表

资产	年初数	期末数	负债和净资产	年初数	期末数
固定资产：			长期负债合计		
固定资产原价					
减：累计折旧			受托代理负债：		
固定资产净值			受托代理负债		
在建工程					
文物文化资产					
固定资产清理			负债合计		
固定资产合计					
无形资产：					
无形资产					
受托代理资产：					
受托代理资产					
其他长期资产：					
长期待摊费用			净资产：		
开办费摊销			非限定性净资产		
其他资产合计			限定性净资产		
			净资产合计		
资产总计			负债和净资产总计		

表内平衡公式：资产总计=负债和净资产总计

资产负债表是静态报表，反映时点数据，每月末、年末编制。

非营利性养老机构“业务活动表”如表1–9所示。

表1–9 业务活动表

编制单位： 年 月 单位：元

项目	本月数			本年累计数		
	非限定性	限定性	合计	非限定性	限定性	合计
一、收入						
其中：提供服务收入						
政府补助收入						
捐赠收入						

续表

项目	本月数			本年累计数		
	非限定性	限定性	合计	非限定性	限定性	合计
商品销售收入						
会费收入						
其他收入						
投资收益						
收入合计						
二、费用						
（一）业务活动成本						
（二）管理费用						
（三）筹资费用						
（四）其他费用						
成本费用合计						
三、限定性净资产转为非限定性净资产						
四、净资产变动额（若为净资产减少额，以“–”填列）						

业务活动表是一个动态报表，反映的是一定时期的数据，按照月度、年度编制。

非营利性养老机构“现金流量表”如表1–10所示。

表1–10 现金流量表

编制单位： 年 月 单位：元

项目	行次	金额
一、业务活动产生的现金流量		
接受捐赠收到的现金	1	
收取会费收到的现金	2	
提供服务收到的现金	3	
销售商品收到的现金	4	
政府补助收到的现金	5	
收到的其他与业务活动有关的现金	8	
现金流入小计	13	

续表

项目	行次	金额
提供捐赠或者资助支付的现金	14	
支付给员工以及为员工支付的现金	15	
购买商品、接受服务支付的现金	16	
支付的其他与业务活动有关的现金	19	
现金流出小计	23	
业务活动产生的现金流量净额	24	
二、投资活动产生的现金流量		
收回投资收到的现金	25	
取得投资收益收到的现金	26	
处置固定资产和无形资产收到的现金	27	
收到的其他与投资活动有关的现金	30	
现金流入小计	34	
购建固定资产和无形资产支付的现金	35	
对外投资支付的现金	36	
支付的其他与投资活动有关的现金	39	
现金流出小计	43	
投资活动产生的现金流量净额	44	
三、筹资活动产生的现金流量		
借款收到的现金	45	
收到的其他与筹资活动有关的现金	48	
现金流入小计	50	
偿还借款支付的现金	51	
偿付利息支付的现金	52	
支付的其他与筹资活动有关的现金	55	
现金流出小计	58	
筹资活动产生的现金流量净额	59	
四、汇率变动对现金的影响额	60	
五、现金及现金等价物净增加额	61	

现金流量表是一个动态报表，反映的是一定时期的数据，按照月度、年度编制。

第二章

营利性养老机构会计实务

营利性养老机构同非营利性养老机构相比，在财务方面的主要区别如表2-1所示。

表2-1

项目	营利性养老机构	非营利性养老机构
适用财务制度	养老机构会计准则/小养老机构会计准则	民间非营利组织会计制度
期间费用	管理费用/营销费用/财务费用	管理费用/筹资费用/其他费用
营业外支出	有独立科目核算	其他费用核算
期间损益结转	结转至本年利润科目	结转至净资产相关科目
指定用途的收入	可以单独核算	必须区分限定性和非限定性收入
注册资本/投资人	可以减资、变更投资人	不可以减资、变更投资人
注册资本实缴	可以认缴	必须实缴
税收优惠	除增值税外，同一般养老机构	有更多的税收优惠
经营亏损	没有监管要求	亏损较大，监管部门会检查
利润核算	需要利润核算	不需要利润核算
利润分配	可以进行利润分配	不允许利润分配

本章所列举范例之养老机构，假设为增值税小规模纳税人，适用征收率为3%。

✧ 第一节　预收款及收入会计处理

一、会计科目设置

营利性养老机构一级收入类会计科目主要有“主营业务收入”“其他业

务收入”“政府补助收入”等。

在“主营业务收入”会计科目下增设“床位费收入”“护理费收入”“餐费收入”“取暖费/制冷费收入”“一次性用品收入”“医疗收入”等二级会计科目。

在“其他业务收入”会计科目下增设“捐赠收入”和“商品销售收入”等二级会计科目。

“政府补助收入”和“捐赠收入”按照项目进行管理，可不用增设下级会计科目。

“商品销售收入”按照商品种类设置明细账核算。

收入类一级、二级会计科目表参考如表2-2所示。

表2-2

一级会计科目	二级会计科目	备注
主营业务收入	床位费收入	
	护理费收入	
	餐费收入	
	一次性用品收入	
	取暖费/制冷费收入	
	医疗收入	
	……	
政府补助收入	根据情况确定是否设二级科目	按照项目进行管理
其他业务收入	捐赠收入	按照项目进行管理
	商品销售收入	如有，按照商品种类设置明细账

二、会计分录编制

1. 老年人办理入住，收到交纳的押金（保证金/备用金）、床位费、护理费、餐费等

【例2-1】老年人办理入住，收到押金5 000元，预交3个月的床位费、护理费、餐费，分别是3 000元、6 000元、2 400元，一次性用品费800元，

老年人11月1日办理入住，根据制度，预收取采暖季4个月取暖费600元。老年人使用微信扫码交款。次日微信收款转至银行账户，手续费0.6%。

①收到押金：

借：其他货币资金——微信收款　　5 000
　　贷：其他应付款——××老人　　5 000

②收到预交的床位费、护理费、餐费、取暖费：

借：其他货币资金——微信收款　　12 000
　　贷：预收账款——××老人　　12 000

③收到一次性用品费：

借：其他货币资金——微信收款　　800
　　贷：主营业务收入——一次性用品收入　　800

④次日微信平台将资金转移至银行账户，扣除手续费106.80元（17 800×0.6%），到账17 693.20元：

借：银行存款——××银行　　17 693.20
　　财务费用　　106.80
　　贷：其他货币资金——微信收款　　17 800

⑤月末，确认床位费、护理费、餐费收入，月床位费1 000元，月护理费2 000元，月餐费800元，月取暖费（15天）75元：

借：预收账款——××老人　　3 875
　　贷：主营业务收入——床位费收入　　1 000
　　　　　　　　　　——护理费收入　　2 000
　　　　　　　　　　——餐费收入　　800
　　　　　　　　　　——取暖费收入　　75

2. 收到民政部门补助收入

【例2-2】11月份，养老机构收到民政部门拨付的上年运营补贴30万元，失智老人照料区改造补贴10万元，用于失智老人照料区改造。

借：银行存款——××银行　　400 000

贷：政府补助收入　　　　　　300 000（可按照项目进行管理）

　　政府补助收入　　　　　　100 000（可按照项目进行管理）

3. 收到捐赠收入

【例2-3】11月份，收到社会捐赠3笔。其中：某单位捐赠消毒用品1批，价值2 000元；某慈善组织捐赠现金5 000元，不限定用途；某科研所捐赠支票10 000元，用于失智老人课题研究。

借：低值易耗品　　　　　　　　　　　　2 000

　　现金　　　　　　　　　　　　　　　5 000

　　银行存款　　　　　　　　　　　　10 000

　　贷：其他业务收入——捐赠收入

　　　　　　　　　　　　5 000（可按照项目进行管理）

　　　　其他业务收入——捐赠收入

　　　　　　　　　　　　12 000（可按照项目进行管理）

4. 养老机构内设小型超市，销售物品

养老机构内设小型超市，销售物品收入不属于增值税免税收入，该养老机构属于小规模纳税人，按照小规模纳税人计算缴纳增值税。

我们平时所称的销售额一般指的是含增值税的收入。不含税收入是指将销售额中的增值税剔除后的收入。增值税属于一种价外税，在我国商品含税定价的情况下，记账时应将含税收入换算成不含税收入和销项税额两部分。设含税收入为A，则不含税收入B=A÷（1+适用税率）。

【例2-4】11月份，养老机构销售老年用品共20 000元。

借：现金等　　　　　　　　　　　　　20 000

　　贷：其他业务收入——商品销售收入

　　　　　　　　　　　　[20 000/（1+3%）] 19 417.48

　　　　应交税金——应缴增值税　　　　　　　582.52

5. 养老机构销售药品，提供医疗增值服务

【例2-5】11月份，医务部门销售药品3 000元，进销无差价。提供按

摩、注射、鼻饲等增值服务，共3 500元。按照该养老机构内部规定，医务部门提供服务施行后付费管理，等老年人下一个交费周期再一并收取。目前对营利性养老机构非独立药房销售药品是否增收增值税政策需要征询当地税务部门的意见，根据税务部门意见进行账务处理。本例不确认药品销售的增值税。

借：应收账款——××老年人等 6 500

　贷：其他业务收入——商品销售收入 3 000

　　主营业务收入——医疗收入 3 500

三、收款管理

收款管理的主要内容包括交费清单的填制、交费流程和交费事后稽核三方面。

1. 交费清单的填制

交费清单包括初始入住首月交费清单和预收清单。

入住首月一般情况下不满月，需要按照入住日期计算入住首月的交费项目金额。参考格式如表2–3所示（假如按照天数计算）。

表2–3 入住首月交费清单

老人名称：王×× 合同编号：××××× 联系方式：××××××

办理入住日期：202×年5月10日 本月入住天数：22天

交费项目	月收费标准（元）	入住首月交费（元）	预收方式	交费方式
1.床位费	1 000	709.68	按季度预收	微信
2.护理费	2 000	1 419.35	按季度预收	微信
3.餐费	800	567.74	按季度预收	微信
4.一次性用品费	800	800		微信
5.无				
合计		3 496.77		

编制： 审核：

因为按照季度预收，还要编制截至第二季度末剩余月份的预收清单。本季度月份为4—6月。还需要预收6月份一个月的款项（见表2–4）。

表2-4　　预收清单

老年人名称：王××　　合同编号：×××××　　联系方式：××××××
办理入住日期：202×年5月10日　　预收方式：按季预收　　本季度剩余完整月份：6月

交费项目	月收费标准（元）	入住首月交费（元）	预收方式	交费方式
1.床位费	1 000	1 000	按季度预收	微信
2.护理费	2 000	2 000	按季度预收	微信
3.餐费	800	800	按季度预收	微信
4.一次性用品费	—	—		
5.无				
合计		3 800		

编制：　　审核：

2. 交费流程

养老机构设立收银岗位的，由收银人员编制交费单，业务主管审核，然后持交费单、收款收据、pos刷卡单（或其他交费凭据）到出纳处，由出纳复核后收款。

养老机构安排出纳直接收款的，由出纳编制交费单，会计审核后办理收款。

3. 交费事后稽核

因为目前交费形式以微信、支付宝居多，还有的刷信用卡，交费资金并不能马上到账。需要事后根据银行到账后，将银行收款明细与交费清单注意对照稽核确认。

✧ 第二节　成本费用的会计处理

营利性养老机构成本费用类一级会计科目主要有“主营业务成本”“其他业务成本”“营业税金及附加”“管理费用”“销售费用”“财务费用”“资产减值损失”“营业外收支”等。

一、会计科目设置

1.“主营业务成本”是为了实现其业务活动目标、开展其项目活动或者提供服务所发生的费用，该项费用的发生是直接给老年人提供服务或者完成某个项目发生的，具有直接性。该科目与“主营业务收入”是配比关系。两者的差额组成了开展业务活动或项目活动的毛利的大部分。

在“主营业务成本”一级会计科目下增设“政府补助支出”“一般主营业务成本”两个二级会计科目。“政府补助支出”主要核算政府拨付的运营补贴等财政补助资金在使用时发生的支出。在“一般主营业务成本”二级会计科目下增设“床位成本”“护理成本”“餐饮成本”“取暖成本”“医务成本”等三级会计科目。“床位成本”核算租金或设施使用费、装修改造的摊销额、护理用固定资产的折旧、物业管理费等；“护理成本”核算发生的护理人员薪酬、护理用低值易耗品以及摊销额；“餐饮成本”核算发生的餐饮部门发生的人员薪酬、食材、餐饮部门固定资产折旧、餐饮用水电天然气费用、餐饮用低值易耗品等；“取暖成本”核算发生的公共取暖缴费、自备锅炉采暖发生的天然气费用、自备取暖锅炉的折旧等；“医务成本”核算发生的医生、护士的人员薪酬、医疗器械等固定资产折旧、医护用低值易耗品等。

增设“床位成本”三级会计科目的考虑：

①在实务中，养老机构收取的费用项目一般有床位费收费项目或者类似名称的收费项目。设置“床位成本”便于与“床位费收入”相匹配。

②设置“床位成本”会计科目，可以将床位占用物理空间的建设成本、床位所依托的固定资产以及租金等固定成本进行归集。计算出每一张实体床位的实际投入成本，便于床位费定价与分析。

③便于搭建财务分析模型。财务分析模型依据收入成本项目为主搭建，收入成本项目越明细，分析的结果就更可靠、客观。

2.在“其他业务成本”一级会计科目下增设“捐赠支出成本”和“其他成本”等二级会计科目。“捐赠成本”核算用于捐赠的物品的成本和有关税金，“其他成本”核算不属于上述成本的其他成本项目。

3.“营业税金及附加”可以不设二级会计科目。本会计科目核算养老机构经营活动发生的营业税、消费税、城市维护建设税、资源税和教育费附加等相关税费。房产税、车船使用税、土地使用税、印花税在“管理费用”会计科目核算，但与投资性房地产相关的房产税、土地使用税在本科目核算。

人员薪酬包括：工资、奖金、津贴、福利、单位负担的社保和住房公积金、单位购买的其他商业保险等。

“主营业务成本”“其他业务成本”“营业税金及附加”会计科目下设二级、三级会计科目如表2–5所示。

表2–5

一级会计科目	二级会计科目	三级会计科目
主营业务成本	一般主营业务成本	床位成本
		护理成本
		餐饮成本
		医务成本
		取暖成本
		……
	政府补助支出	可以按照上述设置三级会计科目
其他业务成本	捐赠成本	
	其他成本	
营业税金及附加	可以不设下级会计科目	

4.在“管理费用”一级会计科目下增设“政府补助支出”和“一般管理费用”两个二级会计科目，“政府补助支出”主要核算政府拨付的运营补贴等财政补助资金在使用时发生的支出。在“一般管理费用”二级会计科目下增设“董/理事会经费”“行政及后勤人员薪酬”“工会经费”“残疾人保障金”“管理税费”“水电能源费”“车辆费用”“办公费用”“差旅费用”“招待费用”“维修费用”“中介机构费用”“存货盘亏损失”“资产减值损失”“预计负债损失”“无形资产摊销”“其他管理费用”等三级会计科目。行政及后勤人员包括管理层人员、财务行政人事人员、保安保洁消防维修人员、社工其他非业务服务部门人员。部分三级会计科目可以根据管理的需要设置四级会计科目。

人员薪酬包括：工资、奖金、津贴、福利、单位负担的社保和住房公积金、单位购买的其他商业保险等。

“管理费用”会计科目下设二级、三级、四级会计科目如表2-6所示。

表2-6

一级会计科目	二级会计科目	三级会计科目	四级会计科目
管理费用	一般管理费用	董/理事会费用	可以不设四级会计科目
		行政及后勤人员薪酬	工资
			社保
			住房公积金
			其他商业保险
			福利费
		工会经费	不设四级会计科目
		残疾人保障金	不设四级会计科目
		管理税费	房产税
			土地使用税
			车船使用税
			印花税
			其他税费
		水电能源费	水费
			电费
			管理用天然气费
		车辆费用	油费
			维修费
			保险费
			路桥及停车费
		办公费用	办公用品
			通讯及网络费
			饮用水
			保洁保安消防耗材
			……
		差旅费用	城际交通费
			住宿费
			市内交通费
			出差杂费

续表

一级会计科目	二级会计科目	三级会计科目	四级会计科目
管理费用	一般管理费用	招待费用	招待餐费
			其他招待费用
		维修费用	项目管理，可不设四级会计科目
		中介机构费用	可不设四级会计科目
		管理用固定资产折旧	可不设四级会计科目
		无形资产摊销	可不设四级会计科目
		存货盘亏损失	可不设四级会计科目
		资产减值损失	可不设四级会计科目
		预计负债损失	可不设四级会计科目
		开办费用摊销	可不设四级会计科目
		其他管理费用	可不设四级会计科目
	政府补助支出	视情况参照上述设四级会计科目	

5. “销售费用”会计科目核算养老机构销售床位和商品的过程中发生的各种费用，包括专设的销售机构（含销售网点、售后服务网点等）的职工薪酬、业务费、提成、折旧费等经营费用和市场推广费用。按照费用项目增加“广告宣传费”“销售人员薪酬”“其他销售费用”等二级会计科目。在“广告宣传费”下可以增设“广告费”“市场活动费”等三级会计科目。在“销售人员薪酬”下可以增设“销售人员底薪”“销售人员提成”“其他薪酬”等三级会计科目。

6. “财务费用”会计科目核算养老机构为筹集生产经营所需资金等而发生的筹资费用，包括利息支出（减利息收入）、汇兑损益以及相关的手续费、发生的现金折扣或收到的现金折扣等。但为购建或生产满足资本化条件的资产发生的应予资本化的借款费用，在“在建工程”“制造费用”等科目核算。在本科目下增设“利息支出”“手续费”“折扣与折让”“汇兑损益”“其他财务费用”等二级会计科目。

7. “资产减值损失”会计科目核算养老机构计提各项资产减值准备所形成的损失。可按资产减值损失的项目进行明细核算，增设“计提坏账损失”“存货跌价损失”“长期投资减值损失”“固定资产减值损失”“无形资产减值损失”“持有至到期投资减值损失”等二级会计科目。

养老机构的应收款项、存货、长期股权投资、持有至到期投资、固定资产、无形资产、贷款等资产发生减值的，按应减记的金额，借记本科目，贷记“坏账准备”“存货跌价准备”“长期股权投资减值准备”“持有至到期投资减值准备”“固定资产减值准备”“无形资产减值准备”“贷款损失准备”等科目。

计提坏账准备、存货跌价准备、持有至到期投资减值准备、贷款损失准备等，相关资产的价值又得以恢复的，应在原已计提的减值准备金额内，按恢复增加的金额，借记“坏账准备”“存货跌价准备”“持有至到期投资减值准备”“贷款损失准备”等科目，贷记本科目。

8.“营业外支出”会计科目核算养老机构发生的各项营业外支出，包括非流动资产处置损失、非货币性资产交换损失、债务重组损失、非常损失、盘亏损失等。可按支出项目设立“非流动资产处置损失”“盘亏损失”“非常损失”“罚没支出”等二级会计科目进行明细核算。盘亏、毁损的资产发生的净损失，按管理权限报经批准后，借记本科目，贷记“待处理财产损溢”科目。

二、日常业务会计分录编制

1. 计提及发放工资

【例2-6】承接【例2-2】，11月份，计提当月工资。其中：护理员工资40万元，医护人员5万元，餐饮人员工资4.8万元，行政管理及后勤人员工资22万元；其中属于个人负担的社保5.8万元，应交个人所得税3万元。护理员工资用运营专项补贴资金发放。

①计提工资：

借：主营业务成本——一般主营业务成本——护理成本　　100 000

——政府补助支出——护理成本　　300 000

——一般主营业务成本——医护成本 50 000

——一般主营业务成本——餐饮成本 48 000

管理费用——一般管理费用——行政及后勤人员薪酬

220 000

贷：应付职工薪酬 718 000

借：应付职工薪酬 88 000

贷：应交税金——应交个人所得税 30 000

其他应交款——应交社保金 58 000

②发放工资：

借：应付职工薪酬 630 000

贷：银行存款——××银行 630 000

2. 计提并缴纳社保金

【例2-7】11月份，收到社保扣款通知，其中个人负担的社保58 000元。单位负担的社保87 000元，其中：护理人员39 545元，医护人员6 058元，餐饮人员5 816，其他人员35 581元。

计提单位负担的社保金：

借：主营业务成本——一般主营业务成本——护理成本 39 545

——一般主营业务成本——医护成本 6 058

——一般主营业务成本——餐饮成本 5 816

管理费用——一般管理费用——行政及后勤人员薪酬

35 581

贷：其他应交款——应交社保金 87 000

3. 缴纳社保金及税金

【例2-8】承接【例2-6】、【例2-7】，经计算，共支付社保金145 000元。

借：其他应交款——应交社保金 145 000

应交税金——应交个人所得税 30 000

贷：银行存款——××银行 175 000

4. 计提租金、支付租金及摊销

【例2-9】某养老机构房租年租金1 000 000元，根据会计政策规定，需要按月摊销。

①支付租金：

借：预付账款——××公司（租金） 1 000 000

　　贷：银行存款 1 000 000

②分期摊销租金：

借：主营业务成本——一般主营业务成本——床位成本

（1 000 000 ÷ 12）83 333.33

　　贷：预付账款 83 333.33

待摊费用是指在权责发生制原则下，属于已经支出，应由以后各期分摊的，且摊销期限在一年以内的费用。例如：一次支付的房租等。养老机构会计准则已经废除该科目，养老机构发生待摊费用通过“预付账款”科目核算。

5. 计提固定资产折旧

【例2-10】11月份，某养老机构计提折旧共31 000元，其中医务部折旧3 000元，餐饮部折旧3 200元，护理部门折旧10 000元，其他行政后勤部门折旧14 800元。

借：主营业务成本——一般主营业务成本——医务成本 3 000

　　　　　　　　一般主营业务成本——餐饮成本 3 200

　　　　　　　　一般主营业务成本——床位成本 10 000

　　管理费用——一般管理费用——管理用固定资产折旧

14 800

　　贷：累计折旧 31 000

6. 发生装修改造费用及摊销

【例2-11】某养老机构发生装修改造费用150万元，摊销期20年。11月份应摊销6 250元，按照会计政策规定，装修改造摊销全部计入床位成本。

①发生装修改造费用时：

借：长期待摊费用——装修改造　　1 500 000

　　贷：应付账款——××公司　　1 500 000

②支付装修改造费用时：

借：应付账款——××公司　　1 500 000

　　贷：银行存款——××银行　　1 500 000

③11月份摊销时：

借：主营业务成本——一般主营业务成本——床位成本

　　6 250

　　贷：长期待摊费用——装修改造　　6 250

7. 使用运营补贴和失智专区改造补贴

【例2-12】承接【例2-2】，11月份，养老机构收到民政部门拨付的上年运营补贴30万元，失智老人照料区改造补贴10万元，用于失智老人照料区改造。养老机构用失智专区补贴支付改造工程款10万元。该工程摊销期5年。

①支付改造工程款时：

借：长期待摊费用——失智专区　　100 000

　　贷：银行存款——××银行　　100 000

②本月摊销：

借：主营业务成本——政府补助支出——床位成本　　1 666.67

　　贷：长期待摊费用——失智专区　　1 666.67

8. 购买食材、食材出库相关事项

【例2-13】11月份，养老机构购买食材180 000元，食材款未支付。当月食材出库175 000元，其中：出库老人用食材155 000元，出库员工用食材20 000元。

①购买食材：

借：原材料——食材　　180 000

　　贷：应付账款——××供应商　　180 000

②食材出库：

借：主营业务成本——一般主营业务成本——餐饮成本 155 000

　管理费用——一般管理费用——福利费 20 000

　贷：原材料——食材 175 000

9. 购买低值易耗品、低值易耗品出库相关事项

【例2-14】11月份，某养老机构购买低值易耗品5 000元，款项已经支付。当月低值易耗品出库4 800元，其中：护理部门领用2 000元，医务部门领用1 500元，餐饮部门领用500元，其他部门领用800元。按照该养老机构的会计政策，低值易耗品领用时，采取一次转销法。

①购买低值易耗品：

借：低值易耗品 5 000

　贷：银行存款——××供应商 5 000

②低值易耗品出库：

借：主营业务成本——一般主营业务成本——护理成本 2 000

　　——一般主营业务成本——医务成本 1 500

　　——一般主营业务成本——餐饮成本 500

　管理费用——一般管理费用——办公费用 800

　贷：低值易耗品 4 800

10. 支付中介费用

【例2-15】养老机构委托一家会计师事务所进行年度会计报表审计，约定审计费20 000元。预付30%，收到报告后开具全额发票，再支付70%。

①预付30%审计费时：

借：预付账款——××会计师事务所 6 000

　贷：银行存款——××银行 6 000

②收到发票并支付70%审计费时：

借：管理费用——一般管理费用——中介机构费用 20 000

贷：预付账款——××会计师事务所　　6 000

银行存款——××银行　　14 000

11. 支付职工培训费

【例2-16】本月支付职工培训费5 300元。该笔培训费使用财政专项补贴资金支付。

支付时：

借：管理费用——政府补助支出——其他管理费用　　5 300

贷：银行存款——××银行　　5 300

12. 支付水电费

【例2-17】本月支付水费8 000元，支付电费24 000元。

借：管理费用——一般管理费用——水电能源费用　　32 000

贷：银行存款——××银行　　32 000

13. 自备锅炉购买天然气用于冬季采暖的相关处理

【例2-18】养老机构自备锅炉采暖，经测算需要购买天然气60万元，先期购买30万元。本月根据锅炉消耗天然气数据，使用12万元。

①购买天然气时：

借：预付账款——××单位（天然气）　　300 000

贷：银行存款——××银行　　300 000

②统计本月消耗时：

借：主营业务成本——一般主营业务成本——取暖成本

120 000

贷：预付账款——××单位（天然气）　　120 000

14. 计算缴纳残疾人保障金

残疾人保障金：上年用人单位具体安排残疾人就业数量没有达到规定比例时，就其差额人员数量和本单位在职职工年平均工资之积计算缴纳的金额，以保障残疾人事业发展。

残疾人保障金如何计算缴纳？

【例2-19】某养老机构上年在职职工200人，实质上具体安排残疾人2人，所在地职工年平均工资70 000元。根据当地残保金缴纳政策，计算如下：

残保金年缴纳额=（上年用人单位在职职工人员数量×1.7%–上年用人单位实质上具体安排残疾人就业人员数量）×上年所在地职工年平均工资×60%。

用人单位在职职工是指用人单位在编人员或依法与用人单位签署1年以上（含1年）劳动合同（服务协议）的人员。用人单位在职职工人员数量，按本单位在职职工的年平均人员数量计算（12个月人员数量相加再除以12），结果须为整数。季节性用工需要折算为年平均用工人员数量。

残保金金额=（200×1.7%–2）×70 000×60%=58 800元

借：管理费用——一般管理费用——残疾人保障金　　58 800

　　贷：银行存款——××银行　　58 800

15. 组织筹款活动相关处理

【例2-20】某养老机构为入住的失智老年人发起一场募捐活动，募捐款项用于失智老年人的特殊护理。期间发生制作费3 000元，网络平台宣传费用2 000元，工作餐150元。

借：管理费用——一般管理费用——其他　　5 150

　　贷：银行存款——××银行　　5 000

　　　　现金　　150

16. 计提、支付银行贷款利息

【例2-21】某养老机构有银行贷款100万元，年利率3%。按月付息，到期一次还本。

①本月计提利息2 500元（100×3%÷12）：

借：财务费用——利息费用　　2 500

　　贷：应付利息　　2 500

②支付利息时：

借：应付利息　　2 500

贷：银行存款——××银行　　2 500

执行养老机构会计准则的营利性养老机构，对预提费用按照如下规定进行账务处理：

①借款利息

养老机构会计准则相关应用指南规定，通过设置“应付利息”科目，核算养老机构按照合同约定应支付的利息，包括吸收存款、分期付息到期还本的长期借款等应支付的利息。不设置“预提费用”会计科目。

②预提的固定资产修理费用、租金和保险费

养老机构会计准则及相关应用指南不再要求对固定资产的修理费用进行预提，而是在实际发生时根据支出能否资本化分别进行相应的处理。不能资本化的修理费用直接计入当期费用，可以资本化的费用计入固定资产账面价值。对当期应负担的租金和保险费，也可以不进行预提，等到实际支付租金和保险费时，按支付的金额分别计入有关成本或损益类科目。

17. 处置固定资产损失处理

【例2-22】某养老机构为保证员工安全，将一辆老旧班车进行处置。老班车原值150 000元，已经计提折旧110 000元，处置金额30 000元。经计算，固定资产清理过程中发生损失10 000元。小规模纳税人销售自己使用过的固定资产，按下列公式确定销售额和应纳税额：销售额=含税销售额÷（1+3%），应纳税额=销售额×2%。但可以开具3%征收率的发票。

①结转固定资产账面价值：

借：固定资产清理　　40 000

　　累计折旧　　110 000

　　贷：固定资产　　150 000

②确认变卖收入：

借：银行存款　　30 000

　　贷：固定资产清理　　30 000

③确认应交的增值税，经计算税金582.52元［30 000÷（1+3%）×2%］：

借：固定资产清理　　582.52

贷：应交税金——应交增值税 582.52

④结转处置净损失：

借：营业外支出——处置固定资产损失 10 582.52

贷：固定资产清理 10 582.52

18. 支付消防罚款

【例2-23】区消防部门进行检查，认为存在整改不达标的情况，给予罚款3 000元。

借：营业外支出——罚没支出 3 000

贷：银行存款——× × 银行 3 000

19. 支付广告费，计算预提销售提成

【例2-24】支付广告宣传片制作费50 000元，计算预提当月床位销售提成20 000元。

借：销售费用——广告宣传费 50 000

——销售提成 20 000

贷：银行存款——× × 银行 50 000

其他应付款——预提销售提成 20 000

✧ 第三节　固定资产的会计处理

养老机构的长期资产包括长期投资、固定资产、在建工程、无形资产、长期待摊费用等。在实务中，经常发生的长期资产核算主要是固定资产和长期待摊费用的核算。

固定资产是指同时具有以下3个特征的有形资产：

（1）为行政管理、提供服务、生产商品或者出租目的而持有的；

（2）预计使用年限超过1年；

（3）单位价值较高。

单位价值较高的标准，由养老机构规定。一般来讲，养老机构可以将500元作为固定资产的标准。

1. 固定资产的购置

固定资产在取得时，应当按照取得时的实际成本入账。取得时的实际成本包括买价、包装费、运输费、交纳的有关税金等相关费用，以及为使固定资产达到预定可使用状态前所必要的支出。

【例2-25】养老机构202×年9月1日购置采暖锅炉一台，合同约定价款100万元，安装费用15万元。锅炉价款已经支付，并收到发票。9月10日锅炉运抵现场。9月25日安装完毕，支付安装费用。9月30日验收完毕达到可使用状态。

①支付锅炉款时：

借：在建工程——锅炉	1 000 000	
贷：银行存款——××银行		1 000 000

②支付锅炉安装款时：

借：在建工程——锅炉	150 000	
贷：银行存款——××银行		150 000

③锅炉验收合格，收到验收报告时：

借：固定资产——锅炉	1 150 000	
贷：在建工程——锅炉		1 150 000

2. 固定资产计提折旧

一般应当按月提取折旧，当月增加的固定资产，当月不提折旧，从下月起计提折旧；当月减少的固定资产，当月照提折旧，从下月起不提折旧。

应当根据固定资产的性质和消耗方式，合理地确定固定资产的预计使用寿命和预计净残值。

可选用的折旧方法包括年限平均法、工作量法、双倍余额递减法和年数总和法。折旧方法一经确定，不得随意变更。如果由于固定资产所含经济利益或者服务潜力预期实现方式发生重大改变而确实需要变更的，应当在会计报表附注中披露相关信息。

【例2-26】承接【例2-25】，该锅炉预计使用寿命10年，预计净残值为原值的5%即57 500元，按照直线法计提折旧。从202×年10月份开始计提折旧。

每月计提折旧金额：（1 150 000−57 500）÷10÷12=9 104.16（元）

10月计提折旧时：

借：主营业务成本——一般主营业务成本——取暖成本

9 104.16

贷：累计折旧 9 104.16

3. 固定资产的后继支出

如果一项修理或者技术改造延长了固定资产的使用寿命，或者使其服务质量实质性提高，或者使运营成本实质性降低，则应当计入固定资产账面价值，否则应作为费用处理。

【例2-27】承接【例2-25】，计提折旧5年后，发现对锅炉进行技术改造后，能显著降低天然气的消耗量，大幅降低运营成本。该项技术改造合同金额25万元且已完成技术改造。锅炉已经累计计提折旧5年，累计折旧金额9 104.56×12×5=546 273.60（元）。经过技改后的锅炉需要重新预计寿命期、预计净残值，重新计算折旧。

①结转固定资产账面价值：

借：在建工程——锅炉 603 726.40

累计折旧 546 273.60

贷：固定资产——锅炉 1 150 000

②支付技改资金：

借：在建工程——锅炉 250 000

贷：银行存款——××银行 250 000

③验收合格，取得验收报告：

借：固定资产——锅炉 853 726.40

贷：在建工程——锅炉 853 726.40

【例2-28】承接【例2-25】，如计提折旧5年后，发现有一个部件老化需要更换。该部件价值5 000元。按照固定资产后继支出的规定，购买该部件的成本费用应该作为费用处理。

借：管理费用——一般管理费用——维修费　　5 000

　　贷：银行存款——××银行等　　5 000

✧ 第四节　装修改造以及摊销的会计处理

适老化装修改造是养老机构主要的投资项目，主要发生在开业前。养老机构开业后，也会发生适老化装修改造，不过相比开业前，这类投资项目要少得多。

一、适老化装修改造的概念

适老化装修改造是指按照国家适老化建筑设计相关规范要求，通过合理规划、布局和装修，创造一个适合老年人生活和照料服务的居住及工作环境。

装修改造的范围很宽泛，涉及土建、安装、设备等内容。装修改造的规模有大有小，单体装修改造项目规模能达到亿元级别，小的装修改造规模可能就几万元。

二、适老化装修改造的账务处理

适老化装修改造的账务处理主要是工程项目成本的归集、建设资金的管理和后期摊销。

1. 成本归集和建设资金管理

自有房屋进行装修改造，计入原固定资产的成本。

租赁房屋进行装修改造在“长期待摊费用”一级会计科目下设“装修改造”二级会计科目进行处理，具体装修改造项目按照项目进行明细核算。

【例2-29】某养老机构计划对一个新租赁的场地进行适老化改造。第三方改造工程费用600 000元，假设上述费用按照3∶3∶3∶1的规则付款，即签订合同时预付30%；工程形象进度达到60%—80%时，支付30%；工程完工验收完毕，支付30%；剩余款项作为保证金，一年后支付。

支付30%预付款时，可以通过应付账款的借方科目核算：

①借：在建工程——××工程　　（600 000×30%）180 000

　　贷：应付账款——××装饰公司　　180 000

借：应付账款——××装饰公司　　180 000

　　贷：银行存款——××银行　　180 000

②支付进度款30%时：

借：在建工程——××工程　　180 000

　　贷：应付账款——××装饰公司　　180 000

借：应付账款——××装饰公司　　180 000

　　贷：银行存款——××银行　　180 000

③工程完工，并验收合格，双方最后商定改造费用为650 000元。

借：在建工程——××工程

　　290 000（650 000–180 000–180 000）

　　贷：应付账款——××装饰公司　　290 000

④同时结转在建工程：

借：长期待摊费用——装修改造——××工程　　650 000

　　贷：在建工程——××工程　　650 000

⑤支付至90%时：

借：应付账款——××装饰公司

　　225 000（650 000×90%–180 000–180 000）

　　贷：银行存款——××银行　　225 000

⑥一年后支付工程尾款10%时：

借：应付账款——××装饰公司　　65 000

　　贷：银行存款——××银行　　650 000

2. 长期待摊费用的摊销期限

长期待摊费用的摊销期限，在账务处理上，一般参照按照以下规则确定的：

①长期待摊费用摊销期限大于1年；

②已足额提取折旧的固定资产的改建支出，按照固定资产预计尚可使用年限分期摊销；

③租入固定资产的改建支出，按照合同约定的剩余租赁期限分期摊销；

④固定资产的大修理支出，按照固定资产尚可使用年限分期摊销。

按照以上摊销期限规则，在公建民营养老项目中，因适老化装修改造形成的长期待摊费用，最长摊销期限不能超过与民政部门签订的托管运营合同期限。

在现实中，却大量存在着公建民营养老项目适老化装修改造费用金额较大、受益期较长而托管运营合同期限较短的矛盾。某公建民营养老机构，床位数量300张。适老化装修改造投资额近2 000万，受益期在20年以上。签订的托管运营服务合同期限3年。按照3年期限去摊销，很明显，该项目不具有经济性。

公建民营项目受益期的考虑：

受益期就是该资产预计可以使用的时间，或者该固定资产的法定使用年限。适老化装修改造中涉及大量土建工程安装工程的资产项目，受益期一般在20年以上；不涉及土建安装工程的资产项目，咨询技术部门确定受益期；租入固定资产大修理支出的，受益期为两个大修理期的间隔期。无法确定受益期的，受益期不超过10年。

公建民营项目剩余租赁合同期限的考虑：

由于公建民营养老项目托管运营合同一般都有到期后可以优先续租或续期的条款。如果存在这样的条款，经合理预计，到期后续租或续期极有可能，那么长期待摊费用剩余租赁期限应该考虑续租或续期的期限。出于谨慎原则，预计的最长剩余租赁期限不宜超过20年。

摊销期限的确定：

确定摊销期限时，按照合理预估后的剩余租赁期限和受益期限，按照两者孰短原则，确定摊销期。

摊销时采用直线法平均摊销。

【例2-30】某养老服务公司托管一公建养老项目，合同期5年，签订合同半年内完成适老化装修改造1 500万元，受益期10年。合同约定到期后同等条件下，优先续签合同，续签时间不超过5年，连续续签不超过2次。

根据以上条件分析，首期托管运营合同剩余期限为9.5年，可预计的剩余租赁期限为10年，两者共19.5年。受益期10年，因此确定摊销期为10年。

经计算，每年摊销为150万元（1 500÷10），摊销时：

借：主营业务成本——一般主营业务成本——床位成本 1 500 000

贷：长期待摊费用——装修改造——××工程 1 500 000

✧ 第五节 资产减值损失与计提减值准备

资产减值损失包括：应收款项减值损失、存货减值损失、持有至到期投资减值损失、长期股权投资减值损失、固定资产减值损失、无形资产减值损失等，分别核算相关的资产损失。

资产减值准备包括：坏账准备、存货跌价准备、持有至到期投资减值准备、长期股权投资减值准备、固定资产减值准备、无形资产减值准备等，与上述资产减值损失相关科目对应，分别核算计提的减值准备。

确认减值损失以及计提减值准备在资产负债表日，即每年年末。

资产负债表日，相关资产发生减值的，按应减记的金额，借记“资产减值损失”会计科目，贷记相应资产减值准备会计科目。本期应计提的减值准备大于其账面余额的，应按其差额计提；应计提的坏账准备小于其账面余额的差额做相反的会计分类。

✧ 第六节 筹开期间费用会计处理

筹开期间的费用，在“长期待摊费用”一级会计科目下设二级会计科目“开办费用”核算。筹开期间的费用，先在二级会计科目“开办费用”中归集。等到开业当月一次计入“管理费用”一级会计科目中的“开办费用摊销”三级会计科目。

【例2-31】某养老机构从2023年5月1日开始筹备，2023年10月1开业。

期间发生工资费用200 000元，计提固定资产折旧6 000元，领用低值易耗品20 000元，摊销装修改造支出60 000元，发生差旅费32 000元，水电费15 000万元，活动庆典费用30 000元。其他略。

①发生费用时：

借：长期待摊费用——开办费用　　363 000

　　贷：银行存款等　　363 000

②开业当月一次性转入费用：

借：管理费用——一般管理费用——开办费用摊销　　363 000

　　贷：长期待摊费用——开办费用　　363 000

✧ 第七节　所得税会计处理

一、会计科目设置

进行所得税账务处理时，需要的会计科目有“递延所得税资产”“递延所得税负债”“所得税费用”三个一级会计科目。在“递延所得税资产”一级会计科目下按照可抵扣暂时性差异等项目进行明细核算，在“递延所得税负债”一级会计科目下按照应纳税暂时性差异等项目进行明细核算，在“所得税费用”一级会计科目下增设“当期应交所得税”和“递延所得税”两个二级科目。

二、相关财务处理

1. 递延所得税资产核算养老机构确认的可抵扣暂时性差异

可抵扣暂时性差异产生的情形：

（1）资产的账面价值小于其计税基础。

（2）负债的账面价值大于其计税基础。如计提减值准备、与税法要求相比多计提折旧、预提相关费用、超出税法规定的费用标准等。

2. 递延所得税负债核算养老机构确认的应纳税暂时性差异

（1）资产的账面价值大于其计税基础。

（2）负债的账面价值小于其计税基础。如：按税法规定可以结转以后年度的未弥补亏损、以后年度可以结转的费用等。

3. 账务处理

（1）确认可抵扣暂时性差异

借记“递延所得税资产”相关项目，贷记“所得税费用——递延所得税费用”科目。资产负债表日递延所得税资产的应有余额大于其账面余额的，应按其差额确认，借记本科目，贷记“所得税费用——递延所得税费用”等科目；资产负债表日递延所得税资产的应有余额小于其账面余额的差额的，则做相反的会计分录。

（2）确认应纳税暂时性差异

借记“所得税费用——递延所得税费用”科目，贷记“递延所得税负债”相关项目。资产负债表日递延所得税负债的应有余额大于其账面余额的，应按其差额确认，借记“所得税费用——递延所得税费用”科目，贷记本科目；资产负债表日递延所得税负债的应有余额小于其账面余额的，则做相反的会计分录。

（3）确认所得税费用

年末，按照税法规定计算确定的当期应交所得税，借记“所得税费用——当期应交所得税”，贷记“应交税费——应交所得税”科目。

（4）所得税费用科目年末余额结转

年末，应将本科目的余额（含当期应交所得税和递延所得税费用）转入“本年利润”科目，结转后本科目无余额。

✧ 第八节 利润结转及本年利润的分配

1. 损益类科目转入本年利润

月末或年末，应将所有收入、成本、期间费用、所得税费用科目结转至“本年利润”科目。

2. 本年利润科目余额转入利润分配

年末，应将本年收入和支出相抵后结出的本年实现的净利润，由“本年利润”科目转入“利润分配”科目，借记“本年利润”科目，贷记“利润分配——未分配利润”科目；如为净亏损则做相反的会计分录。结转后“本年利润”科目无余额。

3. 利润分配的账务处理

“利润分配”科目核算养老机构利润的分配（或亏损的弥补）和历年分配（或弥补）后的余额。下设“提取法定盈余公积”“提取任意盈余公积”“盈余公积补亏”和“未分配利润”等进行明细核算。

按规定提取的盈余公积，借记本科目（提取法定盈余公积、提取任意盈余公积），贷记“盈余公积——法定盈余公积、任意盈余公积”科目。

经股东大会或类似机构决议，分配给股东或投资者的利润，借记本科目（应付利润），贷记“应付股利”科目。

用盈余公积弥补亏损，借记“盈余公积——法定盈余公积或任意盈余公积”科目，贷记本科目（盈余公积补亏）。

年末，将上述“利润分配”科目所属其他明细科目的余额转入本科目“未分配利润”明细科目。结转后，本科目除“未分配利润”明细科目外，其他明细科目应无余额。

✧ 第九节　营利性养老机构会计报表样式

营利性养老机构的资产负债表样式如表2–7所示。

表2–7　资产负债表

会企01表

编制单位：　　　　____年____月____日　　　　单位：元

资产	期末余额	年初余额	负债和所有者权益（或股东权益）	期末余额	年初余额
流动资产：			流动负债：		
货币资金			短期借款		
交易性金融资产			交易性金融负债		
应收票据			应付票据		

续表

资产	期末余额	年初余额	负债和所有者权益（或股东权益）	期末余额	年初余额
应收账款			应付账款		
预付款项			预收款项		
应收利息			应付职工薪酬		
应收股利			应交税费		
其他应收款			应付利息		
存货			应付股利		
一年内到期的非流动资产			其他应付款		
其他流动资产			一年内到期的非流动负债		
流动资产合计			其他流动负债		
非流动资产：			流动负债合计		
可供出售金融资产			非流动负债：		
持有至到期投资			长期借款		
长期应收款			应付债券		
长期股权投资			长期应付款		
投资性房地产			专项应付款		
固定资产			预计负债		
在建工程			递延所得税负债		
工程物资			其他非流动负债		
固定资产清理			非流动负债合计		
生产性生物资产			负债合计		
油气资产			所有者权益（或股东权益）：		
无形资产			实收资本（或股本）		
开发支出			资本公积		
商誉			减：库存股		
长期待摊费用			盈余公积		
递延所得税资产			未分配利润		
其他非流动资产			所有者权益（或股东权益）合计		
非流动资产合计					
资产总计			负债和所有者权益（或股东权益）总计		

营利性养老机构的利润表样式如表2–8所示。

表2–8　利润表

会企02表

编制单位：　　　　____年____月　　　　单位：元

项目	本期金额	上期金额
一、营业收入		
减：营业成本		
营业税及附加		
销售费用		
管理费用		
财务费用		
资产减值损失		
加：公允价值变动收益（损失以“–”号填列）		
投资收益（损失以“–”号填列）		
二、营业利润（亏损以“–”号填列）		
加：营业外收入		
减：营业外支出		
其中：非流动资产处置损失		
三、利润总额（亏损总额以“–”号填列）		
减：所得税费用		
四、净利润（净亏损以“–”号填列）		
五、每股收益：		
（一）基本每股收益		
（二）稀释每股收益		

营利性养老机构的现金流量表样式如表2–9所示。

表2–9　现金流量表

会企03表

编制单位：　　　　____年____月　　　　单位：元

项目	本期金额	上期金额
一、经营活动产生的现金流量：		
销售商品、提供劳务收到的现金		
收到的税费返还		
收到其他与经营活动有关的现金		
经营活动现金流入小计		

续表

项目	本期金额	上期金额
购买商品、接受劳务支付的现金		
支付给职工以及为职工支付的现金		
支付的各项税费		
支付其他与经营活动有关的现金		
经营活动现金流出小计		
经营活动产生的现金流量净额		
二、投资活动产生的现金流量：		
收回投资收到的现金		
取得投资收益收到的现金		
处置固定资产、无形资产和其他长期资产收回的现金净额		
处置子公司及其他营业单位收到的现金净额		
收到其他与投资活动有关的现金		
投资活动现金流入小计		
购建固定资产、无形资产和其他长期资产支付的现金		
投资支付的现金		
取得子公司及其他营业单位支付的现金净额		
支付其他与投资活动有关的现金		
投资活动现金流出小计		
投资活动产生的现金流量净额		
三、筹资活动产生的现金流量：		
吸收投资收到的现金		
取得借款收到的现金		
收到其他与筹资活动有关的现金		
筹资活动现金流入小计		
偿还债务支付的现金		
分配股利、利润或偿付利息支付的现金		
支付其他与筹资活动有关的现金		
筹资活动现金流出小计		
筹资活动产生的现金流量净额		
四、汇率变动对现金及现金等价物的影响		
五、现金及现金等价物净增加额		
加：期初现金及现金等价物余额		
六、期末现金及现金等价物余额		

现金流量的补充资料填报格式如表2–10所示。

表2–10

补充资料	本期金额	上期金额
1.将净利润调节为经营活动现金流量：		
净利润		
加：资产减值准备		
固定资产折旧、油气资产折旧、生产性生物资产折旧		
无形资产摊销		
长期待摊费用摊销		
处置固定资产、无形资产和其他长期资产的损失（收益以“–”号填列）		
固定资产报废损失（收益以“–”号填列）		
公允价值变动损失（收益以“–”号填列）		
财务费用（收益以“–”号填列）		
投资损失（收益以“–”号填列）		
递延所得税资产减少（增加以“–”号填列）		
递延所得税负债增加（减少以“–”号填列）		
存货的减少（增加以“–”号填列）		
经营性应收项目的减少（增加以“–”号填列）		
经营性应付项目的增加（减少以“–”号填列）		
其他		
经营活动产生的现金流量净额		
2.不涉及现金收支的重大投资和筹资活动：		
债务转为资本		
一年内到期的可转换公司债券		
融资租入固定资产		
3.现金及现金等价物净变动情况：		
现金的期末余额		
减：现金的期初余额		
加：现金等价物的期末余额		
减：现金等价物的期初余额		
现金及现金等价物净增加额		

税收政策篇

引言

我国现行税制包括以下18个税种，按照征收对象可以分为5个类别：

1. 主要以收入为基础征收的税种：增值税、消费税、关税以及相关的城市维护建设税。

2. 主要以企业或者个人所得额为基础征收的税种：企业所得税、个人所得税。

3. 与房屋、土地等财产相关的税种：土地增值税、房产税、城镇土地使用税、耕地占用税。

4. 与车船有关的税种：车船税、船舶吨税、车辆购置税。

5. 其他税种：契税、印花税、环境保护税、烟叶税、资源税。

第三章

与养老机构有关的主要税种简介

一、增值税

增值税是对销售货物或者提供加工、修理修配劳务以及进口货物的单位和个人就其实现的增值额征收的一个税种。2016年3月23日，财务部 国家税务总局发布《关于全面推开营业税改征增值税试点的通知》（财税〔2016〕36号）文件，自2016年5月1日起在全国范围内全面推开营业税改征增值税（以下称营改增）试点，建筑业、房地产业、金融业、生活服务业等全部营业税纳税人，纳入试点范围，由缴纳营业税改为缴纳增值税。

增值税的纳税义务人是在中华人民共和国境内销售货物或者加工、修理修配劳务（以下简称劳务），销售服务、无形资产、不动产以及进口货物的单位和个人。《关于全面推开营业税改征增值税试点的通知》（财税〔2016〕36号）文件附件1《营业税改征增值税试点实施办法》明确，在中华人民共和国境内（以下称境内）销售服务、无形资产或者不动产（以下称应税行为）的单位和个人，为增值税纳税人，应当按照该办法缴纳增值税，不缴纳营业税。

增值税是我国第一大税种。

二、城市维护建设税

城市维护建设税是以纳税人实际缴纳的增值税、消费税税额为计税依据，依法计征的一种税。

城市维护建设税的纳税义务人是缴纳增值税和消费税的单位和个人。

需要说明的是，教育费附加和地方教育附加不是一种税，但与城市维护建设税同时征收。

三、企业所得税

企业所得税是对我国境内的企业和其他取得收入的组织的生产经营所得和其他所得征收的一种所得税。

企业所得税的纳税人包括各类企业、事业单位、社会团体、民办非企业单位和从事经营活动的其他组织。个人独资企业、合伙企业不属于企业所得税的纳税义务人。

四、个人所得税

个人所得税是对自然人（居民、非居民）个人所得征收的所得税。

个人所得税的纳税义务人是自然人，个人独资企业，合伙企业。

五、房产税

房产税是以房屋为征税对象，按房屋的计税余值或租赁收入为计税依据，向产权所有人征收的一种财产税。

房产税由产权所有人缴纳。产权属于全民所有的，由经营管理单位缴纳。产权出典的，由承典人缴纳。产权所有人、承典人不在房产所在地的，或者产权未确定及租典纠纷未解决的，由房产代管人或使用人缴纳。因此，上述产权所有人，经营管理单位、承典人、房产代管人或者使用人，统称房产税的纳税人。

六、城镇土地使用税

城镇土地使用税是指国家在城市、县城、建制镇、工矿区范围内，对使用土地的单位和个人，以其实际占用的土地面积为计税依据，按照规定的税额计算征收的一种税。

城镇土地使用税的纳税义务人有：

1.拥有土地使用权的单位和个人是纳税人。

2.拥有土地使用权的单位和个人不在土地所在地的，其土地的实际使用人和代管人为纳税人。

3.土地使用权未确定的或权属纠纷未解决的，其实际使用人为纳税人。

4.土地使用权共有的，共有各方都是纳税人，由共有各方分别纳税。

七、车船税

车船税是以车船为特征对象，向车辆与船舶（以下简称车船）的所有人或者管理人征收的一种税。

车船税的纳税义务人是车船的所有人或管理人。

八、印花税

印花税是对在经济活动和经济交往中书立、领受具有法律效力的凭证的行为征收的一种税。

印花税的纳税义务人是在中华人民共和国境内书立应税凭证、进行证券交易的单位和个人。

九、契税

契税是指不动产（土地、房屋）产权发生转移变动时，就当事人所订契约按产价的一定比例向新业主（产权承受人）征收的一次性税收。

契税的纳税义务人是境内转移土地、房屋权属，承受的单位和个人。

第四章

养老机构税收政策

✧ 第一节　增值税

一、非营利性养老机构

1. 养老机构提供的养老服务收入免征增值税

依据财政部 国家税务总局《关于全面推开营业税改征增值税试点的通知》（财税〔2016〕36号）附件3《营业税改征增值税试点过渡政策的规定》第一条第（二）款规定，养老机构提供的养老服务免征增值税。同时，该文件明确："养老机构，是指依照民政部《养老机构设立许可办法》（民政部令第48号）设立并依法办理登记的为老年人提供集中居住和照料服务的各类养老机构；养老服务，是指上述养老机构按照民政部《养老机构管理办法》（民政部令第49号）的规定，为收住的老年人提供生活照料、康复护理、精神慰藉、文化娱乐等服务"。2020年8月21日民政部部务会议通过、自2020年11月1日起施行新的《养老机构管理办法》（民政部令第66号），原《养老机构管理办法》（民政部令第49号）同时废止。

2. 养老机构收到的政府补助收入免征增值税

依据《国家税务总局关于取消增值税扣税凭证认证期限等增值税征管问题的公告》（国家税务总局公告2019年第45号）文件第七条规定，"纳税人取得的财政补贴收入，与其销售货物、劳务、服务、无形资产、不动产的收入或者数量直接挂钩的，应按规定计算缴纳增值税。纳税人取得的其他情形的财政补贴收入，不属于增值税应税收入，不征收增值税。”

养老机构收到的政府补助属于其他情形的财政补贴收入，不征收增值税。

3. 养老机构收到的政府购买服务收入需要缴纳增值税

比如，政府委托养老机构提供培训，利用养老机构场地组织会议，支付给养老机构的培训费、场地费等收入。

4. 养老机构收到的捐赠收入免征增值税

5. 养老机构的理财收益区分理财性质，区分理财收益的性质确定是否缴纳增值税

依据（《财政部 国家税务总局关于明确金融 房地产开发 教育辅助服务等增值税政策的通知》财税〔2016〕140号）文件规定：

（1）非保本理财收益不征收增值税；

（2）保本理财收益须缴纳增值税。

6. 养老机构销售商品一般情况下征收增值税，但国家有阶段性优惠政策的除外

依据《财政部 税务总局关于明确增值税小规模纳税人减免增值税等政策的公告》（财政部 国家税务总局公告2023年第1号），为进一步支持小微企业和个体工商户发展，对月销售额10万元以下（含本数）的增值税小规模纳税人，免征增值税。增值税小规模纳税人适用3%征收率的应税销售收入，减按1%征收率征收增值税；适用3%预征率的预缴增值税项目，减按1%预征率预缴增值税。本政策执行至2027年12月31日。

养老机构属于小微企业的，执行上述减免增值税政策。

7. 养老机构内设医务部产生的医务收入和药品收入是否缴纳增值税，按照以下文件执行

依据《财政部 国家税务总局关于医疗卫生机构有关税收政策的通知》

（财税〔2000〕42号）：

（1）对非营利性医疗机构按照国家规定的价格取得的医疗服务收入，免征各项税收。不按照国家规定价格取得的医疗服务收入不得享受这项政策。

医疗服务是指医疗服务机构对患者进行检查、诊断、治疗、康复和提供预防保健、接生、计划生育方面的服务，以及与这些服务有关的提供药品、医用材料器具、救护车、病房住宿和伙食的业务（下同）。

（2）对非营利性医疗机构从事非医疗服务取得的收入，如租赁收入、财产转让收入、培训收入、对外投资收入等应按规定征收各项税收。非营利性医疗机构将取得的非医疗服务收入，直接用于改善医疗卫生服务条件的部分，经税务部门审核批准可抵扣其应纳税所得额，就其余额征收企业所得税。

（3）非营利性医疗机构的药房分离为独立的药品零售企业，应按规定征收各项税收。

说明：文件所称医疗机构具体包括：各级各类医院、门诊部（所）、社区卫生服务中心（站）、急救中心（站）、城乡卫生院、护理院（所）、疗养院、临床检验中心等。

8. 养老机构为社区提供养老、家政等服务收入免征增值税

依据财政部 税务总局 发展改革委 民政部 商务部 卫生健康委公告2019年第76号文件，为支持养老、托育、家政等社区家庭服务业发展，制定如下优惠政策（优惠期间自2019年6月1日至2025年12月31日）：

（1）提供社区养老、托育、家政服务取得的收入，免征增值税。

（2）提供社区养老、托育、家政服务取得的收入，在计算应纳税所得额时，减按90%计入收入总额。

（3）承受房屋、土地用于提供社区养老、托育、家政服务的，免征契税。

（4）用于提供社区养老、托育、家政服务的房产、土地，免征不动产登记费、耕地开垦费、土地复垦费、土地闲置费；用于提供社区养老、托育、

家政服务的建设项目，免征城市基础设施配套费；确因地质条件等原因无法修建防空地下室的，免征防空地下室易地建设费。

（5）为社区提供养老、托育、家政等服务的机构自有或其通过承租、无偿使用等方式取得并用于提供社区养老、托育、家政服务的房产、土地，免征房产税、城镇土地使用税。

（6）符合下列条件的家政服务企业提供家政服务取得的收入，比照《营业税改征增值税试点过渡政策的规定》（财税〔2016〕36号附件3）第一条第（三十一）项规定，免征增值税。

①与家政服务员、接受家政服务的客户就提供家政服务行为签订三方协议；

②向家政服务员发放劳动报酬，并对家政服务员进行培训管理；

③通过建立业务管理系统对家政服务员进行登记管理。

9. 养老机构销售辅具，一般缴纳增值税，但部分辅具免征增值税

依据财政部 国家税务总局《关于增值税几个税收政策问题的通知》（财税字〔1994〕60号）文件规定，供残疾人专用的假肢、轮椅、矫型器（包括上肢矫型器、下肢矫型器、脊椎侧弯矫型器），免征增值税。

二、营利性养老机构

1. 养老机构提供的养老服务收入免征增值税

依据财政部 国家税务总局《关于全面推开营业税改征增值税试点的通知》（财税〔2016〕36号）附件3《营业税改征增值税试点过渡政策的规定》第一条第（二）款规定，养老机构提供的养老服务免征增值税。同时，该文件明确："养老机构，是指依照民政部《养老机构设立许可办法》（民政部令第48号）设立并依法办理登记的为老年人提供集中居住和照料服务的各类养老机构；养老服务，是指上述养老机构按照民政部《养老机构管理办法》（民政部令第49号）的规定，为收住的老年人提供生活照料、康复护理、精神慰藉、文化娱乐等服务"。2020年8月21日民政部部务会议通过，自2020

年11月1日起施行新的《养老机构管理办法》（民政部令第66号），原《养老机构管理办法》（民政部令第49号）同时废止。

2. 养老机构收到的政府补助收入免征增值税

依据《国家税务总局关于取消增值税扣税凭证认证期限等增值税征管问题的公告》（国家税务总局公告2019年第45号）第七条规定，“纳税人取得的财政补贴收入，与其销售货物、劳务、服务、无形资产、不动产的收入或者数量直接挂钩的，应按规定计算缴纳增值税。纳税人取得的其他情形的财政补贴收入，不属于增值税应税收入，不征收增值税。”

养老机构收到的政府补助属于其他情形的财政补贴收入，不征收增值税。

3. 养老机构收到的政府购买服务收入需要缴纳增值税

比如，政府委托养老机构提供培训，利用养老机构场地组织会议，支付给养老机构的培训费、场地费等收入。

4. 养老机构收到的捐赠收入一般情况下需要缴纳增值税

5. 养老机构的理财收益区分理财性质，区分理财收益的性质确定是否缴纳增值税

依据《财政部 国家税务总局关于明确金融 房地产开发 教育辅助服务等增值税政策的通知》（财税〔2016〕140号）规定：

（1）非保本理财收益不征收增值税；

（2）保本理财收益须缴纳增值税。

6. 养老机构销售商品一般情况下征收增值税。但国家有阶段性优惠政策的除外

依据《财政部 税务总局关于明确增值税小规模纳税人减免增值税等政策的公告》（财政部 国家税务总局公告2023年第19号），为进一步支持小微企业和个体工商户发展，对月销售额10万元以下（含本数）的增值税小规模纳税人，免征增值税。增值税小规模纳税人适用3%征收率的应税销售收入，减按1%征收率征收增值税；适用3%预征率的预缴增值税项目，减按

1%预征率预缴增值税。本政策执行至2027年12月31日。

养老机构属于小微企业的，执行上述减免增值税政策。

7. 养老机构内设医务部产生的医务收入和药品收入是否缴纳增值税，按照以下文件执行

依据《财政部 国家税务总局关于医疗卫生机构有关税收政策的通知》（财税〔2000〕42号）：

（1）对营利性医疗机构取得的收入，按规定征收各项税收。但为了支持营利性医疗机构的发展，对营利性医疗机构取得的收入，直接用于改善医疗卫生条件的，自其取得执业登记之日起，3年内给予下列优惠：对其取得的医疗服务收入免征营业税；对其自产自用的制剂免征增值税；对营利性医疗机构自用的房产、土地、车船免征房产税、城镇土地使用税和车船使用税。3年免税期满后恢复征税。

（2）对营利性医疗机构的药房分离为独立的药品零售企业，应按规定征收各项税收。

说明：文件所称医疗机构具体包括：各级各类医院、门诊部（所）、社区卫生服务中心（站）、急救中心（站）、城乡卫生院、护理院（所）、疗养院、临床检验中心等。

8. 养老机构为社区提供养老、家政等服务收入免征增值税

依据财政部 税务总局 发展改革委 民政部 商务部 卫生健康委公告2019年第76号文件，为支持养老、托育、家政等社区家庭服务业发展，制定如下优惠政策（优惠期间自2019年6月1日至2025年12月31日）：

（1）提供社区养老、托育、家政服务取得的收入，免征增值税。

（2）提供社区养老、托育、家政服务取得的收入，在计算应纳税所得额时，减按90%计入收入总额。

（3）承受房屋、土地用于提供社区养老、托育、家政服务的，免征契税。

（4）用于提供社区养老、托育、家政服务的房产、土地，免征不动产登

记费、耕地开垦费、土地复垦费、土地闲置费；用于提供社区养老、托育、家政服务的建设项目，免征城市基础设施配套费；确因地质条件等原因无法修建防空地下室的，免征防空地下室易地建设费。

（5）为社区提供养老、托育、家政等服务的机构自有或其通过承租、无偿使用等方式取得并用于提供社区养老、托育、家政服务的房产、土地，免征房产税、城镇土地使用税。

（6）符合下列条件的家政服务企业提供家政服务取得的收入，比照《营业税改征增值税试点过渡政策的规定》（财税〔2016〕36号附件3）第一条第（三十一）项规定，免征增值税。

①与家政服务员、接受家政服务的客户就提供家政服务行为签订三方协议；

②向家政服务员发放劳动报酬，并对家政服务员进行培训管理；

③通过建立业务管理系统对家政服务员进行登记管理。

9. 养老机构销售辅具，一般缴纳增值税，但部分辅具免征增值税

依据财政部 国家税务总局《关于增值税几个税收政策问题的通知》（财税字〔1994〕60号）文件规定，供残疾人专用的假肢、轮椅、矫型器（包括上肢矫型器、下肢矫型器、脊椎侧弯矫型器），免征增值税。

✧ 第二节　城建税、教育费附加、地方教育附加

无论非营利性养老机构抑或营利性养老机构，执行统一的城建税、教育费附加和地方教育附加税费政策。

一、实际缴纳增值税时，同时缴纳城建税、教育费附加和地方教育附加。

二、直接减免增值税时，同时减免城建税、教育费附加和地方教育附加。

三、地方教育附加不是全国统一的税费，由各省、自治区、直辖市人民政府依据国务院的有关规定，可以决定开征，并专款专用。

四、依据《关于进一步支持小微企业和个体工商户发展有关税费政策的公告》（财政部 税务总局公告2023年第12号）规定，小型微利养老机构可以享受以下“六税两费”优惠政策：

自2023年1月1日至2027年12月31日，对增值税小规模纳税人、小型微利企业和个体工商户减半征收资源税（不含水资源税）、城市维护建设税、房产税、城镇土地使用税、印花税（不含证券交易印花税）、耕地占用税和教育费附加、地方教育附加。

✧ 第三节 企业所得税

一、非营利性养老机构

1.非营利性养老机构可以向税务机关申请，经税务机关批准后，可获得企业所得税免税资格。

由省级（含省级）以上登记管理机关批准的，应向其所在地省级税务主管机关提出免税资格申请；经地市级或县级登记管理机关批准的，分别向其所在地的地市级或县级税务主管机关提出免税资格申请。财政、税务部门依据管理权限，对非营利性养老机构享受免税资格申请进行联合审核确认并定期公布。

依据《财政部 税务总局关于非营利组织免税资格认定管理有关问题的通知》（财税〔2018〕13号）文件规定，非营利性养老机构需要提交如下申请免税资格文件：

（1）依据本通知认定的符合条件的非营利组织，必须同时满足以下条件：

①依照国家有关法律法规设立或登记的事业单位、社会团体、基金会、社会服务机构、宗教活动场所、宗教院校以及财政部、税务总局认定的其他非营利组织；

②从事公益性或者非营利性活动；

③取得的收入除用于与该组织有关的、合理的支出外，全部用于登记核

定或者章程规定的公益性或者非营利性事业；

④财产及其孳息不用于分配，但不包括合理的工资薪金支出；

⑤按照登记核定或者章程规定，该组织注销后的剩余财产用于公益性或者非营利性目的，或者由登记管理机关采取转赠给与该组织性质、宗旨相同的组织等处置方式，并向社会公告；

⑥投入人对投入该组织的财产不保留或者享有任何财产权利，本款所称投入人是指除各级人民政府及其部门外的法人、自然人和其他组织；

⑦工作人员工资福利开支控制在规定的比例内，不变相分配该组织的财产，其中：工作人员平均工资薪金水平不得超过税务登记所在地的地市级（含地市级）以上地区的同行业同类组织平均工资水平的两倍，工作人员福利按照国家有关规定执行；

⑧对取得的应纳税收入及其有关的成本、费用、损失应与免税收入及其有关的成本、费用、损失分别核算。

（2）申请享受免税资格的非营利组织，需报送以下材料：

①申请报告；

②事业单位、社会团体、基金会、社会服务机构的组织章程或宗教活动场所、宗教院校的管理制度；

③非营利组织注册登记证件的复印件；

④上一年度的资金来源及使用情况、公益活动和非营利活动的明细情况；

⑤上一年度的工资薪金情况专项报告，包括薪酬制度、工作人员整体平均工资薪金水平、工资福利占总支出比例、重要人员工资薪金信息（至少包括工资薪金水平排名前10的人员）；

⑥具有资质的中介机构鉴证的上一年度财务报表和审计报告；

⑦登记管理机关出具的事业单位、社会团体、基金会、社会服务机构、宗教活动场所、宗教院校上一年度符合相关法律法规和国家政策的事业发展情况或非营利活动的材料；

⑧财政、税务部门要求提供的其他材料。

2.依据《财政部 国家税务总局关于对老年服务机构有关税收政策问题的通知》(财税〔2000〕97号)规定，对政府部门和企事业单位、社会团体以及个人等社会力量投资兴办的福利性、非营利性的老年服务机构，暂免征收企业所得税，以及老年服务机构自用房产、土地、车船的房产税、城镇土地使用税、车船使用税。

3.需要缴纳企业所得税的非营利性养老机构，按照《企业所得税法》和相关优惠政策计算缴纳企业所得税。具体税收政策见本节“第二部分”“营利性养老机构”。

二、营利性养老机构

1. 以下收入为企业所得税免税收入

(1)国债利息收入；

(2)符合条件的居民企业之间的股息、红利等权益性投资收益；

(3)在中国境内设立机构、场所的非居民企业从居民企业取得与该机构、场所有实际联系的股息、红利等权益性投资收益；

(4)符合条件的非营利组织的收入。

2. 需要缴纳企业所得税的养老机构，以下所得可免征、减征所得税

(1)从事农、林、牧、渔业项目的所得；

(2)从事国家重点扶持的公共基础设施项目投资经营的所得；

(3)从事符合条件的环境保护、节能节水项目的所得；

(4)符合条件的技术转让所得。

3. 需要缴纳企业所得税的养老机构，提供社区养老、家政服务取得的收入，在计算应纳税所得额时，减按90%计入收入总额。

4. 需要缴纳企业所得税的养老机构，属于“小型微利企业”范畴的，按照以下规定计算应纳税所得额：

(1)“小型微利企业”的认定标准

依据《关于进一步支持小微企业和个体工商户发展有关税费政策的公告》

（财政部 税务总局公告2023年第12号）文件规定，小型微利企业是指从事国家非限制和禁止行业，且同时符合以下条件：

①年度应纳税所得额不超过300万元；

②从业人数不超过300人；

③资产总额不超过5 000万元。

从业人数，包括与企业建立劳动关系的职工人数和企业接受的劳务派遣用工人数。所称从业人数和资产总额指标，应按企业全年的季度平均值确定。具体计算公式如下：

季度平均值=（季初值+季末值）÷2

全年季度平均值=全年各季度平均值之和 ÷4

年度中间开业或者终止经营活动的，以其实际经营期作为一个纳税年度确定上述相关指标。

小型微利企业的判定以企业所得税年度汇算清缴结果为准。登记为增值税一般纳税人的新设立的企业，从事国家非限制和禁止行业，且同时符合申报期上月末从业人数不超过300人、资产总额不超过5 000万元等两个条件的，可在首次办理汇算清缴前按照小型微利企业申报享受第二条规定的优惠政策。

（2）“小型微利企业”的税收优惠

依据《关于进一步支持小微企业和个体工商户发展有关税费政策的公告》（财政部 税务总局公告2023年第12号）规定，小微养老机构可以享受以下“六税两费”优惠政策：

①自2023年1月1日至2027年12月31日，对个体工商户年应纳税所得额不超过200万元的部分，减半征收个人所得税。个体工商户在享受现行其他个人所得税优惠政策的基础上，可叠加享受本条优惠政策。

②自2023年1月1日至2027年12月31日，对增值税小规模纳税人、小型微利企业和个体工商户减半征收资源税（不含水资源税）、城市维护建设税、房产税、城镇土地使用税、印花税（不含证券交易印花税）、耕地占用税和教育费附加、地方教育附加；

③对小型微利企业减按25%计算应纳税所得额，按20%的税率缴纳企业所得税政策，延续执行至2027年12月31日。

④增值税小规模纳税人、小型微利企业和个体工商户已依法享受资源税、城市维护建设税、房产税、城镇土地使用税、印花税、耕地占用税、教育费附加、地方教育附加等其他优惠政策的，可叠加享受本公告第二条规定的优惠政策。

【例4-1】某养老机构属于小微企业，2023年应纳税所得额为280万元，依据小微企业所得税优惠政策：对小型微利企业减按25%计算应纳税所得额，按20%的税率缴纳企业所得税。当年应纳税额为：280×25%×20%=14（万元）。

【例4-2】某养老机构2023年应纳税所得额为320万元。不属于小微企业范畴，应该按照25%缴纳企业所得税。应纳税额为320×25%=80（万元）。

5. 向福利性、非营利性养老服务机构的捐赠可以全额扣除

依据《财政部 国家税务总局关于对老年服务机构有关税收政策问题的通知》（财税〔2000〕97号）规定，养老机构通过非营利性的社会团体和政府部门向福利性、非营利性的老年服务机构的捐赠，在缴纳企业所得税和个人所得税前准予全额扣除。

6. 关于无票扣除凭证的政策

依据国家税务总局2018年6月6日发布的《企业所得税税前扣除凭证管理办法》第九条规定，对方为依法无需办理税务登记的单位或者从事小额零星经营业务的个人，其支出以税务机关代开的发票或者收款凭证及内部凭证作为税前扣除凭证，收款凭证应载明收款单位名称、个人姓名及身份证号、支出项目、收款金额等相关信息。

小额零星经营业务的判断标准是个人从事应税项目经营业务的销售额不超过增值税相关政策规定的起征点。增值税起征点幅度如下：按期纳税的，为月销售额5 000—20 000元（含本数）；按次纳税的，为每次（日）销售额300—500元（含本数）。

7. 关于残疾人员工加计扣除应纳税额所得额政策

依据《财政部 国家税务总局关于安置残疾人员就业有关企业所得税优惠政策问题的通知》(财税〔2009〕70号),养老机构安置残疾人员的,在按照支付给残疾职工工资据实扣除的基础上,可以在计算应纳税所得额时按照支付给残疾职工工资的100%加计扣除。

残疾人员的范围适用《中华人民共和国残疾人保障法》的有关规定。

养老机构享受安置残疾职工工资100%加计扣除应同时具备如下条件:

(1)依法与安置的每位残疾人签订了1年以上(含1年)的劳动合同或服务协议,并且安置的每位残疾人在企业实际上岗工作。

(2)为安置的每位残疾人按月足额缴纳了养老机构所在区县人民政府根据国家政策规定的基本养老保险、基本医疗保险、失业保险和工伤保险等社会保险。

(3)定期通过银行等金融机构向安置的每位残疾人实际支付了不低于养老机构所在区县适用的经省级人民政府批准的最低工资标准的工资。

(4)具备安置残疾人上岗工作的基本设施。

✧ 第四节 个人所得税

无论非营利性养老机构抑或营利性养老机构,执行统一的个人所得税税收政策。

一、下列各项个人所得,应当缴纳个人所得税

(1)工资、薪金所得;

(2)劳务报酬所得;

(3)稿酬所得;

(4)特许权使用费所得;

(5)经营所得;

(6)利息、股息、红利所得;

（7）财产租赁所得；

（8）财产转让所得；

（9）偶然所得。

二、征收方式

1. 按年征收，按月或按次预扣预缴税款

居民个人取得前述第（1）项至第（4）项所得（以下称综合所得），按纳税年度合并计算个人所得税。

其中：

工资、薪金所得，按月预扣预缴税款；

劳务报酬所得、稿酬所得、特许权使用费所得，按次预扣预缴税款。

2. 按年征收，按月度或者季度预缴税款

个体工商户、个人独资企业投资人、合伙企业的个人合伙人的经营所得（前述第（5）项），按纳税年度计算个人所得税；按月度或者季度预缴税款。

3. 按次或按月征收

纳税人取得前述第（6）项至第（9）项所得，即利息、股息、红利所得，财产租赁所得，财产转让所得和偶然所得，按月或者按次计算个人所得税，有扣缴义务人的，由扣缴义务人按月或者按次代扣代缴税款。

三、下列各项个人所得，免征个人所得税

1.省级人民政府、国务院部委和中国人民解放军以上单位，以及外国组织、国际组织颁发的科学、教育、技术、文化、卫生、体育、环境保护等方面的奖金；

2.国债和国家发行的金融债券利息；

3.按照国家统一规定发给的补贴、津贴；

4.福利费、抚恤金、救济金；

5.保险赔款；

6.军人的转业费、复员费、退役金；

7.按照国家统一规定发给干部、职工的安家费、退职费、基本养老金或者退休费、离休费、离休生活补助费；

8.依照有关法律规定应予免税的各国驻华使馆、领事馆的外交代表、领事官员和其他人员的所得；

9.中国政府参加的国际公约、签订的协议中规定免税的所得；

10.国务院规定的其他免税所得；

11.不超过当地标准的个人离职补偿金。

另外，根据国家税务总局《征收个人所得税若干问题的规定》(国税发〔1994〕089号)文件，下列不属于工资，薪金性质的补贴，津贴或者不属于纳税人本人工资，薪金所得项目的收入，不征个人所得税：

①独生子女补贴；

②执行公务员工资制度未纳入基本工资总额的补贴，津贴差额和家属成员的副食品补贴；

③托儿补助费；

④差旅费津贴，误餐补助。

四、个税计算实务

1. 居民个人综合所得：按年征收，按月或按次预扣预缴税款

居民个人综合所得包括：工资薪金所得、劳务所得、稿酬所得、特许权使用费所得。

年度应纳税所得额=累计收入-累计免税收入-累计专项扣除-累计减除费用-累计专项附加扣除-累计依法确定的其他扣除

年度应纳税额=年度应纳税所得额×相应税率-速算扣除数

年度汇算清缴时，多退少补。

(1)年度累计收入确认

①工资薪金所得：全年工资收入；

②劳务所得：全年劳务所得收入（减除相关费用后的收入）；

③稿酬所得：全年稿酬所得收入（减除相关费用后的收入）×70%；

④特许权使用费所得：全年特许权使用费所得收入（减除相关费用后的收入）。

（2）年度累计专项扣除

按照国家规定的范围和标准缴纳的基本养老保险、基本医疗保险、失业保险等社会保险费和住房公积金等。

（3）年度累计减除费用

年度扣除生活费用60 000元。

（4）年度专项附加扣除费用

①子女教育

子女接受全日制学历教育，或者有年满3岁至小学入学前处于学前教育阶段子女的纳税人，按照每个子女每月定额扣除2 000元，可以选择由父母一方全额扣除，也可以选择由双方分别按照标准的50%扣除。

②继续教育

在中国境内接受学历（学位）继续教育的纳税人，在学历（学位）教育期间，每月可定额扣除400元，但同一学历（学位）继续教育的扣除期限不能超过48个月。

接受技能人员职业资格继续教育、专业技术人员职业资格继续教育的纳税人，在取得相关证书的当年，可定额扣除3 600元。同一年度取得多个符合条件的证书的，只能扣除3 600元。

③大病医疗

在一个纳税年度内，纳税人本人或其配偶、未成年子女发生的与基本医保相关的医药费用支出，扣除医保报销后个人负担（指医保目录范围内的自付部分）累计超过15 000元的部分，由纳税人在办理年度汇算清缴时，在80 000元限额内据实扣除。

④住房贷款利息

纳税人本人或配偶单独或共同使用商业银行或住房公积金个人住房贷款

为本人或配偶购买中国境内住房，发生的首套住房贷款利息支出，在实际发生贷款利息的年度，按照每月1 000元的定额标准扣除，最长扣除期限不超过240个月。

夫妻双方婚前分别购买住房发生的首套住房贷款，其贷款利息支出，婚后可以选择其中一套购买的住房，由购买方按扣除标准的100%扣除，也可以由夫妻双方对各自购买的住房分别按扣除标准的50%扣除，具体扣除方式在一个纳税年度内不能变更。

⑤住房租金

纳税人在主要工作城市没有自有住房而发生的住房租金支出，可以按照以下标准定额扣除：

直辖市、省会（首府）城市、计划单列市以及国务院确定的其他城市，扣除标准为每月1 500元；

除第一项所列城市以外，市辖区户籍人口超过100万的城市，扣除标准为每月1 100元；市辖区户籍人口不超过100万的城市，扣除标准为每月800元。

注意事项：

纳税人及其配偶在一个纳税年度内不能同时分别享受住房贷款利息和住房租金专项附加扣除。

⑥赡养老人

纳税人赡养年满60岁的父母，或子女均已去世的年满60岁的祖父母、外祖父母的支出，纳税人为独生子女的，每月定额扣除3 000元；纳税人为非独生子女的，与其兄弟姐妹分摊每月3 000元的扣除额度，每人分摊的额度不能超过每月1 500元。

⑦3岁以下婴幼儿照护

纳税人照护3岁以下婴幼儿子女的相关支出，按照每个婴幼儿每月2 000元的标准定额扣除。扣除方式可以选择由父母一方按照标准的100%税前扣除，也可以选择由父母双方分别按照标准的50%扣除。

（5）累计依法确定的其他扣除

包括个人缴付符合国家规定的企业年金、职业年金，个人购买符合国家规定的商业健康保险、税收递延型商业养老保险的支出，以及国务院规定可以扣除的其他项目。

（6）预扣预缴税款

①工资薪金所得：按月预扣预缴税款

本期应预扣预缴税额 =（累计预扣预缴应纳税所得额 × 预扣率 – 速算扣除数）– 累计减免税额 – 累计已预扣预缴税额

累计预扣预缴应纳税所得额 = 累计收入 – 累计免税收入 – 累计减除费用 – 累计专项扣除 – 累计专项附加扣除 – 累计依法确定的其他扣除

其中：累计减除费用每月按照5 000元乘以纳税人当年截至本月在本单位的任职受雇月份数计算。

个人所得税预扣率如表4–1所示。

表4–1 个人所得税预扣率

（居民个人工资、薪金所得预扣预缴适用）

级数	累计预扣预缴应纳税所得额	预扣率（%）	速算扣除数
1	不超过36 000元的部分	3	0
2	超过36 000元至144 000元的部分	10	2 520
3	超过144 000元至300 000元的部分	20	16 920
4	超过300 000元至420 000元的部分	25	31 920
5	超过420 000元至660 000元的部分	30	52 920
6	超过660 000元至960 000元的部分	35	85 920
7	超过960 000元的部分	45	181 920

依据《国家税务总局关于进一步简便优化部分纳税人个人所得税预扣预缴方法的公告》（国家税务总局公告2020年第19号）规定，对上一完整纳税年度内每月均在同一单位预扣预缴工资、薪金所得个人所得税且全年工资、薪金收入不超过6万元的居民个人，扣缴义务人在预扣预缴本年度工资、薪金所得个人所得税时，累计减除费用自1月份起直接按照全年6万元计算扣除。即，在纳税人累计收入不超过6万元的月份，暂不预扣预缴个人

所得税；在其累计收入超过6万元的当月及年内后续月份，再预扣预缴个人所得税。

②劳务所得、稿酬所得、特许权使用费所得：按次或按月预扣预缴税款

劳务报酬所得、稿酬所得、特许权使用费所得以收入减除费用后的余额为收入额；其中，稿酬所得的收入额在减除相关费用后，再减按70%计算。

减除费用：预扣预缴税款时，劳务报酬所得、稿酬所得、特许权使用费所得每次收入不超过4 000元的，减除费用按800元计算；每次收入4 000元以上的，减除费用按收入的20%计算。

应纳税所得额：劳务报酬所得、稿酬所得、特许权使用费所得，以每次收入额为预扣预缴应纳税所得额，计算应预扣预缴税额。劳务报酬所得适用个人所得税预扣率如表4–2，稿酬所得、特许权使用费所得适用20%的比例预扣率。

表4–2 个人所得税预扣率表

（居民个人劳务报酬所得预扣预缴适用）

级数	预扣预缴应纳税所得额	预扣率（%）	速算扣除数
1	不超过20 000元的	20	0
2	超过20 000元至50 000元的部分	30	2 000
3	超过50 000元的部分	40	7 000

对按照累计预扣法预扣预缴劳务报酬所得个人所得税的居民个人，扣缴义务人比照国家税务总局公告2020年第19号文件关于工资薪金预扣政策执行。

（7）年度应交所得税计算

年度应交所得税＝年度应纳所得税额 × 相应税率－速算扣除数

年度汇算清缴时，多退少补。

个人所得税税率表（居民个人综合所得适用）如表4–3所示。

表4-3 个人所得税税率表

（居民个人综合所得适用）

级数	全年应纳税所得额	税率（%）	速算扣除数
1	不超过36 000元的	3	0
2	超过36 000元至144 000元的	10	2 520
3	超过144 000元至300 000元的	20	16 920
4	超过300 000元至420 000元的	25	31 920
5	超过420 000元至660 000元的	30	52 920
6	超过660 000元至960 000元的	35	85 920
7	超过960 000元的	45	181 920

2. 个体工商户、个人独资企业投资人、合伙企业的个人合伙人的经营所得：按年征收，按月或按季度预缴税款

年度应纳税所得额＝企业年度收入－年度成本－年度费用－年度损失。

年度应交税额＝年度应纳税所得额×相应税率－相应速算扣除数。

表4-4

级数	应纳税收入额	税率（%）	速算扣除数
1	不超过30 000元的	5	0
2	超过30 000元至90 000元的部分	10	1 500
3	超过90 000元至300 000元的部分	20	10 500
4	超过300 000元至500 000元的部分	30	40 500
5	超过500 000元的	35	65 500

3. 利息、股息、红利所得，财产租赁所得，财产转让所得，偶然所得：按次或按月征收

（1）利息、股息、红利所得，偶然所得，适用比例税率，税率为20%。

（2）对个人达到规定条件时领取的商业养老金收入，其中25%部分予以免税，其余75%部分按照10%的比例税率计算缴纳个人所得税，税款计入

“其他所得”项目，由保险公司代扣代缴。

（3）财产租赁所得，每次收入不超过4 000元的，减除在出租财产过程中缴纳的税金、教育费附加等，减除修缮费用800元，其余额为应纳税所得额，税率20%；每次收入在4 000元以上的，减除在出租财产过程中缴纳的税金、教育费附加等，再减除20%的费用，其余额为应纳税所得额，税率20%。其中，对个人出租房屋取得的所得暂减按10%的税率征收个人所得税。

（4）财产转让所得，以转让财产的收入额减除财产原值和合理费用后的余额，为应纳税所得额，税率20%。

财产原值，是指：

①有价证券，为买入价以及买入时按照规定交纳的有关费用；

②建筑物，为建造费或者购进价格以及其他有关费用；

③土地使用权，为取得土地使用权所支付的金额、开发土地的费用以及其他有关费用；

④机器设备、车船，为购进价格、运输费、安装费以及其他有关费用；

⑤其他财产，参照以上方法确定。

五、其他税收优惠政策

1. 可以全额税前扣除的个人捐赠

依据《财政部 国家税务总局关于对老年服务机构有关税收政策问题的通知》（财税〔2000〕97号）有关规定：对企事业单位、社会团体和个人等社会力量，通过非营利性的社会团体和政府部门向福利性、非营利性的老年服务机构的捐赠，在缴纳企业所得税和个人所得税前准予全额扣除。

2. 可以部分税前扣除的个人捐赠

依据《个人所得税法》有关规定，个人将其所得对教育、扶贫、济困等公益慈善事业进行捐赠，捐赠额未超过纳税人申报的应纳税所得额30%的部分，可以从其应纳税所得额中扣除。

✧ 第五节 房产税和城镇土地使用税

一、非营利性养老机构

1.依据《财政部 国家税务总局关于对老年服务机构有关税收政策问题的通知》(财税〔2000〕97号)规定：对政府部门和企事业单位、社会团体以及个人等社会力量投资兴办的福利性、非营利性的老年服务机构，暂免征收企业所得税，以及老年服务机构自用房产、土地、车船的房产税、城镇土地使用税、车船使用税。

2.依据财政部 税务总局 发展改革委 民政部 商务部 卫生健康委公告2019年第76号文件，为支持养老、托育、家政等社区家庭服务业发展，制定如下优惠政策(优惠期间自2019年6月1日至2025年12月31日)：为社区提供养老、托育、家政等服务的机构自有或其通过承租、无偿使用等方式取得并用于提供社区养老、托育、家政服务的房产、土地，免征房产税、城镇土地使用税。

二、营利性养老机构

依据《关于进一步支持小微企业和个体工商户发展有关税费政策的公告》(财政部 税务总局公告2023年第12号)规定，小微养老机构可以享受以下“六税两费”优惠政策：

1.自2023年1月1日至2027年12月31日，对增值税小规模纳税人、小型微利企业和个体工商户减半征收资源税(不含水资源税)、城市维护建设税、房产税、城镇土地使用税、印花税(不含证券交易印花税)、耕地占用税和教育费附加、地方教育附加。

2.依据财政部 税务总局 发展改革委 民政部 商务部 卫生健康委公告2019年第76号文件，为支持养老、托育、家政等社区家庭服务业发展，制定如下优惠政策(优惠期间自2019年6月1日至2025年12月31日)：为社区提供养老、托育、家政等服务的机构自有或其通过承租、无偿使用等方式取得并用于提供社区养老、托育、家政服务的房产、土地，免征房产税、城镇土地使用税。

✧ 第六节　车船使用税

一、非营利性养老机构

依据《财政部 国家税务总局关于对老年服务机构有关税收政策问题的通知》（财税〔2000〕97号）规定，对政府部门和企事业单位、社会团体以及个人等社会力量投资兴办的福利性、非营利性的老年服务机构，暂免征收企业所得税，以及老年服务机构自用房产、土地、车船的房产税、城镇土地使用税、车船使用税。

二、营利性养老机构

依据《财政部 国家税务总局关于医疗卫生机构有关税收政策的通知》（财税〔2000〕42号）文件规定：对营利性医疗机构自用的房产、土地、车船免征房产税、城镇土地使用税和车船使用税。3年免税期满后恢复征税。

以上医疗机构也包括疗养院、护理院、养老院。

✧ 第七节　契　税

一、非营利性养老机构

依据《中华人民共和国契税法》第六条规定，有下列情形之一的，免征契税：非营利性的学校、医疗机构、社会福利机构承受土地、房屋权属用于办公、教学、医疗、科研、养老、救助。

二、营利性养老机构

1.依据《关于贯彻实施契税法若干事项执行口径的公告》(财政部 税务总局2021年第23号)规定,“享受契税免税优惠的土地、房屋用途具体如下:用于养老的,限于直接用于为老年人提供养护、康复、托管等服务的土地、房屋”。

2.依据财政部 税务总局 发展改革委 民政部 商务部 卫生健康委公告2019年第76号文件,为支持养老、托育、家政等社区家庭服务业发展,制定如下优惠政策(优惠期间自2019年6月1日至2025年12月31日):承受房屋、土地用于提供社区养老、托育、家政服务的,免征契税。

✧ 第八节 印花税

无论非营利性养老机构抑或营利性养老机构,执行统一的印花税税收政策。

第一,依据《中华人民共和国印花税法》第二条规定:“本法所称应税凭证,是指本法所附《印花税税目税率表》列明的合同、产权转移书据和营业账簿”。在印花税税目税率表中,没有服务合同一项,养老机构签订的养老服务合同不需要缴纳印花税。

第二,依据《中华人民共和国印花税法》第十二条规定:下列凭证免征印花税:财产所有权人将财产赠与政府、学校、社会福利机构、慈善组织书立的产权转移书据。

第三,依据《关于进一步支持小微企业和个体工商户发展有关税费政策的公告》(财政部 税务总局公告2023年第12号)文件规定,小微养老机构可以享受以下“六税两费”优惠政策:

自2023年1月1日至2027年12月31日,对增值税小规模纳税人、小型微利企业和个体工商户减半征收资源税(不含水资源税)、城市维护建设税、房产税、城镇土地使用税、印花税(不含证券交易印花税)、耕地占用税和教育费附加、地方教育附加。

精细化管理篇

引言

无论是在监管部门登记的非营利性养老机构，抑或在市场监管部门登记注册的营利性养老机构，都要追求经济效益和社会效益。即便非营利性养老机构是福利性、公益性组织，但是如果不考虑经济效益，就降低了持续提供社会效益的能力，影响了社会效益的发挥。既然存在追求经济效益的要求，那么就必须重视养老机构的经营管理。

就具体养老机构而言，其物理空间特点决定了床位规模是有限的，因此，其收入相对来说是有“天花板”的。从管理意义上讲，养老机构也可以理解是一个成本费用中心。

养老机构经营管理的核心是成本费用管理，成本费用管理的核心是人员成本管理，人员成本管理的核心是护理员成本管理，护理员成本管理的核心是服务设计，服务设计要结合市场定位、收费价格等要素完成。服务设计成本是隐性成本，但决定了服务成本的70%—80%。

养老机构是一个劳动密集型、资金密集型的社会组织。养老机构开业前，呈现出资金密集型的特征；养老机构开业后，随着入住率的提高，劳动密集型的特征更加显著。

“懂服务人才较多，懂管理人才较少”是目前养老服务行业普遍存在的现象。这跟养老机构市场化发展的时间较短有很大关系。“规模小、入住率低、盈利能力弱”是目前养老服务行业的一个现状。实现高质量发展，精细化管理是关键。

养老机构实现利润增长的两大固有局限：床位规模有限、固定成本占比较高。这就决定了必须快速入住以摊薄固定成本，实施精细化管理降低运营成本，开展增值服务、辐射社区提供居家养老服务增加收入。

养老机构的经营管理基因非常重要。从养老机构的装修改造一直到实现满入住，需要建立和完善一系列的管理制度、服务流程，如果不以经营为出发点去建立这些制度和流程，很容易出现较高的试错成本。

养老集团快速健康发展靠有效复制与实施，有效的复制依赖于管理标准化和财务集中化，有效的实施依赖于智慧养老管理系统的标准化和个性化。

社会进入微利时代。微利时代下养老机构怎么生存？服务创新和精细化管理是养老机构实现凤凰涅槃的必由之路，是打开高质量发展之门的两把金钥匙。

第五章 养老机构成本精细化管理

第一节 养老机构成本概述

成本，从广义上讲，也称为成本费用。从狭义的财务角度理解，成本和费用是两个不同的概念。成本和费用都是养老机构在生产经营过程中所发生的经济利益流出，两者的主要区别在于是否与特定对象相关。

成本是对象化的费用，所针对的是一定的成本计算对象。就养老机构而言，成本核算的对象就是老年人，所有直接为老年人提供的耗费，比如护理、餐饮等都是成本。

费用则是指养老机构在日常活动中发生的不与服务老年人直接相关的经济利益流出。费用通常针对一定的期间而言，其可以分为销售费用、管理费用和财务费用等。

总的来说，成本和费用都是生产经营过程中的耗费，两者既有联系也有区别。在实际的财务管理中，需要合理控制成本和费用的开支，以提高经济效益。

下面从两个方面阐述：成本项目的性态以及成本项目与收入的关系。

一、成本与收入的匹配关系

有的成本项目与既定收入存在着匹配关系，有的匹配关系并不明显。这种匹配关系是指为了获取某项既定收入而必须支付的相应对价。

1. 下列成本费用项目与收入存在匹配关系（见表5-1）

表5-1

成本费用类别	成本费用具体内容	匹配的收入
床位成本	租金或设施使用费，装修改造费用的摊销额，护理用固定资产的折旧额，物业管理费等	床位费收入
护理成本	护理人员薪酬，护理用低值易耗品以及摊销额等	护理费收入
餐饮成本	餐饮部门发生的人员薪酬，食材，餐饮部门用固定资产折旧，餐饮用水电天然气费用，餐饮用低值易耗品等	餐费收入
医务成本	发生的医生、护士的人员薪酬，医疗器械等固定资产折旧，医护用低值易耗品等	医务收入
取暖成本	公共取暖缴费，自备锅炉采暖发生的天然气费用，自备取暖锅炉的折旧额等	取暖费收入
商品销售成本	购进商品的进价	商品销售收入

2. 下列成本费用项目与收入不存在匹配关系（见表5-2）

表5-2

成本费用类别	成本费用具体内容	匹配的收入
管理费用	董事会/理事会经费，行政及后勤人员薪酬，工会经费，残保金，管理税费，水电能源费，车辆费用，办公费用，差旅费用，招待费用，维修费用，中介机构费用，存货盘亏损失，资产减值损失，预计负债损失，无形资产摊销，开办费用摊销等	无
销售费用	广告费，市场活动费，销售人员底薪，销售人员提成，单独成立销售办事处所发生的相关费用等	无
财务费用	利息支出，手续费，折扣与折让，汇兑损益，其他财务费用等	无
营业外支出	非流动资产处置损失，非货币性资产交换损失，债务重组损失，非常损失，盘亏损失，罚没支出等	无

二、成本性态分析

1. 什么是成本性态?

成本性态，是指成本总额与业务总量之间的依存关系。这里的成本总额包括全部营业成本和销售费用、管理费用及财务费用等非营业成本。这里的业务总量是指入住老年人数量。

2. 成本性态分类

成本按其性态，分为固定成本、变动成本、混合成本。

（1）固定成本

固定成本是指在一定范围内不随老年人入住数量变动而变动的成本。

（2）变动成本

变动成本是指随着老年人入住数量的变动而呈正比例变动的成本。变动成本总额与相关收入总额在一定范围内存在着比例关系，即变动成本率，从经济学意义上讲，该比例越低越好。

（3）混合成本

混合成本是介于固定成本和变动成本之间，受老年人入住数量变动的影响，但其变动幅度并不同老年人入住数量的变动保持正比例变动的成本，比如发生的水电费等。

为简化营运分析和计算，可将混合成本进行分解，归类到固定成本和变动成本中。

3. 养老机构的变动成本项目

根据以上变动成本定义，依据重要性原则，养老机构变动成本项目主要包括以下两项。

（1）单位老年人护理变动成本

单位老年人护理成本＝护理人员人均薪酬 ÷ 护理人员配比

护理人员配比＝老年人人数/护理员人数

【例5-1】某养老机构与月护理员人均薪酬5 000元，月末老年人人数100人，护理员人数20人。

护理员配比＝老年人人数 ÷ 护理员人数=100 ÷ 20=5

单位老年人月护理成本=5 000 ÷ 5=1 000（元）

采用月末老年人和护理员人员数据计算护理员配比，其结果并不精确。更精确的算法，是采用老年人人数与护理员人数的平均数。有两种平均数计算方法：

简单平均数=（月初人数+月末人数）÷2

加权平均数=月初人数+当月增加人数×增加天数/当月天数−当月减少人数×减少天数/当月天数

（2）单位老年人食材变动成本（也可以考虑“食材+水电耗材费”两个要素）

单位老年人食材成本=老年人用餐领用食材÷老年人人数

【例5-2】某月老年人用餐领用食材60 000元，老年人人数100人。

单位老人月食材成本=60 000÷100=600（元）

同上道理，采用月末老年人人数计算，其结果并不精确。更精确的算法，是采用老年人人数的平均数。有两种平均数计算方法：

简单平均数=（月初人数+月末人数）÷2

加权平均数=月初人数+当月增加人数×增加天数/当月天数−当月减少人数×减少天数/当月天数

（3）单位老年人变动成本

单位老年人变动成本=单位老年人护理变动成本+单位老年人食材变动成本

【例5-3】承接【例5-1】【例5-2】，单位老年人月变动成本=1 000+600=1 600（元）

4. 养老机构的固定成本项目

按照重要性原则，除以上护理员薪酬和老年人用食材外，其他所有成本均视为固定成本。包括：房租或设施使用费、固定资产折旧、装修改造费用的摊销、除护理人员以外的薪酬、水电费、取暖费、大部分管理费用和营销费用等。

【例5-4】某养老机构当月发生总成本费用80万元，其中，护理员薪酬10万元，老年人用食材6万元。

当月固定成本=80−10−6=64（万元）

✧ 第二节　固定成本管理

固定成本是指成本总额在一定时期和一定业务量范围内，不受业务量增减变动影响而能保持不变的成本。有的固定成本项目随着业务量增长，呈现阶梯状增长；单位业务量负担的固定成本（即单位固定成本）随业务量的增减变动呈反比例变动。

一、固定成本管理的重要意义

1. 养老机构实现利润增长的两个固有局限；有限的床位规模和占比较高的固定成本。

养老机构开业前期发生的成本绝大多数是固定成本；开业后，固定成本占养老机构总成本费用的比重开始下降；根据近百家养老机构的成本统计数据，养老机构达到满入住后，固定成本约为总成本的60%—70%。固定成本管理是成本管理的重点。

2. 固定成本的存在是养老机构亏损的主要原因。一般情况下，养老机构入住率达到60%—80%时，才会实现盈亏平衡。固定成本越高，要求实现盈亏平衡时的入住老年人人数也就越多。因此，要求养老机构应该快速提高入住率，来摊薄固定成本。

3. 固定成本的不变是相对的。管理模式的完善与创新、高科技管理工具的使用会降低固定成本。

4. 固定成本管理不是一味要求越低越好，要看总成本是否下降，如果一项新技术的使用导致固定成本提高，但能够让单位变动成本降低且变动成本总额下降的金额超过了固定成本上升的金额，那么这项新技术的使用就有经济意义。

二、养老机构的主要固定成本项目

人员薪酬（护理人员薪酬除外）；

（1）工会经费、残保金；

（2）房屋租金；

（3）固定的设施使用费（按照收入比例计算缴纳的设施使用费除外）；

（4）固定资产折旧；

（5）装修改造的摊销金额；

（6）市政公司的取暖费或自采暖锅炉消耗的天然气费用；

（7）水电费；

（8）办公经费等。

三、降低固定成本的措施

1. 通过管理创新等方法降低固定成本

（1）业务外包。保安、保洁、绿化、消防中控、餐饮、会计核算、人员招聘、营销、衣物被褥洗涤等业务，在风险可控、经济划算的基础上，可以选择业务外包。

（2）第三方咨询服务。将经营计划编制、预算编制、经营分析、服务安全、质量管理等对管理人员要求较高的工作委托给专业机构办理，专业的人做专业的事儿。养老机构就可以降低录用高级管理人员的成本。

（3）清理无效固定资产，将不参与生产经营活动的固定资产（闲置房产、富余面积、闲置设备等）对外出租、出售等。

（4）严控固定资产购置。采取租赁、合作等方式将固定成本降为流动成本。

（5）办公用电脑由员工购置，公司分3—5年将电脑款补贴给员工。

（6）重新设计薪酬制度，将合同薪酬进行合理合法分解，分为工资部分和非工资部分，工资部分就可以作为缴纳劳动保险的基数，降低劳动保险成本。

（7）录用一定比例的残疾人员工，降低残保金的缴纳金额。

（8）争取更多的免租期和租赁优惠期。

（9）与养老协会、红十字会、老龄委等社会团体建立联系，接受社会捐赠。

（10）与社会志愿者组织、个人合作，为老年人提供生活和精神慰藉服务。

（11）严控非护理人员编制，严格控制非护理人员的入职、强化考核和工作量评估。

（12）编制固定成本预算，明确成本管理责任。强化固定成本考核，对降低成本的部门和人员予以奖励。

（13）巧妙利用装修供应商适老化改造及装修阶段，聘请经验丰富的适老化设计人员出具效果图，然后邀请有装修资质的公司进行施工装修并形成施工图，这样就大幅节省聘请专业化装修图纸的设计费用。

（14）对连锁经营养老集团，建立财务、人事、物资配置标准、集团采购、运营管理标准体系，划分集团和各养老机构职责，可大幅降低各养老机构管理人员用工标准、减少管理人员人数。

（15）对连锁经营养老集团，实行集团化财务核算、资金统管，降低财务管理费用。

2. 通过高科技管理系统降低固定成本

（1）研究智慧养老工具，利用各种智慧养老系统的实施替代部分人工护理作业。

（2）应用管理软件，将部分数据统计分析工作交由软件完成。

（3）利用远程医疗解决老年人慢病管理、就医，减少医生的配置。

✧ 第三节　护理成本管理

护理成本主要包括护理人员薪酬和护理用低值易耗品等。护理成本与护理收入有匹配关系。影响护理成本的主要因素有以下几个方面。

1. 护理服务设计：护理服务产品设计受养老机构市场定位、收费水平的影响，是人员配置、排班管理的基础，是影响护理成本最大的因素。护理服务设计的结果，决定了养老机构大部分护理成本。

2.排班管理：排班管理主要受护理服务产品设计、班次制度、休假政策的影响。对护理成本的影响仅次于护理服务设计。

3.劳动效率：劳动效率受员工熟练程度、工作积极性的影响。与激励机制设计的合理性、养老机构文化相关。

护理成本管理的内容包括：护理边际贡献（护理毛利）分析、护理服务设计、护理人员配置、排班管理等。

一、护理成本、护理收入与护理利润

【例5-5】某养老机构平均月护理费收费3 000元，床位费收费2 000元。护理员工资薪酬每月4 000元。共有120张养老床位，目前入住老年人80人。护理员人数20人。除此之外，养老机构每月支付房租、水电费、管理及其他人员工资等固定成本30万元。不考虑其他护理成本。不考虑餐饮收入、成本，假设餐饮收支持平。试回答以下问题：

（1）每月护理成本是多少？

（2）每月护理收入是多少？

（3）老年人与护理员配比是多少？

（4）老年人人均护理收入是多少？

（5）老年人人均护理成本是多少？

（6）老年人人均护理贡献是多少？

（7）这家养老机构能实现盈利吗？

经计算：

（1）每月护理成本=20×4 000=80 000（元）

（2）每月护理收入=80×3 000=240 000（元）

（3）老年人与护理员配比=老年人人数÷护理员人数=80/20=4

（4）老年人人均护理收入=3 000（元）

（5）老年人人均护理成本=4 000÷护理员配比=4 000÷4=1 000（元）

（6）老年人人均护理贡献=老年人人均护理收入–老年人人均护理成本=

3 000–1 000=2 000（元）

（7）这家养老机构盈亏情况分析如下：

利润 = 老年人人均贡献 × 老年人人数 – 固定成本

= （老年人人均护理贡献 + 老年人人均床位费）× 老年人人数 – 固定成本

= （2 000+2 000）×80–300 000=320 000–300 000=20 000（元）

经过计算，这家养老机构能实现盈利。但如果固定成本增加2万元就处于盈亏平衡；固定成本超过2万元，则开始亏损。

二、护理服务设计的原则和流程

1. 护理服务设计的原则

（1）与市场定位相适应

如果定位为高端养老机构，就同一护理等级而言，就要比普惠性养老机构提供更多的服务项目。

（2）与拟定的收费价格相匹配

对某一护理等级老人提供的服务项目所产生的服务成本，要与其等级的收费标准相适应。

根据盈利模型分析，该成本占护理收费标准的50%—60%。

（3）与老年人能力评估结果相结合

设计护理服务产品，要结合老年人能力评估情况。

（4）遵守服务规范和质量要求

提供的服务项目要执行国家或地方行业规范，符合质量要求。

2. 护理服务设计的流程

（1）服务项目分类：通用服务项目/专用服务项目；

（2）测算单项服务时长和成本：每一服务项目成本；

（3）划分老人护理等级：自理/半失能/完全失能/特殊护理；

（4）确定不同护理等级的基本套餐内容：针对通用服务项目；

（5）不同护理等级基本套餐成本计算。根据服务项目和所需工时计算每个项目的服务成本；

（6）经济评价：基本套餐成本占对应护理收费标准50%—60%。

三、护理人员配置

1.合规性。2022年实施的民政行业标准，对护理员的人员配置有下限要求。

护理员与自理老年人人数配比：1∶15—1∶20；

护理员与部分自理老年人人数配比：1∶8—1∶12；

护理员与完全不能自理老年人人数配比：1∶3—1∶5；

按照自理、部分自理和完全不能自理各1/3的结构推算，护理员与老年人综合配比为1∶10.5；

有星级评定要求的养老机构，监管部门对护理员数量也有相关的规定。

2.保持与入住老年人同步增加。

3.适当储备。不能让老年人等护理员，要让护理员等老年人。开业筹备期间储备要结合销售计划，开业后储备不超过10%—20%。

4.费用总体控制。护理人员总体薪酬不超过护理收费总额的50%—70%（一线城市50%—60%；二线以下城市60%—70%）。

四、排班管理与经济分析

1. 排班管理的几个概念

①护理员配比

护理员配比是指老年人人数与护理员人数的比值。比如养老机构有120个老年人，30个护理员，护理员配比为4。护理员配比的计算参见相关章节。

②照料比

照料比是指某班次一个护理员照料老年人的人数。如白班一个护理员照料6个老年人，则白班照料比为6。一般情况下，夜班、晚班照料比是其他班次的2倍。

③月工作天数

月工作天数是指一个护理员每月实际工作天数。单休工作制下，月工作天数为30–54÷12=25.5天；双休工作制下，月工作天数为21.75天。

④班次及班次系数

班次：两班制或三班制。

班次系数：两班制为1，三班制为1.5。这是根据用工比例计算的。

⑤早班/中班/晚班；白班/夜班

两班制：白班：当天6：00—18：00，夜班：当天18：00—次日6：00。

三班制：早班：当天8：00—16：00，中班：当天16：00—24：00，晚班：次日0：00—8：00。

2. 排班管理实务

（1）一家养老机构需要多少护理员？

【例5–6】某养老机构执行两班制，单休，半失能老年人白班照料比为15，那么需要配备多少护理员？

根据模型分析计算：

①白班照料比：15；

②工作制天数：单休，每月工作25.5天；

③班次系数：两班制，系数为1；

④常数：45；

那么计算护理员配比为：①×②÷③÷④=8.5，即老年人与护理员的配比为8.5。如果执行三班制，其他条件不变，计算护理员配比是多少？计算结果为：5.67。

（2）知道老年人人数和护理员人数，怎么排班？即白天应该安排几个护理员值班？夜晚安排几个护理员值班？

【例5–7】某养老机构护理员配比为3，实行三班制（班次系数1.5），每月工作天数25.5天（注：单休），那么白班照料比为多少？

根据模型分析计算：

①护理员配比：3；

②班次系数：三班制，系数为1.5；

③常数：45；

④工作制天数：单休，每月工作25.5天；

那么计算白班照料比为：①×②×③÷④=7.94，即白天一个护理员要照顾7.94个老年人。夜班为2倍，一个护理员要照料15.88个老年人。

如果执行双休制，其他条件不变，试计算白班照料比是多少？（计算结果9.31）。

3. 排班因素对护理成本的影响

排班因素包括：照料比、班次、月工作天数和支付的加班费。

【例5-8】某养老机构白班照料比为8，每周双休，每月工作天数21.75天，实行三班制。原护理成本为每月60万元。为降低护理成本，计划采取如下四种降低成本方案：

方案1：优化服务内容，这样可以将白班照料比提高为9。

方案2：每周双休改为每周单休。

方案3：实行两班制。

方案4：以上三种方案的综合。即双休改为单休、三班制改为两班制、同时优化服务内容，白班照料比提高为9。

进行分析时，先不考虑加班费的增加。经过计算分析，得出如下结论：

方案1：优化服务内容，这样可以将白班照料比提高为9。经计算（过程省略），护理成本下降约11%。

方案2：每周双休改为每周单休（加班费单独考虑）。经计算（过程省略），护理成本下降约15%。

方案3：实行两班制（加班费单独考虑）。经计算（过程省略），护理成本下降约33%。

方案4：双休改为单休、三班制改为两班制、同时优化服务内容，白班照料比提高为9。经计算（过程省略），护理成本下降约49%。

实务中，还要考虑加班费对护理成本增加的影响。如果支付的加班费小于因排班调整减少的护理成本下降，则方案可行。

✧ 第四节　餐饮成本管理

餐饮成本项目中，有的属于固定成本，有的属于变动成本。餐饮人员薪酬一般属于固定成本，随着老年人入住数量的增加呈现阶梯状上升，一定期间不变。餐饮用固定资产折旧也属于固定成本。食材、水电燃气消耗属于变动成本，随着老年人入住数量的增加呈现同比例变动增长。由于餐饮成本项目中存在固定成本，因此，养老机构前期餐饮成本是亏损的。

一、养老机构的餐饮成本项目

供餐过程中发生的直接相关的成本。不包括员工就餐耗用的食材。

1. 餐饮服务人员薪酬

工资/津贴/奖金；社会保险/住房公积金；其他福利。

2. 食材

主材；辅材。

3. 餐饮用固定资产折旧

固定资产折旧就是将固定资产购置成本按照一定年限进行分期摊销的金额。面条机3 000元，使用5年，不考虑净残值，每年折旧3 000 ÷ 5=600元。

4. 餐饮用固定资产和用品维修费

餐饮用固定资产和用品维修保养时，发生的维修保养费用。

5. 餐饮用低值易耗品

供餐过程耗用的劳动用品、卫生用品、洗涤用品等。

二、影响餐饮成本的内在因素

1. 供餐模式

套餐模式、自助餐模式、点餐模式。

套餐模式的单位成本相对其他模式成本要低。

2. 餐标水平

餐标水平受养老机构的收费标准和市场定位而不同。餐标水平越高，成本越高。

3. 服务规模

由于有固定成本的存在，当服务规模较少时，单位成本越高；当服务规模超出某一临界点，需要投入固定成本时，单位成本就会增加。服务规模影响采购价格。

4. 管理效率

劳动效率、采购计划性、食材浪费控制。劳动效率越高、采购计划性越强、食材浪费控制越好，养老机构的成本越低。

三、餐饮收支财务管理目标

在保证食品安全、营养和质量的前提下，合理控制餐饮成本。优化采购流程，选择质优价廉的供应商；合理利用食材，减少浪费；提高加工效率和配送效率等。通过成本控制，降低运营成本，提升盈利能力。在满入住情况下，保持餐饮利润在一个合理的低水平。

一般情况下，养老机构可以将餐饮的利润水平控制在5%—10%之间。

四、餐饮成本、餐饮收入与餐饮利润

【例5-9】某养老机构平均月餐费收费1 000元，餐饮人员5人，薪酬每月35 000元。共有120张养老床位，目前入住老年人60人。食材每月36 000元，不考虑其他餐饮成本。

思考：

（1）月餐饮成本是多少？

（2）月餐饮收入是多少？

（3）月餐饮收支结余多少？

（4）老年人人均食材成本是多少？

（5）老年人人均餐饮贡献是多少？

（6）住多少老年人能实现收支平衡？

解析：

（1）月餐饮成本＝人工薪酬＋食材成本=35 000+36 000=71 000（元）；

（2）月餐饮收入＝月餐费 × 老年人人数=1 000 × 60=60 000（元）；

（3）月餐饮收支结余=60 000–71 000=–11 000（元），每月亏损；

（4）老年人人均食材成本＝食材金额 ÷ 老人人数=36 000 ÷ 60=600（元）；

（5）老年人人均餐饮贡献=月人均收费–月人均食材成本=1 000–600=400（元）；

（6）收支平衡人数＝固定成本 ÷ 人均贡献＝35 000 ÷ 400＝87.5（人）。

该养老机构入住87.5人，当月餐饮业务能实现收支平衡。养老机构需要增加入住87.5–60=17.50人。餐饮部门盈亏平衡点的计算参见有关章节。

五、餐饮成本控制方法

1. 供餐模式选择（见表5-3）

表5-3

供餐模式	优点	缺点
套餐	收费稳定、计划性强、食材库存低、浪费少	不能满足个性化用餐要求
自助餐	计划性强、食材库存低	收入不稳定或减少，浪费多
点餐	满足个性化用餐要求	收入不稳定或减少，计划性差、库存要求高、用工成本高

2. 餐饮标准设计的考虑

餐标水平即为每个老年人提供的餐饮食材成本水平。

设计餐标水平时，以食材消耗为标准。参考以下步骤：

（1）设计百名老年人的月菜谱，然后进行食材分解，计算出食材用量及采购成本。

（2）将采购成本与百名老年人餐费收入进行比较，看是否控制在收入的60%以内。

（3）如果采购成本接近收入的60%，则菜谱具有经济性，否则重新设计百名老人月菜谱及用量。

3. 利用菜谱控制成本

标准菜谱是指以菜谱形式，列出用料配方，规定制作程序，明确装盘形式和盛器规格，明确质量标准，计算好成本。

可以很方便地预计采购量或者根据已有采购量预计成品量；

减少制作过程中的督导，方便餐饮过程管理；

可以降低对厨师个人操作技能的要求，降低用工成本；

减少食材库存；

减少浪费。

4. 采购与供应商管理

食材采购一般有第三方配送、自采、第三方配送与自采相结合三种方式。

采用哪一种方式，取决于成本效益原则。当自采降低的食材成本大于由于自采而增加的人工成本时，选择自采。老年人人数较少时，可以选择自采，由于现在食材供应市场比较透明，竞争充分，建议通过第三方平台进行采购，非应急避免去市场采购。当老年人人数较多时，建议和第三方供应商签订合同，通过第三方配送的方式进行食材采购。

选择第三方配送时，要对食材进行分类，每一类通过招标等方式选择一家供应商，不要将所有食材委托给一家供应商送货。

供应商合同一年一签，供应商连续签订合同不宜超过2年。

5. 价格监督

公司要建立价格监督机制，由独立的部门，如财务部、行政办等对食材的市场价格进行随机调查，并将调查结果与实际执行的价格进行比较。对严重背离调研价格的采购行为进行处理。

建立该机制，对保证合同履行和自采行为有一定的约束力。既是监督内部员工，也是监督外部供应商。

6. 餐饮人员配置

餐饮人员配置跟养老机构对餐饮的定位有关，对一般养老机构来讲，可以按照每20—30个老年人配置一名餐饮人员。初始配置为2人，当老年人人数增加到40—60人时，按照上述规则补充餐饮工作人员。

7. 水电天然气控制

在厨房安装独立的水表、电表和燃气表，每月按时抄录表数，作为餐饮制作成本分析的依据。

注意分析时，以耗用量和人数作为分析因素。人数不但包括老年人人数，也包括员工人数。

8. 虚拟租金

养老机构厨房占用面积一般不单独计算租金。

在分析餐饮成本时，要按照厨房占用面积计算相应的租金，并将虚拟计算的租金列入餐饮成本进行分析。

9. 预算控制与结构分析

根据入住或即将入住的老年人人数、员工人数、菜谱标准、采购价格等数据编制餐饮成本预算，将实际发生的数据与预算数据进行对比分析，发现异常数据，查找原因，提出改善建议意见。同时还可以通过成本结构分析发现问题，采取措施实施控制。

成熟期养老机构一般餐饮成本项目结构如表5-4所示：

表5-4

<table>
<tr><th>成本项目</th><th>支出占比1</th><th>支出占比2</th></tr>
<tr><td>1.从业人员薪酬</td><td rowspan="2">约90%</td><td>25%—35%</td></tr>
<tr><td>2.食材采购成本</td><td>55%—65%</td></tr>
<tr><td>3.水电气及低耗品等</td><td>约10%</td><td>约10%</td></tr>
<tr><td>成本合计</td><td>100%</td><td>100%</td></tr>
</table>

预算分析由财务部和餐饮部共同完成。

六、餐饮用固定资产配置经济决策

1. 一次性配置固定资产经济决策模型

该模型用于新建养老机构一次性配置固定资产的经济规模决策。

餐饮用固定资产的平均使用年限约为10年。

餐饮用固定资产的折旧费计入餐饮成本，根据统计的百家养老机构餐饮数据来看，折旧占满入住后老年人月食材成本的5%，约占月餐饮收入比例的3%。

一次性购置固定资产经济规模=预计满入住月餐饮收入（元）×3%×12（月）×10（年）

【例5-10】某养老机构有200张养老床位，人均月餐饮收入1 000元，则一次性配置固定资产的经济规模最大是多少？

解析：根据模型计算，一次性配置固定资产的最大经济规模=200×1 000×3%×12×10=720 000（元）。

2. 单项固定资产采购经济决策

可以采用年费法进行简易经济决策，一般养老机构的管理人员比较容易掌握这种方法。

【例5-11】某养老机构餐饮部门计划采购一个面条机，理由是通过自己加工面条可以降低面条外购成本。有关数据如下：

（1）目前每月外购8次，月外购面条300公斤，每公斤面条5.6元。

（2）经考察，符合养老机构规模要求的面条机约10 000元，如果仅仅养老机构自用，可以使用6年。使用3年后，每年需要更换零部件及维修费约300元。面粉每公斤4.32元，每公斤面粉可生产面条1.3公斤。每公斤面粉用水0.3公斤，每吨水5元。每月加工8次，每次需要人工2小时，每小时人工费35元。电费及残值忽略不计，假设价格及用量不变。

解析：

表5-5

面条加工成本（元）		面条采购成本（元）	
设备累计折旧	10 000.00	设备寿命期面条采购金额300×12×6×5.6	120 960.00
面粉采购金额 300×12×6/1.3×4.32	71 778.00		
面条用水金额 300×12×6/1.3×0.3/1 000×5	32.40		
人工费用（每月加工8次） 8×12×6×2×35	40 320.00		
配件及维修费3×300	900.00		
合计	123 030.40		120 960.00

可见，采购面条机后，总费用要高于外购。采购面条机的决策不经济。而且由于面条加工需要人工，给餐饮人员安排管理带来不便。

第六章

养老机构运营管理

✧ 第一节　战略管理指标

战略管理指标是用于评估组织战略实施效果的一系列关键指标。这些指标通常包括财务指标、市场指标、运营指标、组织指标、技术指标和风险指标等，用于衡量组织在实现战略目标方面的表现和成果。战略管理指标是组织战略规划的重要组成部分，它们为组织提供了明确、可操作的目标和衡量标准，帮助组织监控战略实施过程，发现存在的问题并及时进行调整和优化。通过合理设置和运用战略管理指标，组织可以更好地实现长期发展目标，提升竞争力和市场地位。

一、制定战略管理指标的意义

1. 指导组织发展方向：战略管理指标可以帮助组织明确其长期目标和发展方向。通过分析外部环境和内部资源，组织可以制定适应市场变化和竞争压力的战略，从而引导组织在竞争中取得优势。

2. 提升组织竞争力：有效的战略管理指标可以帮助组织识别市场机会和威胁，制定相应的战略来应对变化，提升组织的竞争力和市场地位。

3. 优化资源配置：战略管理指标可以指导组织如何合理配置资源，确保资源的高效利用，避免资源的浪费。同时，根据战略目标调整资源配置，可以更好地支持组织的长期发展。

4.监控组织绩效：通过战略管理指标的监测和评估，组织可以了解自身的发展状况和竞争地位，及时发现存在的问题和瓶颈，采取相应的措施进行改进和优化。

5.增强组织适应性：面对快速变化的市场环境和技术发展，战略管理指标可以帮助组织保持敏锐的洞察力和灵活性，及时调整战略方向和目标，增强组织的适应性和可持续发展能力。

战略管理指标对于组织的长期发展和竞争优势具有重要意义，通过合理设置和运用这些指标，组织可以更好地应对市场变化和竞争压力，实现可持续发展。

二、养老机构战略管理指标体系

战略管理指标内容主要包括以下几个方面。

财务指标：用于评估养老机构的财务状况和业绩，包括收入、利润、现金流等。

客户指标：反映养老机构在市场中的地位和表现，包括入住率、退住率等。

运营指标：涉及养老机构的日常运营和管理，包括人均产值、客户贡献等。

组织指标：涉及养老机构文化和团队建设，包括员工满意度、员工流失率等。

具体有以下几个主要战略管理指标。

（1）满入住周期：从开业到住满（90%—95%）月份的期间；

（2）正常年份营收：实现满入住后正常年份的营收额；

（3）满入住利润：实现满入住后的目标利润和利润率；

（3）盈亏平衡人数：达到盈亏平衡月份时的入住人数；

（4）战略亏损期：即盈亏平衡周期，从开业到实现盈亏平衡月份的周期；

（5）战略亏损金额：战略亏损期的累计亏损金额；

（6）累计净利润回正的周期。

三、战略管理指标的制定

一般情况下，我们可以通过编制分年经营预测报表来确定主要战略管理指标。

【例6–1】

某养老机构编制分年经营预测表如表6–1所示：

表6–1

单位：元

项目	第一年	第二年	第三年	第四年	第五年
床位总数	300				
年度办理入住人数	75	100	100	25	
一、营业收入	225.00	750.00	1 350.00	1 725.00	1 800.00
减：营业成本	135.00	450.00	810.00	1 035.00	1 080.00
管理费用	300.00	320.00	350.00	400.00	400.00
销售费用	45.00	60.00	60.00	15.00	0.00
财务费用					
二、营业利润	–255.00	–80.00	130.00	275.00	320.00
加/减：营业外收支					
加：投资收益					
三、利润总额	–255.00	–80.00	130.00	275.00	320.00
减：所得税				17.50	80.00
四、净利润	–255.00	–80.00	130.00	257.50	240.00
净利率					13.33%

1.满入住周期：

计算分析：

前三年入住275人，第四年入住25人，后两年每年能入住100人。

满入住周期为：3年+25÷100=3.25年，即3年3个月。

2.满入住净利率：13.33%

3.盈亏平衡人数：第三年开始实现盈利，如果第三年平均入住，盈亏平衡人数为：75+100+100×80÷（130+80）≈213（人）。

4.战略亏损期：2年+80÷（130+80）≈2.38（年），约2年5个月。

5.战略亏损金额：255+80=335万元。

6.现金流量净额：如果不考虑折旧影响，战略亏损金额为335万元，养老机构需要补充流动资金。

7.累计净利润回正周期：3+（80.00+255.00–130.00）÷257.50≈3.80（年）。

✧ 第二节　管理抓手—入住率

入住率对于养老机构的现实意义：

1. 一定比例的入住率是养老机构实现盈利的基础

经验数据统计：一般情况下，养老机构入住率达到了50%—80%区间，就能实现盈亏平衡。

2. 入住率影响养老机构星级评定

五星级养老机构满足一个必备条件——入住率不低于50%。

3. 入住率或影响国家运营补贴的发放

北京市有关规定：养老机构全年平均入住率比上年底下滑了10%的，扣减当年运营补贴的20%。

一、入住率的几个概念

1. 净入住率

入住老人人数占养老床位总数的比例。这个养老床位总数对于监管部门来讲，就是备案床位数量，从养老机构经营角度理解，就是设计的床位数量。

2. 加权平均入住率

以老人入住的时长为权数，计算的平均入住率。加权平均入住率更能体现入住率与业绩增长的关系。

【例6–2】某养老机构备案床位数300张，20×3年初入住100人，当年分月入住退住人数如表6-2所示（假如每月平均入住）：

表6-2

月份	1月	2月	3月	4月	5月	6月	7月	8月	9月	10月	11月	12月
入住	6	3	8	12	14	15	10	9	8	10	7	6
退住	2	1					4	2	1	1	1	1
净入住	4	2	8	12	14	15	6	7	7	9	6	5
入住时长	11.50	10.50	9.50	8.50	7.50	6.50	5.50	4.50	3.50	2.50	1.50	0.50
总时长	12	12	12	12	12	12	12	12	12	12	12	12
加权入住	3.83	1.75	6.33	8.50	8.75	8.13	2.75	2.63	2.04	1.88	0.75	0.21

2023年末，净入住率：（100+95）÷300=65%

2023年度，加权平均入住率：（100+47.54）÷300=49.18%

3. 盈亏平衡点入住率

达到该入住率后，养老机构实现当月利润盈亏平衡。

一般情况下，养老机构的盈亏平衡入住率在50%—80%。

盈亏平衡点入住率的高低对养老机构经营风险影响较大。由于养老机构总体床位数量有限，盈亏平衡点入住率越高，养老机构安全边际越小，经营风险越大。

4. 经营资金平衡点入住率

达到该入住率后，养老机构实现资金收支平衡。

实行预收款模式和预收保证金政策情况下，经营资金平衡点入住率要低于盈亏平衡入住率。

预收期的长短对资金平衡点入住率影响最大。

二、入住率指标在经营管理工作中的应用

1. 入住率指标与管理层考核

将加权平均入住率指标和利润指标进行组合，确定KPI考核指标，如表6-3所示。

表6-3

经营指标	加权平均入住率指标	利润指标	评价
完成情况	完成	完成	优
	完成	未完成	中+
	未完成	完成	中-
	未完成	未完成	差

（1）加权平均入住率指标和利润指标均完成，评价为“优”。

（2）加权平均入住率指标完成、利润指标未完成评价为“中+”。中+：说明快速抢占了市场份额，降低了竞争风险，兼顾了长期利益。

（3）入住率指标未完成、利润指标完成评价为“中-”。中-：说明收费偏高或者服务质量较低，短期利益较好。但丢失了部分市场份额，不利于长期利益。

（4）加权平均入住率指标和利润指标均未完成，评价为“差”。

2. 入住率指标与经营发展战略

从筹建开始，就要编制未来几年的经营战略。

编制经营战略时，有几个入住率节点和时间节点非常重要：净入住率达到多少，能实现资金收支平衡？净入住率达到多少，能实现利润收支平衡？盈亏平衡周期多长？满入住周期多长？满入住后养老机构利润多少？满入住几年内，能实现投资回收？

编制经营战略时，需要根据“资金平衡点入住率”“利润盈亏平衡点入住率”、满入住周期等指标来编制。

3. 入住率指标与流动资金需求测算

当养老机构的净入住率达到了“资金平衡点入住率”，意味着自有资金达到了收支平衡。在净入住率没有达到“资金平衡点入住率”之前，需要融资补充投入流动资金以保障养老机构的正常运转。

未达到“资金平衡点入住率”前的流动资金需求可以大致通过如下公式测算：

流动资金需求量=资金流出-资金流入

=（资金盈亏平衡入住周期 × 月度固定成本费用 + 入住周期内月度变动成本费用合计）–（资金盈亏平衡入住人数 × 保证金标准 + 盈亏平衡入住周期内收入合计 × 预收系数）

预收系数参见有关章节。

按照月份测算资金需求量。

4. 入住率与财务战略制定

入住率、利润和现金流构成财务战略“三角”。不同的发展时期，财务战略要随之调整，对入住率任务指标的要求也不一样。在养老机构的成长期，中心工作是抓入住率和现金流管理；在养老机构的成熟期，中心工作是抓利润管理。

5. 根据入住率变化编制人力资源招聘计划

人力资源招聘计划的编制基础就是入住率的变化，尤其是护理员岗位、医护岗位、餐饮服务岗位。脱离入住率编制人力资源招聘计划就背离了养老机构经营发展战略的要求，会导致服务质量低下或者影响目标利润实现。

三、入住率指标管理要求

“唯快不破”是入住率管理的核心要求，入住率管理的关键就是快速提高入住率，缩短满入住周期。快速提高入住率对营收的影响有多大?

【例6-3】一家养老机构，每个老年人平均月收费5 000元，年度任务是入住48个老年人。每月固定成本20万元，变动成本率50%。

如果每月平均入住，每月初入住4人，一年内实现满入住。则年收入合计为156万元，利润=156–156 × 50%–20 × 12=–162（万元）;

如果前8个月初，平均每月入住6人，前八个月实现满入住。则年收入合计为204万元，利润=204–204 × 50%–20 × 12=–138（万元）;

对比可见，如果提前4个月完成全年任务，收入增长30.77%，全年减亏162–138=24万元，减亏比例14.81%。

✧ 第三节 退住管理

退住是指老年人因为身故、就医、服务不满意等原因而办理养老机构出院的行为。按照退住性质划分，分为客观原因退住和主观原因退住。客观原因退住是指因为身故、医院就医等客观因素而办理的退住。主观原因退住是指因为对服务的质量、合同履约等原因而办理的退住。

本节讨论的退住管理是针对主观原因退住的管理。

一、退住成本分析

退住是有成本的。退住的成本是前期已经发生的营销获客成本和老年人退住后至增补前的床位空置而减少的边际贡献收入。前者是已经发生的成本，后者属于机会成本。

退住成本=平均获客成本+床位空置成本

平均获客成本：入住老年人人均营销费用，营销费用包括销售人员薪酬和广宣推广费用。

床位空置成本：入住平均周期的单床平均边际贡献（毛利）。

【例6–4】某养老机构销售人员月薪酬合计30 000元，每月平均投入广宣推广费用20 000元。平均每月办理老年人入住5人。客户首次到访至办理入住平均周期为6个月。老年人平均月收费6 000元，月平均护理及食材变动成本2 500元。

平均获客成本=月平均营销费用 ÷ 月平均入住人数=（30 000+20 000）÷ 5=10 000（元）

床位空置成本=单床平均边际贡献（毛利）× 入住平均周期=（6 000–2 500）× 6=21 000（元）

退住成本=10 000+21 000=31 000（元）

解析：

退住成本比较高。依上例计算的结果，退住1个老年人的成本为31 000

元，需要1个老年人入住近9个月［注：31 000÷（6 000–2 500）］的边际贡献（毛利）才能弥补。

二、退住率与利润的关系分析

退住管理的重点是主观退住，对客观退住也不能忽视。

1. 主观退住与老年人/家属的服务满意度密切相关

表6–4为主观退住率、满意度、服务、利润四者之间的关系。

表6–4

主观退住率	老人/家属满意度	收入成本分析	对利润的影响
极低（接近于<2%）	高	成本高，收入稳定	小
较低，≥2%且<5%	较高	成本适中，收入相对稳定	一般
高，≥5%	低	成本低，收入下降	大

2. 客观退住跟养老机构提供的医疗服务关系较大

养老机构提供的医疗服务项目与水平，会降低客观退住人数或者延长老年人入住的时间。

三、退住管理策略

一个养老机构主观退住率极低或者没有发生，说明老年人或家属对收费和服务的满意度极高，有极高的性价比。但也意味着说明我们的边际贡献收入非常低。维持一个较低的合理退住率，更能够让养老机构的效益最大化。

四、退住率测试分析

养老机构提价、优化服务内容等管理行为，可能面临着退住率的提高，给养老机构带来一定的经济损失。为将损失降到最低，需要在实施该行为前进行退住测试分析。

退住率测试分析经济理论：优化服务内容或提高收费标准会增加养老机

构边际利润，但也会导致部分老年人退住而发生损失。当增加的边际利润和发生的退住损失平衡时，养老机构总体利润保持不变，但未来的收益会提高。

退住率测试分析，可通过退住率测试工具作出判断。

1. 退住率测试工具

假设现入住人数A，人均月提价金额P，因为提价导致老年人退住率b，每个老年人退住成本C。那么，根据测算工具原理，$A\times(1-b)\times P=A\times b\times C$，推导出：$(1-b)\div b=C\div P$。

公式$(1-b)\div b=C\div P$为退住率测试工具。C可以通过前期数据计算出来，是已知数。这样就可以根据该工具分析退住率和提价金额的关系。

2. 退住率测试工具应用

提价或优化服务决策：当确定一个提价金额后，就能推导出退住率水平是否在一个可接受的低水平；或者确定一个能接受的退住率时，能推导出最高提价金额多少比较合适。

提价或优化服务决策后期跟踪分析：当实际退住率高于计划中的退住率，说明退住成本高于因提价而增长的边际利润。反之，说明提价或优化服务仍有空间。

五、降低主观退住率的制度设计

1. 制度设计的几个方面

（1）试住关怀计划

（2）投诉建议管理制度

（3）合同条款设计

2. 制度设计时的考虑

（1）试住关怀计划

对入住养老机构期限较短的老年人来说，环境的变化会让心理上产生不适、焦虑、无食欲、失眠甚至抵触，很有可能入住不到一个月就办理退住。养老机构需要制定试住关怀计划，让刚入住的老年人获得归属感和幸福感，具体要求如下：

①养老机构和老年人家庭成员互动，共同缓解老年人的焦虑心理。

②各岗位参与，协同配合以便尽快适应并感受到温暖与关怀。

营销人员：定期问候、与家属沟通；

护理员：让老年人熟悉环境、介绍邻居及有关人员、介绍规章制度等；

护理负责人：定期问候，解决问题、与家属沟通。

餐饮人员：定期问候，记录需求，个性化餐饮。

医生：了解情况，定期问候，提供建议、与家属沟通。

护士：了解情况，定期问候。

老年人志愿者或邻居：问候老年人，协同参观，陪同活动。

院长：问候老人，了解需求，了解满意度，个性化改进。

（2）投诉建议管理制度

每个退住的老年人在退住前，一般会强烈表达出对养老机构服务的不满意。养老机构要建立畅通投诉、反映、提出改善建议的通道。

养老机构安排非护理部门管理的接待部门，一般是院办或者其他综合管理部门。具体要求如下：

设立院长接待日，每周1—2次，由院长接待老年人，并由专人记录老年人/家属反映的问题；

设立院长信箱，由专人负责开启，并记录其反映的问题；

定期召集老年人开民主生活会，倾听并记录老年人反映的问题；

设立建议奖，对老年人/家属提出的建议并被采纳的，予以表扬奖励；

每周汇总老年人/家属的建议、提出的问题和诉求，找出共性问题，研究解决方案。对于个性问题，及时提出方案予以解决。尤其对入住不满半年的老年人提出的诉求和反映的问题，要一对一研究解决。

院长跟踪解决方案的落实情况，确实不能落实的，院长应亲自向老年人进行解释。

（3）养老机构服务合同条款设计

物价指数年年攀高，提高收费价格不可避免。收费价格的调整，必然会引发部分老年人退住。为避免价格调整导致退住人数增加，需要系统考虑如下设计：

在签署合同时，约定好调价的条款。根据时间节点或者达到调价触发点时就调整价格，并对调整幅度作出明确规定。

餐费：合同到期续签时，小幅定额调增每月餐费标准或者在食材采购价格出现较大的变动时，定额调增每月餐费标准；

护理费：合同到期续签时，小幅比例调增每月护理费标准；

床位费：合同到期续签时，小幅比例调增每月护理费标准。

六、退住分析

1. 建立退住老年人台账

台账要记录如下信息：

老年人姓名，性别，年龄，居住地，入住日期，已入住时间，退住原因，入住期间提出的诉求、反映的问题、提出的建议等。

2. 退住分析统计

分析退住原因，一般有下列几种：身故、医院就医、对服务不满意、对价格调整不满意、其他原因等。老年人提出的退住原因不一定是真实原因，要根据其诉求、反映的问题、提出的建议和沟通解决情况作出合理推断。

通过编制如表6–5所示报表进行退住统计分析。

表6–5

入住期	1个月以内	1—3个月	3—12个月	12个月以上
退住人数				
退住原因				
1.身故				
2.医院就医				
3.服务问题				
4.价格问题				
5.其他原因				

3. 除去身故原因外，根据统计分析的情况，采取如下管理措施：

（1）医院就医人数较多，需要加强医务室建设，根据成本效益原则开展适度的医疗服务；

（2）1个月以内提出退住，主要原因是老年人不适应在本院生活，应加强试入住期间对老年人的关怀；

（3）1—3个月内提出退住，主要原因是老年人/家属对本院管理规定不熟悉，不理解，应频繁做老年人/家属的沟通、解释、说明工作。

（4）3—12个月提出退住，主要原因是老年人/家属期望的服务或者本院工作人员承诺的服务与实际得到的服务有心理落差。这个落差可能不是真实存在的。在这个阶段，需要院方检查落差是否真实存在，如不存在则耐心做好解释工作；如存在，需要完善服务。

（5）12个月以后提出退出，主要原因与合同的续签和合同内容变更有关，有时与竞争有关。需要在合同变更决策前进行退住压力测试分析。

✧ 第四节 服务定价

养老机构经常面临着如下管理方面的困扰：

1. 销售人员认为收费价格高，要求降低收费价格或者折扣销售。

2. 照料成本高，毛利空间小，不提价无法实现盈利，提价又面临销售压力和退住压力。

3. 老年人对伙食有意见，餐饮服务一直亏损，餐饮收费价格涨不上去。

4. 老年人和家属对护理服务不满意，又不接受价格调整。

5. 独立核算的餐饮部和护理部对餐饮成本分解有不同意见。

6. 取暖成本和制冷成本高，计划通过增加收费项目收回成本，怎样设计收费金额？

7. 竞争激烈，计划折扣销售，折扣多少比较合适？

8. 计划新增一个服务项目，怎么定价才合理？

上述困扰固然有管理方面的原因，也有定价与收费设计不科学、不合理等原因。

一、服务定价内容与原则

1. 服务定价内容

收费价格制定、确定调价机制。

2. 服务定价的原则

（1）与市场定位相适应

先定位，后定价；

床位规模较大的养老机构，宜采取混合市场定位，制定差异化的收费政策。

（2）与服务设计相匹配

服务设计包括服务项目和服务模式，服务设计决定了服务产品的成本结构。

（3）与竞争战略相结合

要围绕竞争战略进行价格设计，如果竞争战略要求尽快提高入住率，那么收费价格或者折扣优惠就应该比对手更有竞争力。

（4）动态调价原则

要建立收费价格随物价指数增长、入住率增加而调整的动态调价机制。

（5）考虑现金流原则

养老机构制定了有竞争力的价格，让渡了部分利润，应该从现金流方面有所回报。现金流回报的方法包括：较高的备用金标准、较长的预收期等。

（6）遵循指导价原则

当地监管部门对养老项目收费定价或有限制，收费设计要遵循政府监管部门指导价。

二、影响服务定价的因素

1. 服务成本

成本对价格的影响主要体现在以下几个方面。

成本是制定价格的基础：任何商品或服务的价格都离不开其成本。成本是生产或提供产品或服务所必需的投入，而价格则是对这些投入的回报。

成本影响价格的稳定性：成本结构的稳定性通常会影响价格的稳定性。如果成本相对稳定，那么价格通常也会相对稳定。然而，如果成本出现大幅波动，那么价格也可能会随之波动。

成本对价格有制约作用：成本是制定价格的最低限度。任何商品或服务的价格都应高于其成本，否则生产者或提供者将无法收回其投入，导致无法持续经营。因此，成本对价格具有制约作用。

2. 目标利润

目标利润对定价的影响主要体现在以下几个方面。

目标利润是定价的核心考虑因素：养老机构以实现一定的利润水平为目标来制定产品或服务的价格。这意味着，在确定价格时，养老机构必须充分考虑自身的成本、市场需求和竞争环境等因素，以确保能够实现设定的目标利润。

目标利润影响价格策略的制定：养老机构在制定价格策略时，通常会结合市场需求、竞争态势、产品特性等因素，力求找到一个既能吸引客户又能保证目标利润的平衡点。如果养老机构希望实现较高的利润水平，可能会采取高价策略；而如果养老机构追求市场份额，可能会采取低价策略。

目标利润影响价格的灵活性和调整：养老机构在制定价格策略时，也需要考虑价格调整的灵活性和可能性。如果市场需求或竞争环境发生变化，养老机构需要重新评估其目标利润是否能够实现，并据此对价格进行相应的调整。

3. 主要竞争对手的价格

竞争对手的价格对定价的影响主要体现在以下几个方面。

竞争定价策略：养老机构会根据竞争对手的价格策略来制定自己的价格策略。如果竞争对手采取低价策略，养老机构可能会为了吸引客户而采取更低的价格；而如果竞争对手采取高价策略，养老机构可能会为了定位自己的产品或服务给高端选择更高的价格。

竞争对手的价格水平可以影响养老机构的市场定位：如果竞争对手在某一价格区间占据主导地位，养老机构为了在市场上获得一席之地，可能会选择在该价格区间内进行竞争，或者选择差异化策略，提供不同功能、外观或服务来吸引特定需求的消费者。

消费者心理：竞争对手的价格策略也会影响消费者的心理预期。如果竞争对手采取低价策略，消费者可能会对价格敏感度提高，养老机构在定价时需要考虑这一点。相反，如果竞争对手采取高价策略，消费者可能会对价格敏感度降低，养老机构可能会选择定更高的价格。

三、养老机构服务定价方法

养老机构的餐饮定价具有特殊性。养老机构对餐饮管理的要求是微利。一般情况下，养老机构定价时，可考虑将餐饮单独进行定价。介绍定价方法时，我们区分餐饮定价和床位费护理费综合定价两个环节。

根据上述定价影响因素，按照成本加目标利润的办法制定价格策略。

养老机构的利润公式：

利润=（单价-单位变动成本）×入住老年人人数-固定成本

变形为：

单价×入住老年人人数×目标利润率=单价×入住老年人人数-单位变动成本×入住老年人人数-固定成本

单价=（固定成本+单位变动成本×入住老年人人数）÷［入住老年人人数×（1-目标利润率）］

养老机构不缴纳增值税，不用考虑增值税对价格的影响。

四、床位费和护理费综合定价、餐费定价

根据定价公式，定价步骤为：

1.分析未来发生的月固定成本，月固定成本=全年固定成本÷12（个月）。

2.确定满入住时的老年人人数。一般为备案床位数的90%—95%。

3.确定单位变动成本。

对床位费和护理费综合定价时，单位变动成本即为单位老年人护理变动成本。按照月份计算；

对餐饮收费定价时，单位变动成本即为单位老年人食材成本。按照月份计算。

【例6-5】护理员平均月薪酬为5 000元，根据服务设计，老年人与护理员综合配比为5∶1。那么单位老人护理月变动成本为5 000÷5=1 000（元）。

【例6-6】根据餐饮部门设计的食谱，计算单位老人每月食材标准为600元。600元即为单位老人食材月变动成本。

4.确定目标利润率。

【例6-7】假设养老机构确定的满入住情况下，机构整体目标利润率为15%。餐饮保持微利，餐饮目标利润率为5%。

5.计算床位费和护理费综合平均单价，计算餐饮月收费单价。

【例6-8】承接【例6-5】至【例6-7】，经分析，该养老机构月固定成本30万元，餐饮月固定成本7万元，备案床位数260张，满入住为90%。

床位费和护理费综合平均定价=（300 000+260×90%×1 000）÷［260×90%×（1−15%）］=2 684.77（元/月）

餐饮定价=（70 000+260×90%×600）÷［260×90%×（1−5%）］=946.47（元/月）

6.参照竞争对手价格进行调整。

调整的目的在于确定一个更有力的竞争价格。

【例6-9】参照竞争对手价格，最终确定床位费和护理费平均定价为每月2 800元，餐运费为每月960元。

7.综合以上因素，确定床位费和护理费平均价格后，进一步对该价格进行分解，分解为床位费平均价格和护理费平均价格。

有两种分解方法：

一是根据竞争对手的平均床位费和平均护理费进行分解；二是根据护理费毛利进行分解。

【例6-10】养老机构按照护理费毛利进行分解，护理费收入的毛利确定为50%。因此护理费月平均定价为1 000÷（1-50%）=2 000元。因综合定价为2 800元，确定床位费平均定价为每月800元。

8.制定不同床位的床位费价格。

床位所处区域不同、房间床位数量不同，导致老年人有不同的选择。因此有必要确定每一张床的收费价格。单床占用建筑面积对价格影响最大。先计算每张床占用的建筑面积。然后根据楼层、朝向、房间坐落（楼宇两侧/中间）、布局（靠窗/居中/靠门）等维度，进行金额调整，每个维度调整金额差异不宜超过50—200元。

每张床价格=平均床位费价格×床位数×（该床占用建筑面积÷护理用床占用总建筑面积）±楼层调整金额±朝向调整金额±房间坐落调整金额±房间床位数量调整金额。

9.制定不同护理等级的护理费价格。

护理等级不同，护理费价格也不一样。确定护理费平均收费价格后，需要确定一个护理级差。护理费平均收费价格为中间护理等级价格。最低护理等级收费和最高护理等级收费的级差设置一般在平均护理价格的50%—150%比较合理，特护或者认知症老年人等特殊护理除外。

五、取暖费用定价

设计的原则是：在满入住情况下，收取的取暖费收入等于或者大于护理用房部分支付的取暖费用。

1. 计算养老机构护理用房发生的采暖成本

【例6-11】预计热力公司收取的采暖费或者自备采暖锅炉耗用的燃气费。如，热力公司供暖，每平方米采暖季30元。护理用房间总面积6 000m²，养老机构采暖总面积9 000m²。

采暖季总成本：9 000×30=27（万元）

护理用房采暖季成本：6 000×30=18（万元）

2. 计算每个老人的采暖季成本（以护理用房面积计算的采暖成本为基础）

【例6-12】假设老年人满入住235人。每个老年人采暖季成本180 000/235≈770（元/采暖季）。采暖季5个月，每个月采暖成本为：770÷5=154（元）。

3. 将每个老年人的月采暖成本数据，与竞争对手的月采暖收费进行比较，确定采暖收费标准。如果竞争对手的采暖收费高，就选用竞争对手标准；如果竞争对手的采暖收费低，我们将以计算的结果为准

六、一次性物品代办费定价

每家养老机构床上用品和生活用品配置不同，可以有所区别，也因为是一次性费用，不用对标主要竞争对手价格。用成本加成法制定一次性物品代办费价格，可在成本基础上加20%—30%的采办费用。

七、备用金（保证金/押金）标准

备用金价格参考主要竞争对手标准而制定。

一般而言，如果养老机构的服务费用定价比主要竞争对手低，可以制定较高的备用金标准，用于补偿低价导致的利润损失。

备用金收费金额多少，各地监管部门政策要求不一样。有的地方监管部门要求不得超过月平均收费的3倍，有的没有做出具体要求。

如果当地监管部门要求备用金纳入严格监管，备用金就不宜过高。

八、动态调价制度设计

1. 建立动态调价制度的必要性

员工薪酬逐年攀升、外购服务价格及物资价格持续增长。收费价格也要同步增长。必须建立调价的增长机制，不能价格一定，几年不变。

老年人或家属对价格调整抵触较大，也需要有一个动态调价制度来解决，以便于老年人和家属理解，降低调价难度，避免老年人因为调价

而流失。

2. 动态调价制度体现在几个方面

原则：小步快跑

（1）设置调价触动开关。当某一个成本因素的变动触动开关时，就要调整价格。如：

当护理员的月平均薪酬增长10%时，就需要调整护理收费价格；

当其他人员的月平均薪酬增长10%时，就需要调整床位费收费价格；

当入住率增长10%时，就小幅提高每月的收费价格，如增加50—100元。

（2）按合同期调整。合同中约定：如，餐饮费价格每年增长3%，护理费每年增长5%，床位费每年增长5%；

注意：

调价前3个月，做好舆论宣传工作，获得老年人及其家属的理解。

将调价和收费方式相结合，如采取按照合同期一次趸交方式缴费，可给予一定比例的优惠，让老年人/家属实际一次支付与原来按照月份支付的总额基本保持一致。

九、特殊定价——包房定价

在实务中，养老机构都面临着老年人包房的情况。包房的原因主要是养老机构的单人间设计不足。在老年人提出包房要求时，养老机构通常会加收另一张空床的床位费，也有的养老机构会在加收空床床位费的基础上，对空床按照自理老年人的标准收取护理费。包房如何定价没有统一的标准。我们在包房决策时，一定要分析因为包房行为而导致的另一张床位的边际贡献损失，以这项损失为基础，确定包房的价格。

【例6-13】某养老机构有一个两人间。床位费标准为1 000元/月。老年人提出包房要求。养老机构管理层考虑到还有一些空床床位，因此同意了老年人的要求。管理人员测算了另外一张床（B床）潜在的损失，以此为基础跟老年人商谈包房价格。

表6-6

项目	收费标准	边际贡献率	月边际贡献
床位费收入	1 000元/月	100%	1 000
护理费收入	1 500	按照平均护理费水平计算，边际贡献率45%	675
餐费收入	800	边际贡献率为10%	80
取暖费收入	120元/月	收取5个月。平均每月50元，边际贡献率100%	50
月边际贡献合计（元）			1 805

分析：因为包房，养老机构潜在损失边际贡献为1 805元，包房定价时要考虑这一数值。

十、特殊定价——居家式养老公寓床位费定价

居家式养老公寓投资较大，投资方一般通过N年一次趸交床位费的方式收回部分建设资金。

1. 确定月床位费标准

月床位费一般以当地住宅租赁市场的标准为基准，结合建设成本制定，不宜偏离市场租金水平太大。

2. 确定一次趸交的金额

是否允许这种趸交方式，跟养老项目的产权、当地政策有关。拥有自有土地使用权和房屋产权的养老项目，当地政策可能会允许采取这种趸交方式。

目前市场上，一次性趸交周期有5年、10年和20年期几种。

计算趸交金额时，一般采取折现的办法。即采取合理的折现率、根据每年折现加和方式进行计算。折现率可以参照银行同期贷款利率。

【例6-14】某养老机构参照住宅市场租金水平和建设成本，确定每套居家养老公寓平均年床位费30 000元，年平均增长率2%，折现率为4%。计划采取5年、10年和20年三种年期趸交。计算如表6-7：

（1）5年趸交价格计算。

5年年金现值系数为：4.451 8。5年一次趸交金额为：144 340.65元。

表6–7

项目	第1年	第2年	第3年	第4年	第5年
年增长率	2%				
年床位费金额	30 000.00	30 600.00	31 212.00	31 836.24	32 472.96
折现率	4%				
折现系数	1.000 0	0.961 5	0.924 6	0.889 0	0.854 8
折现金额	30 000.00	29 423.08	28 857.25	28 302.30	27 758.03
折现金额合计	144 340.65				

（2）依据上述方法，计算10期和20年期一次趸交金额分别为：275 326.03元和502 059.49元。

✧ 第五节　收费管理

养老机构的收费方式主要包括月结和预收两种情况。月结是指老年人先入住，按月结算后收款。预收是指老年人先预收款，然后按月进行结算，从预收款中扣除接受服务的费用。合同内服务项目收费一般采取预收的方式，不采用月结收费方式。合同外服务项目收费一般采取预充值、现结、月结（先记账后收款）等方式。

为避免老年人入住后，因各种原因欠缴费用给养老机构造成损失，一般采取预收的方式。

收费管理的内容包括预收周期设计、预收政策与实务。

一、预收周期设计

预收周期有：按月预收、按季预收、按年预收几种。

预收周期越长越好。不仅降低收费成本，还能解决养老机构流动资金需求问题。经测算，不同预收周期情形下预收的资金流入与按月预收资金流入的倍数：

表6-8

预收周期	按月收费	按季预收	按半年预收	按年预收
1年内累计收取金额倍数	1	1.15	1.38	1.85
2年内累计收取金额倍数	1	1.08	1.20	1.44

有的地方监管部门要求预收周期不得超过3个月，有的地方监管部门没有做出具体要求。当地监管部门规定了最长预收期限的，预收期限不得超过有关规定。

同其他预收周期相比，按月预收方式现金流入较少，收费频繁成本高，而且在老年人办理长时间请假时，可能会产生欠款风险。建议养老机构在条件允许的情况下，制定按季预收或按年预收的收费政策。

二、预收款政策与预收款实务

1. 按期预收概念:

（1）按月预收：当月收取下月费用。当入住首月月份不满1个月时，入住首月的预收金额为当月按照天数计算的收费金额和下月合同约定费用金额。以后月份的收费金额为合同约定每月应收费的金额。

（2）按季预收：本季度收取下季度费用。当入住首月月份不满1个月时，入住首月的预收金额为当月按照天数计算的收费金额和本季度剩余完整月份按照合同约定应收费的金额。以后季度的收费金额为下一季度按照合同约定应收费的金额。

（3）按年预收：按照12个月一次收取费用。当入住首月月份不满1个月时，入住首月的预收金额为当月按照天数计算的收费金额和未来12个月按照合同约定的应收费金额。在合同续期时，以后年份的收费金额为合同约定的12个月的应收费金额。

2. 收款政策的制定

【例6-15】某养老机构收款政策如下；

（1）入住首月天数的计算：入住通知单的日期至月末自然天数最后一

日。入住不满整月时，按照天数计算收费金额。日收费金额=月收费标准 × 12个月 ÷ 365天。

（2）床位费按年预收；护理费、套餐餐费按季度预收；取暖制冷费按照采暖季预收；

按年预收时，预收期为12个月。首月入住按照当月天数和未来12个月预收；

按季预收时，预收期为自然季度。首月入住按照当月天数和本自然季度剩余月份收费；

采暖费按照采暖季预收，在采暖季来临前上月收取，采暖季为本年11月1日至明年3月31日，共5个月；

（3）合同外服务项目消费，采取月结（先消费后结算）的方式，在下一期合同内服务项目预收时，一并收取。

（4）老年人有请假且符合退费条件的，其请假退费金额在销假当月计算，在下一期合同内服务项目预收时抵减。

3. 预收实务

【例6–16】承接【例6–15】，某老年人在2022年1月18日办理入住，合同约定：床位费每月1 000元，按年预收；护理费每月2 000元，按季度预收；餐费每月800元，按照月份预收。不考虑其他收费项目。

计算：

（1）入住首月收费计算。

①预收入住当月费用：

入住首月天数：1月18日至1月31日，共31–18+1=14天。

日费用 × 天数。（1 000+2 000+800）× 12 ÷ 365 × 14=1 749.04（元）

②预收下期费用：

月床位费 × 12个月 + 月护理费 × 2个月 + 餐费 × 1个月 =1 000 × 12+2 000 × 2+800 × 1=16 800（元）

（2）以后期间预收计算。

床位费按年预收，下一个收款期是2023年2月至2024年1月。收款时间为2023年1月。收款金额1 000×12=12 000（元）。

护理费按季度预收，下一个收款期是2022年4月至2022年6月。收款时间为2022年3月。收款金额2 000×3=6 000（元）。

餐费按月预收，下一个收款期是2022年3月。收款时间为2022年2月。收款金额800×1=800（元）。

三、合同外项目的收费

1.合同外服务项目收费是指服务合同约定服务项目以外的消费项目收费。合同外服务项目一般有医务服务、药品销售、康复服务、健康管理等个性化定制服务。

2.可以采取预充值收费、现结或月结（先消费后收费）等方式。为方便老年人缴费，建议采用预充值或者月结的方式。

✧ 第六节　请销假、退费、结算

一、请假、销假与退费管理

1. 有关概念

请假：老年人因病就医、探家等原因办理的短期离院行为。一般情况下，请假时间不会超过3个月。

销假：是指老年人返院后办理的终结请假的行为。销假的意义是确定了返院日，确定了退费计算的日期。

请假日期：是指老年人请假条上注明的离院日期和返院日期。需要说明的是，离院日不一定全天不在院，返院日老年人不一定全天在院，也不一定能够按照约定的时点返院。在实际管理中，返院日可以不用填写，等到老年人实际返院后，再补充填写请假条的返院日期。

请假天数：是指老年人因为请假而完全不在院的天数。请假天数是计算请假退费的基础。

退费天数：计算请假时退费的天数。退费天数小于或者等于请假天数。当某项收费可以在请假期间全部退费时，退费天数等于请假天数；当某项收费在请假期间不可以按照请假天数全部退费时，退费天数小于请假天数。

退费天数概念的产生跟老年人请假期间运营成本的变动有关。请假期间是否需要退费，怎么退费，要看请假期间运营成本是否发生变动。

表6–9　　老年人请假对养老机构运营成本的影响分析

成本项目	管理成本	护理成本	食材成本	采暖成本
影响程度	保持不变	固定部分不变，变动部分下降	下降	保持不变

从表6–9可以看出，老年人请假期间，养老机构的管理成本保持不变，采暖成本保持不变；食材成本中与老年人相关的部分食材下降；养老机构不可能因为老年人请假而辞退护理人员，因此护理人员的基本薪酬不变，但护理人员相应的绩效工资部分会下降，但绩效下降部分与基本薪酬部分相比，金额要低一些。

因此，可以根据以上分析制定如下请假退费政策：老年人请假期间，运营成本保持不变的，所对应的收费不予退费。比如床位费和采暖费；运营成本下降的，所对应的收费应予以退费，比如餐费；运营成本部分下降的，所对应的收费有条件退费，比如护理费。

2. 请假退费政策制定

【例6–17】某养老机构请假退费政策：

床位费：请假期间不予退费；

护理费：请假天数在15天以内（含15天）不予退费，请假天数超过15天的，对超出天数退费；

套餐餐费：请假期间，按照请假天数退费；

取暖制冷成本：请假期间不予退费；

请假天数：请假条离院日次日至返院日前日的天数；

日收费计算规则：按照月收费标准 ×12个月/365天；

已请假当月未返院的，当月不予计算退费。返院必须办理销假。已返院并办理销假的，无论是本月请假出院还是以前月份请假出院，都在办理销假的当月计算退费。为降低管理成本、方便老年人，计算的退费不办理实际退款，采取在下一收款期抵减的办法。

3. 请假退费实务

【例6–18】承接【例6–17】，某老年人于3月19日提出请假申请，请假条注明离院日期是3月20日，返院日不确定。实际离院时间是3月20日14时。5月13日11时，老年人返回养老机构，办理了销假手续，返院日为5月13日。老年人月床位费1 000元，按年预收；月护理费2 000元，按季度预收；月套餐餐费800元，按季度预收。不考虑其他费用。

分析计算：

请假日期：3月20日——5月13日；

请假天数：3月21日——5月12日，天数为55天；

退费天数：护理费退费天数为40天（55–15），套餐餐费退费天数为55天。床位费和取暖费退费天数为0天（不退费）。

退护理费：按天计算。日护理费=月护理费×12÷365。请假期间退护理费为日护理费×退费天数，即：（2 000×12/365）×40=2 630.14（元）。

退套餐餐费：按天计算。日套餐餐费=月套餐餐费×12÷365。请假期间退套餐餐费为日套餐餐费×退费天数，即（800×12÷365）×55=1 446.58（元）；

床位费、取暖制冷费等不退费；

退费金额计算在销假当月。本次计算的退费可不办理实际退款，到下一预收期从预收款中抵减。

二、在院结算与退住结算管理

1. 结算的概念

结算：指对老年人一定期间消费进行的统计、计算和汇总。

在院结算：老年人居住在养老机构期间，对每月消费进行的结算。

退住结算：老年人办理退住时，对退住当月消费进行的结算。

结算一般按月进行，在院结算在月末或者下月初进行，退住结算在办理退住时进行。

2. 退住结算管理

（1）退住结算几个概念

退住日：按照老年人搬离养老机构的日期分析确定。

【例6-19】某养老机构规定：上午搬离的，退住日为当日；下午搬离的，退住日为次日。之所以这么规定，是因为退住手续办理及老年人出院日仍然需要养老机构的服务。

退住结算日：为退住日前一日。

退住结算期：为办理出院当月的1日至退住结算日。

【例6-20】承接【例6-19】，某老年人办理退住，搬离养老机构日期为16日16时。那么，退住日为17日，退住结算日为16日，退住结算期为本月1日—16日。

（2）退住结算实务

①退住当月消费结算

当月结算期间消费金额=合同内服务项目月收费标准×12÷365×当月结算期天数+当月结算期合同外消费金额。

②当月请假退费计算

区分不同收费项目，按照以下公式计算请假退费，具体见相关章节：

当月请假退费金额=月收费标准×12÷365×退费天数

③总退费金额计算

退住退费=保证金余额+预收款余额-（当月结算期间消费金额-当月请假退费金额）

需要注意事项：

因为老年人办理退住时，存在两种情形：一是老年人在院期间办理退住，二是老年人请假期间办理退住。遇有第二种情形，需要先办理销假手续。

3. 在院结算管理

（1）结算日：当月最后一日。

（2）结算期：当月1日至当月最后一日。

（3）在院结算计算

当月结算金额=合同内服务项目月收费标准+当月合同外消费金额

当月请假退费金额=月收费标准×12÷365×退费天数（已请假当月未返院的，当月不计算请假退费金额）

当月预收金额=根据合同约定的预收期，当月需要预收下一期的金额

✧ 第七节　人力资源管理

养老机构是劳动密集型社会组织，一般成熟期的养老机构人力资源成本约占总成本费用的40%。养老机构成本管理的重点就是人力资源成本管理。

一、人力资源成本内容

工资、奖金及提成，单位负担的社会保险，单位负担的住房公积金，员工各项福利等。

二、人力资源成本性态分析

1. 固定成本

固定成本是指在一定的范围内不随老年人入住数量变动而变动的那部分成本。

除护理人员薪酬成本外，其他人力资源成本都可以理解为固定成本。

2. 变动成本

变动成本是指在一定条件下，成本总额随着老年人入住数量的变动而呈正比例变动的成本。

主要是护理人员薪酬和销售人员提成。

三、人力资源成本管理的原则

1. 动态管理原则

人力资源成本中的固定成本并不是一成不变的，随着老年人入住数量的增加，也会出现阶梯式增长，比如厨师、医生护士等岗位人员。

人力资源成本中的变动成本一直随老年人入住数量增长而呈正比例增长。因此要根据老年人的数量增长做动态管理。

2. 控制原则

严格控制非护理人员人数。必要时，将非护理人员编制的审批权交由董（理）事会负责。

3. 有限冗余原则

配置护理人员时保持一定的冗余，但不能过度配置或储备。

4. 服务内容设计先行原则

服务内容的设计决定了护理人员的数量。服务内容的设计与养老项目市场定位、所属区域、收费水平密切相关。

5. 收入与成本相适应原则

与护理费收入相关的人员成本要控制在一定比例内。

与餐费收入相关的人员成本要控制在一定比例内。

6. 充分利用国家政策原则

劳动合同与劳务合同；

社会保险费用缴纳基数的确定；

志愿者招募；

实习用工。

7. 合规原则

养老机构部分岗位人员配置的法规要求：

①养老机构内设医务室的，医生和护士人数比例要符合有关规定：至少

1名注册医生和1名注册护士，每增加100张床位，增加1名护士；

②养老机构内设护理站的，医生和护士人数比例要符合有关规定：至少2名注册护士，每增加100张床位，增加1名护士；

③每200名老年人（不足200名的按200名计算）配备1名社会工作者；

④护理员与老年人人数配比要求：

护理员与自理老年人人数配比：1∶15—1∶20；

护理员与部分自理老年人人数配比：1∶8—1∶12；

护理员与完全不能自理老年人人数配比：1∶3—1∶5。

如果自理、部分自理、完全不能自理老年人入住人数相等，护理员与老年人综合配比为1∶11。

四、降低人力资源成本的措施

1. 人力资源编制管理

（1）结构控制

达到盈亏平衡点以后，各岗位人员数量结构可参考表6–10：

表6–10

岗位	护理人员	医护	餐饮	其他
占员工总体人数比	55%	10%	10%	25%

（2）管理及行政后勤人员动态编制控制

管理及行政后勤人员有如下特征：

①人员成本属于固定成本，呈阶梯状。大部分人员在开业前配置。

②保安、保洁、绿化、中控消防、维修等物业服务人员配置受养老物业的规模、物理空间特点影响较大。

③国家法规对部分岗位配置有强制性要求。养老机构应每200名老年人（不足200名的按200名计算）配备1名社会工作者；中控消防、高级电工等物业服务岗位有人数要求。

④管理及其他岗位中，部分工作属于非核心业务。可以采用外包方式降

低成本。销售，保安、保洁、绿化、中控消防等岗位可考虑采取外包方式。

以300张床位举例，编制动态招聘计划。下表6-11供参考：

表6-11

项目	入住老年人人数区间					
	<50	≥50 <100	≥100 <150	≥150 <200	≥200 <250	≥250 <300
院长（可兼任）	1	1	1	1	1	1
副院长（照料）	1	1	1	1	1	1
副院长/助理	—	—	—	—	1	1
财务	2	2	2	3	3	3
人事	1	1	2	2	2	2
行政	2	2	2	2	2	2
物业服务（可外包）	5—8	6—9	7—10	8—11	9—12	9—12
社工	—	—	1	1	2	2
前台接待	2	3	3	3	3	3
销售（可外包）	4	4	4	2	2	1

（3）护理人员年度招聘计划的编制

第一步，根据护理员配比模型，确定老年人与护理员配比。如1∶8。

第二步，获取月度销售任务数据或者根据上期的入住数量进行预测入住人数。

第三步，编制配置计划（见表6-12）。假设：不考虑离职情况，护理员招聘上岗周期为2个月。

表6-12

月份	预计老年人入住人数	护理员招聘计划
上年11月份		2
上年12月份		1
1月	12	1
2月	6	2

续表

月份	预计老年人入住人数	护理员招聘计划
3月	8	2
4月	14	2
5月	16	2
6月	16	2
7月	12	2
8月	12	2
9月	12	2
10月	12	2
11月	12	2
12月	10	1

为保证服务质量，不能让老年人等护理员，要让护理员等老年人。适当储备护理员是非常必要的。过度储备会增加护理成本。

护理员储备人数受招聘上岗周期、预测未来老年人入住人数、护理员综合配比、离职率四个因素的影响。

【例6–21】某养老机构护理员招聘上岗周期为2个月，月离职率为2%，1月份护理员人数40人。

因为护理员上岗周期2个月，那么需要1月份编制护理员招聘计划，为3月份照护老年人做储备。3月份预计新增老年人入住为12人，老年人与护理员综合配比为4。

那么在1月份应该招聘多少护理员呢?

护理员储备模型=预计老年人人数 ÷ 护理员配比+存量护理员人数 ×2%

1月份招聘护理员人数=12÷4+存量护理员人数 ×2%=3.8≈4（人）。

（4）医护人员配备

一般养老机构刚开业时，根据预计的员工人数和首月入住的老年人数，配备2—3人。以后按照入住老年人人数的百分比配备医护人员，参考数据为20∶1左右。

表6–13为行业内养老机构的平均数据，供参考：

表6–13

项目	入住老年人人数区间					
	<50	≥ 50 <100	≥ 100 <150	≥ 150 <200	≥ 200 <250	≥ 250 <300
内设医务室养老院						
医生	2	2	3	3	5	5
护士	2	3	5	5	6	6
内设护理站养老院						
医生	2	3	4	4	5	5
护士	2	4	6	6	8	8

（5）餐饮人员配备

一般养老机构刚开业时，根据预计的员工人数和首月入住的老年人人数，配备2—3人。以后按照入住老年人人数的百分比配备餐饮人员，参考数据为20∶1左右。

表6–14为行业内盈利养老机构的平均数据，供参考：

表6–14

项目	入住老年人人数区间					
	<50	≥ 50 <100	≥ 100 <150	≥ 150 <200	≥ 200 <250	≥ 250 <300
厨师	2	2	3	4	5	6
面点、厨工等人员	1	2	3	4	4	5

2. 用工管理

与劳务派遣公司合作，可提高招聘效率，降低人力资源部门的成本。

招募志愿者，降低社工、理发师、按摩师、康复师、心理辅导等方面的用人成本。

建立护理员实习制度。与有关院校、地区政府部门建立联系，安排一定比例的实习护理员。建立实习护理员制度并有效执行可降低护理成本。

在医生、护理员等岗位，聘用一定比例的离退休人员，降低人力成本。

3. 业务外包

养老机构的核心业务是养老照料服务，次核心业务是餐饮服务，其他业务属于服务支持，为非核心业务。

核心业务是用来锻造品牌，提高竞争力的，尽量不要采用业务外包的形式。

非核心业务，例如保安、保洁、绿化和消防中控等物业管理方面，最适宜采用业务外包的形式。需要综合考虑几个方面：业务外包如何决策？是否核心业务？是否降低成本或提高效率？能否带来附加价值？业务外包风险是否可控？

4. 降低社保费用缴纳基数，合法减少社保费用

修改薪酬管理办法，将薪酬分解为工资和非工资两大项，工资部分作为劳动合同劳务合同的签署内容，非工资部分单独作为补贴。

控制签订劳动合同的护理员的数量，符合条件的要签订劳务合同。签订劳务合同的护理员数量不宜超过护理员总数的50%。

5. 录用一定比例的残疾人员工

在合适的岗位上，录用一定比例的残疾人员工，少交或不交残疾人保障金的缴纳金额。

6. 员工福利

建立员工福利制度，明确员工福利的项目内容、开支范围和标准，严格控制，不得擅自突破。

利用工会政策和工会账户资金发放福利，从而降低养老机构自身福利成本。

员工福利以实物发放为主要形式，不要以现金的形式发放。

7. 降低员工离职成本

总结养老机构员工离职规律，努力降低员工辞职比率，保持相对稳定的员工队伍。

掌握员工思想动态，遇有离职倾向的员工，首先调岗处理，不能调岗

的，尽量安抚员工协议解除合同。

完善劳动手册及规章制度，员工应该签字表示已经阅读并理解，一旦付诸劳动仲裁，公司有法可依。

员工参加培训时，要明确培训费的成本并签订培训协议，明确员工离职时，要扣除培训费用，从而降低人员离职成本。

8. 购买雇主责任险

降低因职工遭受意外或患与业务有关的国家规定的职业性疾病，所致伤、残或死亡的成本。

9. 防范宿舍风险

养老机构为员工提供住宿不只是承担相应的房屋费用，还要为员工的安全负责，例如水、电、煤气、火，甚至打架斗殴等产生的人身安全，机构都是有责任的。如果单位没有住宿条件，不要以单位名义租宿舍，而要求员工在单位周边2公里内自付租金，单位发宿舍补贴。

如果单位具备住宿条件，需要与员工签署一个免责协议。明确规定哪些事项属于员工责任。

连锁经营的养老集团，可以把宿舍部分的管理权交给集团下属的物业公司，这样由物业公司统一管理，避免给养老板块带来不利影响。

10. 利用管理软件工具降低用工标准、减少用工量、提高劳动效率

养老机构日常经营活动中，有部分管理工作比较繁杂，对人员素质要求高，对人员数量也有要求，而且完成周期长。比如：月度季度年度经营分析报表与报告、每月请假退费计算和预收款清单的编制、护理员考核管理、年度季度月度财务预测（预算）的编制等。使用软件管理工具可以快速完成上述工作任务，从而实现降低用工标准、减少用工量，达到降低人力资源成本的目的。

参考资料：

2018年出版的上海市493家养老机构评价报告有关数据如表6-15、表6-16、表6-17所示：

表6–15

岗位	管理人员	护工	医生	护士	其他
占员工总体人数比	14.01%	59.30%	4.23%	4.92%	17.54%

表6–16

护理等级	自理	部分自理	完全不能自理
比例	34.7	28.2	37.1

表6–17

护理等级	重度照护	中度照护	轻度照护
护理员配比	1∶2.5	1∶6.6	1∶12

✧ 第八节　营销管理

一、养老机构入住率现状及原因

2022年7月，民政部在新闻发布会上宣布，全国已建成养老床位429.1万张，累计安置老年人214.6万人。老年床位的空置率高达50%，既有需求端的原因，也有供给端的原因。

需求端原因分析：

1. 居家养老传统观念

子女认为把老年人送养老机构为不孝、老年人坚持至死不离家。

2. 决策模型复杂

父母一方或双方不愿意，夫妻意见不一致，儿女意见不一致，甚至孙子女的意见，其他亲属、邻居的意见都会影响老年人入住养老机构。

3. 区域市场，需求分散

一般养老机构老年人客户居住范围是周边15—20公里以内，市场分散且区域性强。

4. 服务型产品销售特征

环节多；需求弹性大，个性化需求多；对营销人员特别是转化人员要求高。

供给端原因分析：

1. 营销薄弱

重视程度不足、营销人员能力不足、营销人员积极性不高、推广宣传不到位、营销方法不对路。

2. 服务薄弱

照料水平低、居住条件差、饮食条件不好、缺少医疗配套、没有亮点提炼。

3. 管理薄弱

管理不规范、培训不到位、不注重细节。

4. 其他原因

定位错误、先天缺陷。

二、养老床位营销的本质

养老机构营销的本质不是销售床位，也不是简单归纳为销售服务，而是提供一个家庭养老解决方案，解决家庭中老年人的养老问题，这个方案内容包括：居住空间和环境、生活照料、慢病管理、养生保健、精神文化生活、持续学习等。

三、养老床位营销的管理特征

1. 营销任务前重后轻

养老机构床位数量有限，随着入住率的提高，剩余床位越来越少。养老机构床位营销管理的重点在开业至满入住阶段。

2. 营销费用会随着入住率的提高而下降

达到一定入住率时，入住老年人数量较大，其转介绍带来的入住老年人会增加，床位入住自然增长率会提高，这时可以逐渐减少营销人员、减少营销宣传推广费用。

四、满入住前营销费用规划

达到满入住后，存量老年人转介绍带来的新入住老年人人数一般能够弥补退住的老年人人数，营销费用发生金额很少。

满入住前营销费用规划：实现满入住前总体营销费用估算、营销费用性质分解以及营销费用分阶段预算。主要受以下三个因素影响：

①满入住周期。因为营销费用中的固定费用部分，如广宣费用、销售人员的底薪等，需要按期支付。因此满入住周期越长，总体营销费用越高。

②实际收费价格。实际收费价格低，总体收入低，那么总体营销费用也要低。

③床位数规模。床位数规模越大，总体营销费用越高。

1. 满入住前总体营销费用估算

根据床位总数、单床收入、营销费用占收入比，测算整体营销费用。

【例6-22】某养老机构开业前要做营销费用规划。经财务测算，该养老机构综合毛利率45%左右，管理费用率约25%，预计利润率约10%，那么营销费用率约为10%。预估营销费用相当于1.2个月的月收入。养老机构床位200张，单床月收入5 000元。为加快销售，计划按照月收入的1.5倍和床位总数做营销费用估算。

总体营销费用估算金额=床位总数 × 单床月收入 × 1.5

总体营销费用=200 × 0.5 × 1.5=150（万元）

2. 营销费用按性质分解

营销费用按照性质分为固定营销费用和变动营销费用。固定营销费用包括广告宣传推广费用和销售人员底薪。变动营销费用为销售人员提成。先确定销售人数及底薪、提成标准。

【例6-23】承接【例6-22】，计划招聘销售人员4人，平均月底薪3 000元，假设每销售一个床位提成1 500元。满入住周期为2.5年。其他费用为广告推广费。

营销费用分解表6–18如下：

表6–18

营销费用性质	销售人员底薪	销售人员提成	广告推广费	合计
金额（万元）	36.00	30.00	84.00	150

3. 营销费用分阶段预算

首先，预估一个相对合理的满入住周期。确定满入住周期要合理。如果预估的满入住周期太短，就容易营销冒进，过早过多投入营销费用，实际入住效果达不到要求，造成营销资源浪费；如果预估的满入住周期太长，也会导致养老机构总体营销费用提高。

可以根据下表6–19一些养老机构的满入住周期作参考：

表6–19

床位总数	100张	200张	300张	400张
满入住周期	1—1.5年	2—2.5年	3—3.5年	4—4.5年

其次，分析不同性质营销费用与发生时间的关系。销售人员底薪按照月度均衡发生；销售人员提成跟老人办理入住数量和时间正相关；

广告推广费用跟养老机构营销特点有关。前期入住率低，需要投入的广告推广费用越高，随着入住率的提高，广告推广费用减少，满入住后可以不再投入。

【例6–24】承接【例6–22】【例6–23】，该养老机构把满入住周期按照时间平均划分为四个阶段。第一阶段投入40%，第二阶段投入30%，第三阶段投入20%，第四阶段投入10%，如表6–20所示。

表6–20　按时间分解营销费用表　（单位：万元）

费用性质	第一阶段	第二阶段	第三阶段	第四阶段	合计
广告推广费	33.60	25.20	16.80	8.40	84.00
销售人员底薪	9.00	9.00	9.00	9.00	36.00
销售提成	7.50	7.50	7.50	7.50	30.00
合计	50.10	41.70	33.3	24.9	150.00

五、营销人员薪酬、提成与考核设计

1. 营销人员底薪和提成管理

①营销人员底薪应该结合当地市场水平，原则上设计为较低水平，可以参照当地最低工资标准，鼓励营销人员通过业绩增长获得较高的报酬。

②连续3个月未完成相关考核的，给予转岗或辞退处理。

③建立营销人员提成办法，提成办法包括提成的计算基数、提成的计算和提成的发放。为鼓励营销人员，提成政策要透明，简单。建议：按照入住老年人每1 000—5 000元为综合提成标准，视老年人收费水平而定，不超过月综合收费毛利的50%为宜。

④老年人入住3个月后才能计算提成或者入住满1个月发放50%，入住满3个月发放剩余的50%。

⑤建立提成池。提成的发放分为一次或多次，具体根据提成发放金额的多少而定。这样可以平衡个人所得税预交税赋。

2. 营销人员考核

主要考核指标：入住任务指标、到访次数指标、建档数指标、意向客户跟踪次数。

分析指标：转化率。

入住任务指标：根据年度和月度入住任务指标，分解到每个销售人员。

到访次数指标：制定到访次数考核指标。考核责任销售人员。到访次数任务指标可以参照任务指标的10—20倍确定。没有一定的到访量就没有入住任务完成的保障。

建档数指标：即意向客户数。考核责任销售人员。意向客户数指标是指意愿比较强烈并留下有效信息的到访客户。有效信息的判断标准包括有效的联系方式、意向入住的老年人情况记录等。建档数指标可以参照任务指标的10倍左右确定。

意向客户跟踪次数：每月电话跟踪次数，建议每月2—3次。考核责任销售人员。

转化率：办理入住的意向客户数和意向客户数的比值。

入住任务指标作为计算并发放提成的主要依据。其他归属于该销售人员的考核指标，比如到访次数指标、建档数指标、意向客户跟踪次数等作为提成的调整参数。未完成一项，可扣除当月提成的5%—10%。

六、床位净入住目标与销售任务的制定

1. 床位净入住目标来源于养老机构经营计划。反映的是净入住人数。床位净入住目标的制定与经营计划中规定的满入住周期有关

【例6-25】某养老机构有500张床位，满入住周期规定为4年，首年床位净入住目标规定为100张；第二年净入住目标增长50%，目标为150张；第三年目标同第二年，目标为150张；第四年净入住目标为100张。

2. 年度床位净入住目标按照月份分解

按照月份分解时要考虑淡季和旺季，每年1—2月为淡季，3—10月为旺季。月份分解比例参考如表6-21：

表6-21

月份	1—2月	3—10月	11—12月
净入住比例区间	5%—10%	70%—80%	10%—15%

3. 销售任务

销售任务的确定考虑床位净入住目标和退住人数两个因素。

销售任务=床位净入住目标+当期预计退住人数

4. 客户引流

销售部门可对营销人员进行分工，区分为引流人员和转化人员，也可以不进行内部分工，每个营销人员均负责引流和转化，要结合当地实际情况进行分析安排。客户引流也必须纳入销售管理，没有足够的客户引流量，就没有预期的客户转化量。可以参考5%—10%的客户转化率倒推引流量。

5. 客户转化

转化非常关键，没有转化就宣告引流失败，引流投入的成本化为乌有。如何提高转化率？转化人员的素质和有效的培训是关键！形象要讨人喜欢：具备共情能力、长相甜美、年龄适中、性格外向、反应快、嘴巴甜等；养老机构床位营销相关知识要熟练掌握；掌握销售技巧，深谙话术。

七、营销团队管理

1. 一把手亲自抓营销工作。营销工作的考核责任要落实在院长身上。

2. 销售团队的组建要在开业前3—6个月内完成。养老未动，营销先行。营销人员是第一批进场人员。销售团队要参与公司服务产品内容设计、收费设计、老年人能力评估工作表设计，参与试入住制度、入住需要的手续、入住退住流程讨论，学习公司经营战略，合同条款以及上述相关知识培训等。

3. 设置经理、内勤和营销人员岗位，为降低成本，经理和内勤由营销人员兼职。

4. 根据经验，年度内100床目标任务配置3—4个得力的营销人员。兵在精而不在多。

5. 必须强化营销人员的培训。营销人员除了具备营销人员的素质和能力外，必须熟练掌握养老机构的相关制度和流程。重点加强如下几方面的培训。

（1）不同护理等级的服务内容；

（2）收费项目、标准以及优惠政策；

（3）老年人能力评估内容；

（4）试入住、入住办理需要的手续；

（5）入住退住流程；

（6）合同条款以及合同的填写；

（7）销售流程。

6.当入住率达到70%的时候，因为入住老年人基数变大，转介绍客户增多，要逐渐减少营销人员。

八、销售管理制度体系

1.至少包括：组织结构、岗位设置、工作职责、行为规范、考勤管理、业绩管理、提成奖励、汇报及例会、客户管理、工作表单、销售台账管理、销售流程等。

2.注意销售管理制度、销售流程与入院前评估制度、试入住制度、入住流程的协同性，销售部门要与相关部门做好沟通。必要时修改相关制度。否则各部门之间会出现沟通和衔接问题，阻碍销售工作开展。

九、营销渠道介绍

1. 活动营销

根据地区特色可以与当地的老年协会或老年大学合作举办麻将、书法赛、个人选秀赛、老年时装展、歌咏赛老年戏曲卡拉OK大赛、厨艺大赛，一则会非常吸引老年人参加；二则会引起媒体的报道而且通过举办这些比赛，也可以让未入院的老人也看到入院老年人的天伦之乐的晚年生活；三则会提高养老机构在老百姓心中的形象，树立养老机构的品牌。

2. 公益营销

和一些老年人公益组织、志愿者组织合作，在当地推出各项公益活动。组织养老机构的护理医疗人员，免费为当地老人做健康管理培训、生命体征测量。

3. 互联网推广/自媒体营销

添加友情链接。在老年人网站建立养老机构主站链接或者有一些知名网站健康养老区建立友情链接。登录各大搜索引擎，竞价排名，关键字搜索等。建立微信公众号，推送软文或养老、健康管理知识。由营销人员建立或加入各种老年人微信群，利用微信群推广宣传。利用抖音、小红书等自媒体推广。微信视频号，近年来观察营销效果较好。

4. 传统媒体营销

电台广播。地方电视台。宣传单、海报：可以到老年人多的地方去发。例如：生活社区、老年公园、公交站点等。交通广告：这类广告可引起顾客的兴趣，其广告效果相当显著。户外广告：在行人较多的地方设立路边广告牌、标志牌来进行推销。社区活动。报纸夹页：近几年效果不太好。

十、强化床位营销认知

1.“唯快不破”才能实现床位营销价值最大化

入住率管理的关键就是快速提高入住率，缩短满入住周期。

【例6-26】一家养老机构刚开业，每个老年人平均月收费5 000元，年度任务是入住48个老年人。每月固定成本20万元，变动成本率50%。

如果每月平均入住，每月初入住4人，一年内实现满入住。则年收入合计为156万元，利润=156−156×50%−20×12=−162（万元）；

如果前8个月初，平均每月入住6人，前八个月实现满入住。则年收入合计为204万元，利润=204−204×50%−20×12=−138（万元）；

对比可见，如果提前4个月完成全年任务，收入增长30.77%，全年减亏162−138=24万元，减亏比例14.81%。

2. 市场定位要精准

没有精准的市场定位，就可能进入一个竞争激烈的红海市场，最终导致满入住周期延长，亏损超出预计，不能如期实现经营发展目标。市场定位的必要前提就是市场调研。市场定位决定了一系列后续事项：功能布局、投资规模、服务设计、收费设计等。养老机构可利用SWOT工具，分析优势、劣势、机会和威胁，建立分析矩阵，精准确定市场定位。

3. 精心设计养老服务产品，制定有竞争力的价格

产品服务设计非常关键，要结合市场定位、收费价格、老年人能力评估

等级进行设计。一旦服务设计不合理，会导致护理人员配备不合理，要么服务不足，要么过度服务，导致客户满意度下降或者养老机构亏损。价格一定具有竞争性，客户对价格更敏感。

4. 加强床位营销管理，协调好营销与服务的关系

制定强激励销售政策：短期激励、中期激励和长期激励相结合。注重根据客户痛点和养老机构的亮点进行营销宣传。比如家属担心老年人受到虐待，养老机构是否可以安装摄像装置，让老年人的日常生活与家属手机相连通，以解除家属顾虑。

营销管理制度与其他制度相衔接：老年人能力评估制度、客户参观访问管理制度、试入住管理制度、入院办理手续等要有利于营销工作的开展。加强对营销人员产品服务内容的培训。经常做销售技巧交流和话术培训。不断测试，选择性价比较高的推广渠道。

5. 床位营销属于服务营销

养老机构床位营销属于服务营销，是一个系统工程。具有环节多、客户需求弹性大、对人员要求高的特点。服务营销也可以理解为全过程营销、全方位营销、全员营销。

（1）全过程营销：从前台人员接电话开始就进入了营销环节，一直持续到客户入住3个月以内。每一个环节都要精心设计。任何一个环节出了问题，都可能导致前功尽弃。

（2）全方位营销：要从装修设计、服务提供、环境卫生、文明礼仪、营销激励政策、试入住体验等进行综合设计。比如：装饰风格要温馨，老年人房间要有家的感觉不能像病房一样；房间及公共区域无异味；每一个工作人员都洋溢着笑容，举止得当彬彬有礼等。

（3）全员营销：树立每一个人都是营销人员的意识，理解其工作态度、工作质量直接关系着营销的成果。

总之，要让客户看到一个不一样的养老机构，有不一样的服务体验。

6. 做好照料服务和餐饮服务，鼓励老人和家属转介绍

做好养老服务，提高客户满意度，降低流失率。随着入住率的提高，转介绍渠道入住的客户占其他渠道入住的客户的比重越来越大。转介绍客户转化率非常高，转介绍是营销成本最低的获客渠道。餐饮服务是看得见的服务、是第一时间能够感受的主要服务，不能忽略餐饮服务对营销的影响。

7. 引流管理和销售转化不可偏废

没有一定数量的引流量，就没有期望的入住率。引流要采取多种办法：广告宣传、邀请大型企事业单位退休人员集中参观、社区推广、组织老年人健康知识培训、转介绍等，目前引流效果最好的就是新媒体引流，包括抖音、小红书、今日头条等。

8. 通过提供社区居家养老服务锁定未来客户

通过开展社区居家养老服务，可以跟社区居家的老年人建立密切联系，让长者和家属感受机构养老的服务。随着时间推移，这部分老人中，会有一部分人选择机构养老。机构养老机构就提前锁定了客户。

机构养老提供社区居家养老服务的4个优势。

（1）上门服务更容易被接受；

（2）相比其他居家服务养老机构，有护理服务方面的专业优势和人才优势；

（3）能锁定未来客户；

（4）边际效益更显著。

十一、营销问题自我诊断

当养老机构遇到入住速度慢，入住率迟迟不能提高的情况，要结合外部原因和内部原因做自我诊断检查。诊断检查工具由床位营销诊断导图。对照导图项目逐一分析是否可以改善。

对可以改善的地方，制定改善计划，并评估改善成本经济上、技术上是否可行。最后执行改善计划。表6-22为营销自我诊断分析表。

表6–22

维度	检查项目	项目描述	对营销的影响分析	是否可改善
物业设施	所在城市	一线/二线……		
	坐落位置	城区/近郊区/远郊区		
	周边居民社区	密布/一般/稀疏		
	物业建筑面积			
	床位数量	100张以下/100—300张/……		
	单床占用面积			
	距离二级以上医院里程	3公里以内/3—10公里/……		
	房间装修	病房特征明显/酒店特征明显/居家特征明显		
	公共区域装修描述	4白落地/绿植/装饰品……		
	交通	公交/距离主干道路程/通畅……		
经营状况	开业时间	……		
	近期在院老年人人数	……		
	医务室及医保办理	……		
	近期护理员人数	……		
	近期其他工作人员人数	……		
	近期月收入	……		
	近期护理员工资薪酬	……		
	近期全部人员工资薪酬	……		
	养老机构价位	……		
	床位费区间	……		
	护理费区间	……		
	餐费区间	……		
市场竞争	项目定位	医养结合型/保险型/CCRC（Continuing Care Retirement Community）/……		
	周边养老机构数量	无/1家/2家/3家		
	周边养老机构床位数量	无/100床/200—300床/……		

续表

维度	检查项目	项目描述	对营销的影响分析	是否可改善
市场竞争	周边养老机构价位	……		
	床位费区间	……		
	护理费区间	……		
	餐费区间	……		
	周边养老机构定位	医养结合型/保险型/CCRC/……		
	周边养老机构入住情况	……		
	属地人口	……		
	属地养老床位数量	……		
销售管理	销售人员人数	……		
	每月接待意向客户数量	……		
	每月平均办理入住	……		
	每月平均办理退住	……		
	销售人员对合同内容的熟悉程度	……		
	销售人员对办理入住流程的熟练程度	……		
	销售人员对服务内容的熟悉程度	……		
	销售人员是否参与老年人能力评估	……		
	谁在老年人能力评估中拥有否决权	……		
	是否建立试入住制度	……		
	试入住期间销售人员职责	……		
	销售人员是否参与制定试入住、评估、服务产品设计等制度建设工作	……		
	销售人员提成奖励政策	……		
	引流渠道说明	……		
	投入广告宣传费情况	……		

续表

维度	检查项目	项目描述	对营销的影响分析	是否可改善
销售管理	抖音小红书等新媒体建设说明	自营/委托运营……		
	公司服务照料亮点说明	至少描述3条		
	意向客户跟踪记录情况			
	销售话术说明（含服务热线）			
	销售人员画像描述	亲和力/态度/形象/性格……		
其他方面	员工精神面貌			
	员工对待陌生人态度			
	保洁人数			
	保安平均年龄			
	保安接待意向客户特殊服务规范			
	保安接待意向客户特殊服务流程			

✧ 第九节　护理工时管理

养老机构属于劳动密集型社会组织，据统计，护理员薪酬成本占人力资源成本的40%—50%。护理员薪酬成本的管控是养老机构成本管理中的重中之重。护理员薪酬成本直接关系到养老机构毛利率及毛利金额的高低，如果没有足够的毛利金额，就无法补偿养老机构的固定成本费用支出，导致出现亏损。养老机构如果想实现持续盈利或盈利增长，最终要落实到劳动效率的提高。要提高员工工作的饱和度、减少直至消除无效劳动。

标准工时管理是现代生产服务业实行精益管理的要求，是经过多行业实践验证比较有效的管理方法。养老机构实行标准工时管理具备一定的条件。国家和地方养老服务规范的颁布以及养老机构服务标准化的推行，为标准工时管理奠定了基础。

一、推行标准工时管理的意义

（1）有利于日程管理：根据各个老年人的服务项目所需要标准时间进行派工管理，特别适合复杂的人工作业；

（2）有利于制定工时价格，推行多劳多得、按件计酬的薪酬管理办法；

（3）有利于评估员工工作饱和度、员工冗余情况，调动人员积极性、提高劳动效率；

（4）作为改善工作的一个标准，也可用于对改善前后的情况作比较；

（5）有利于推行绩效考核；

（6）有利于合理编制招聘计划，避免或降低由于人员冗余导致的无效成本；

（7）有利于分析不同护理等级老年人的毛利率，进而对不同等级的护理服务内容和不同护理等级的价格进行评估，评估其合理性和经济性；

（8）标准工时是计算、分析养老机构的变动成本或直接成本的重要依据。

二、养老机构标准工时设计

1. 梳理服务项目、固化服务标准与流程

养老机构生活照料服务项目可分为通用服务项目和专业服务项目。

（1）通用服务项目分为饮食服务、个人卫生服务、室内外清洁服务、其他服务，主要包括以下内容。

①饮食服务，包括送开水、订餐、送餐；

②个人卫生服务，包括督促洗澡、督促理发、督促剃须、提醒剪指（趾）甲；

③室内外清洁服务，包括清扫房间及周边公共区域、清扫洗浴间、整理床铺、整理衣柜、更换清洗衣物、清洗床上用品、晾晒被褥枕芯；

④其他服务：包括报修设备及物品、房间巡查、观察老年人身心状况、特需服务、应急处理。

（2）专业服务项目分为饮食护理、清洁卫生护理、排泄护理、转移护理及其他护理，主要包括以下内容。

①饮食护理，包括喂水、喂饭、鼻饲；

②清洁卫生护理，包括协助穿（脱）衣、洗头、洗脸、洗手、刷牙、漱口、口腔清洁、梳头、剃须、洗足、洗澡、床上擦浴、女性会阴清洁、修剪指（趾）甲、褥疮预防；

③排泄护理，包括协助排便、人工取便、更换一次性尿裤；

④转移护理，包括床上体位转换、轮椅转移、移动辅助器应用指导；

⑤其他护理，包括睡眠照顾、热水袋保暖、更换床上用品。

2. 对每一个服务项目设计标准工时

项目标准工时=项目操作标准时间×（1+宽放率）

项目操作标准时间：养老机构已经建立服务项目标准化的，测算培训师完成该项目需要的标准操作时间或者几个熟练员工完成该项目需要的平均标准操作时间。没有建立服务项目标准化的，需要先建立项目标准化。

宽放率：宽放时间是指由于人不可能一直持续作业，因为疲劳、生理需要等情形会在服务时在标准作业时间之外增加的额外时间，这个时间是被允许的。宽放率就是指增加的额外时间占标准作业时间的比例。

不同的服务项目其宽放项目和宽放率不相同，表6–23为养老机构管理中常用的基本参数：

表6–23

序号	宽放项目	评价项目	评价内容	通用宽放率 %	本机构宽放率 %
1	生理宽放	喝水、擦汗、如厕等	轻松性质工作	3.50	
			较重性质工作或环境不良	6.00	
			举重性质工作或天气炎热无空调	7.00	
2	疲劳宽放	努力度	较轻松坐式作业	0.00	
			拿轻物上下	1.00	
			重劳动、拿重物、移动、偶尔休息	1.50	
			超重劳动无休息	1.75	

续表

序号	宽放项目	评价项目	评价内容	通用宽放率 %	本机构宽放率 %
2	疲劳宽放	姿势	稳定的坐式作业	0.00	
			普通步行并携带物品	0.30	
			注意力集中地干干停停，姿势不自然	1.00	
			急速停止、启动，无休息	1.50	
		特殊的作业服装与工具	无特别处	0.00	
			口罩、手套、靴子等劳保用品有时用	0.20	
			基本配套上述用品，偶尔取下	0.60	
			不间断使用	0.75	
		细致程度与眼部疲劳	需要细致作业	0.00	
			偶尔需谨慎细致	0.30	
			需要小心细致	0.40	
			经常需要高度小心细致	0.70	
		重复动作与紧张度	几乎很少有重复	0.00	
			偶尔忙碌的需重复动作	0.30	
			繁忙且无变化的重复动作	0.40	
			强烈反复、枯燥重复	0.70	
		单调性	有一定兴趣并非反复动作	0.00	
			一定程度的反复动作	0.30	
			很单调但偶尔可以休息一下	0.40	
			不停地、连续单调无休息状态	0.70	
		创造性注意力	不需要	0.00	
			需要一点	0.30	
			必须具有	0.40	
			高度必要	0.70	
		对责任和危险注意度	不需要	0.00	
			对他人的安全与责任需要普遍程度的留意	0.30	
			对自身和他人的安全责任需特别注意	0.40	
			超级危险作业，对他人和自己特别注意	0.70	
		环境	环境清洁	0.00	
			有少许烟尘或臭味的污染	0.20	
			烟、污物、臭气、灰尘很多	0.25	
			上述污染非常严重	0.40	

3. 标准工时的合法性分析

《劳动法》规定，每个护理员每天工作8个小时，其他时间为加班时间。为避免出现更多的加班时间，需要进一步对标准工时进行评价（见表6-24）。以白班举例：一般来讲，用白班护理项目总工时除以白班护理员人数计算的结果与“8”（小时）进行比较。

表6-24

白班护理项目总工时/白班护理员人数	评价	分析与解决
较小于8	不合理	护理员人数较多或者服务项目时长较短 重新评估服务项目时长的合理性，如果基本合理，就控制护理员人数
约等于8	合理	
较大于8	较好	护理员人数较少或者服务项目时长较长 重新评估服务项目时长的合理性，如果基本合理，就通过加班工资解决
远大于8	不合理	护理员人数较少或者服务项目时长较长 重新评估服务项目时长的合理性，如果基本合理，就通过增加护理员解决，否则会影响服务质量

4. 工时工资的确定

工时工资（金额/小时）=熟练护理员的月平均工资（金额）÷21.75（天）÷8（小时）

三、标准工时管理实务应用

1. 执行计件发放护理员薪酬制度

将护理员薪酬发放设计为计件发放，护理员每完成一项护理服务，会得到相应的服务工时，按照护理员全月服务工时和工时标准计发薪酬。特点：计算简单明了；更体现公平；更容易激发积极性；容易横向比较。

2. 分析评价服务项目内容设计的经济性

如果一项服务项目设计的服务时间较长，就需要对其重新进行经济性评价，评价其对应的服务收费和服务内容是否需要调整。

3. 个性化服务定价

如果某个客户需要个性化服务，可以根据其选择的服务项目总时长，确定其特护价格。

4. 护理员工作饱和度评价

统计每个护理员的服务项目和对应项目的服务工时，计算出每个护理员的月度服务工时合计和所有护理员的平均工时。进行排序就能作出工作饱和度评价。

5. 劳效分析

劳效管理指标：护理费收入/护理员人数。可理解为老年人与护理员的人数配比或者护理费收入与护理员薪酬的比例。在保障服务质量的情况下，比例越高越好。

劳动效率分析：引入工时制度，根据服务内容设计，分析计算不同护理等级老年人的日工时定额及定额工时工资。在此基础上，计算不同护理等级老年人的边际贡献（毛利）。

提高劳动效率的方法：

在达到一定入住率时，优先选择边际贡献较高的护理等级老年人入住；

为避免影响护理高峰时的护理质量，护理员照料的老年人对象要在自理和失能之间合理安排；

引进必要的智能设备，辅助护理工作，降低护理人员的配置人数（夜班最明显）；

提高护理员的护理熟练程度；对护理员进行分级管理，对年龄适中、护理熟练的护理员给予更多护理工作，提高其薪酬水平，降低护理员录用人数；制定护理员激励制度。

护理员录用人数减少，直接产生的效益有：减少养老机构社保及住房公积金支出、减少与人数有关的各项福利、减少与人数有关的餐费和住宿费开支、减少相应的残保金支出金额。

6. 不同护理等级服务内容和收费价差的合理性分析

根据上述5有关计算的结果，可以进一步分析不同护理等级的收费价差是否合理。如果不同护理等级的人均劳效存在较大差异，就可以具体分析服务的内容是否需要调整以及价格差异是否需要调整。

7. 确定合理的老年人和护理员人数比

根据一天内不同护理等级的老年人需要的服务总工时和每个护理员一天内可承受服务工时，计算出应该配备的护理员人数。

应该配备的护理员人数=一天内不同护理等级的老年人需要的服务总工时 ÷ 每个护理员一天内可承受服务工时

8. 分析护理员冗余成本

根据上述7公式计算出合理的护理员配备人数后，将其数据与现有的护理员人数比较，就可以计算出护理人员冗余及冗余成本。

9. 合理确定不同班次的护理人数比

如养老机构只安排两个班次，即白班和夜班。那么根据以下公式可以合理安排白班和夜班护理员人数。

白班护理员人数=白班工作期间老年人的服务总工时 ÷ 一天内不同护理等级的老年人需要的服务总工时 × 护理员人数

夜班护理员人数=护理员人数－调休护理员人数－白班护理员人数

白班与夜班的护理员人数比一般为2。

10. 变动成本分析

按照工时计件发放的工资属于变动成本，可以按照营运管理理论进行本量利分析、敏感分析和边际分析。

11. 经营预测

根据未来的入住率和入住护理等级的经验比例，可以预测服务总工时，进而预测需要的护理员人数和工时成本。

12. 合理计算加班费用

根据加班时的服务项目工时和工时工资标准，计算加班费，更加合理，也比较简单。

✧ 第十节 业务外包

业务外包，是指养老机构利用专业化分工优势，将日常经营中的部分业务委托给本养老机构以外的专业服务机构完成的经营行为。采取业务外包的动因是让专业的人做专业的事儿，降低运营成本。对养老机构而言，照料业务属于核心业务不宜采用外包的形式。其他业务如物业管理、IT服务、人员招聘等都可以考虑外包的形式。

一、业务外包优缺点分析

业务外包的主要优缺点，列表6–25如下：

表6–25

优点	缺点
专注核心业务	失去部分监控力
提高有限资源利用率	错误选择或管控不好，风险会变大
有效地外包可降低经营风险	过度依赖承包商，导致交易成本提高
提高竞争能力	舞弊行为

二、业务外包决策条件

一项业务是否可以外包，对照以下几个条件进行判断。

1.是否属于核心业务或者对照料服务存在重大影响的业务。若是，比如照料、餐饮，不宜外包；

2.外部市场成熟度或竞争情况。若某项业务外部市场不成熟或竞争不充分，不宜外包；

3.对外包业务的控制程度。若没有能力对外包业务进行质量评价、过程管控等，不宜外包；

4.成本效益分析。若经过成本效益分析，业务外包成本大于业务自营成本，不宜外包。

三、养老机构常见业务外包事项

1. 物业服务全部或部分外包

物业服务包括保安服务、保洁服务、绿化服务、消防中控服务、维修服务；

2. 营销工作外包

3. 餐饮服务外包

另外，还有极少数养老机构将下列业务外包给第三方：护理员招聘外包，财务外包，第三方托管。

四、业务外包的成本效益分析

除非有其他考虑，经财务分析不符合成本效益原则的，不采取外包形式。

业务外包成本效益分析表（见表6-25）

表6-26

业务外包成本		业务自营成本	判断	评价
业务外包服务费	风险管控成本			
C1	C2	C3		

判断与评价：

若业务外包成本（C1+C2）-业务自营成本（C3）<零，经济评价好，可以外包；

若业务外包成本（C1+C2）-业务自营成本（C3）=零，根据其他条件判断是否外包；

若业务外包成本（C1+C2）-业务自营成本（C3）>零，经济评价差，不可以外包；

进行成本比较时，要选择一定时期的成本来比较，一般为1年。

【例6-27】某养老机构目前有保洁人员20人，月工资3 000元，单位负担劳动保险每人每月1 200元。每月发生保洁耗材200元。养老机构为了将管理聚焦于核心业务方面，计划将保洁业务外包。但为了管控外包风险，计划增加一个人员编制，月薪6 000元，单位负担劳动保险1 200元。投标方报价每人每月保洁3 300元，派出18人。所有耗材由承包方承担。分析计算如下：

①自营保洁业务年成本：（3 000+1 200）×20×12+200×12=101.04（万元）

②保洁业务外包成本：79.92万元，其中：

保洁业务外包服务费：3 300×18×12=71.28（万元）

保洁业务管控成本：（6 000+1 200）×12=8.64（万元）

经过成本效益分析，保洁业务外包后，公司能降低成本101.24-79.92=21.32（万元）。经济上可行。

五、业务外包决策流程

业务外包决策流程包括：

1.业务外包立项；

2.成本效益分析；

3.制定业务外包实施方案；

4.选择承包方；

5.签订业务外包合同；

6.组织实施业务外包活动；

7.业务外包过程管理。

六、业务外包的风险控制

根据各个流程环节，识别重要风险，并采取风险控制措施。

1. 主要风险点

未能对业务外包实施方案是否符合成本效益原则进行合理审核以及作出恰当判断，导致业务外包不经济；

外包价格不合理，业务外包成本过高导致难以发挥业务外包的优势；

合同条款未能针对业务外包风险作出明确约定，对承办方违约责任界定不够清晰，导致养老机构陷入合同纠纷和诉讼；

承包方出现未按照业务外包合同约定的质量要求持续提供合格产品或服务等违约行为，导致养老机构难以发挥业务外包优势，甚至遭受重大损失。

2. 主要控制措施

财务负责人应当参与重大业务外包的决策，对业务外包的经济效益作出合理评价；

考察候选承包方从事类似项目的成功案例、业界评价和口碑；

在合同的内容和范围方面，明确承包方提供的服务类型、数量、成本，以及明确界定服务的环节、作业方式、作业时间、服务费用等细节；

建立即时监控机制，一旦发现偏离合同目标等情况，应及时要求承包方调整改进。

七、委托第三方托管的特别考虑

部分养老机构投资人由于时间、精力或者其他原因，会委托一个第三方运营公司管理养老机构。

1. 托管经营通常具有的特征

（1）与第三方运营公司签署托管协议，明确托管目标和双方权利义务。

（2）第三方派出管理人员，收取基本托管费。

（3）托管目标实现后，对其超额利润约定奖励。

2. 托管经营的特别风险

（1）主要风险描述

①履约风险；

②解约风险；

③未以经营为出发点，设计各项服务产品和收费政策，导致管理体系不具有经济性；

④人员招聘失控，给未来人员优化带来较高成本；

⑤未培养一支稳定的服务团队。

（2）主要风险控制措施

①托管目标的约定要合理；

②要登记移交资产并明确托管方保管责任；

③第三方要缴纳一定金额的履约保证金、财产安全保证金；

④必要时增加对赌条款；

⑤托管协议必须增加服务安全条款；

⑥服务档案、财务档案、合同档案要由养老机构保管，不得由第三方保管；

⑦如果实施养老软件，系统管理员要有养老机构方派人担任；

⑧各部门主管及以下人员要与养老机构签订劳动合同；

⑨双方共同控制人员编制；

⑩聘请专业的养老管理顾问、律师参与合同洽谈、签订，对合同履行实施监管和评价；

⑪聘请专业的养老管理顾问对重要的管理制度、服务产品设计、收费设计、服务流程等进行审核把关。

✧ 第十一节　多维度财务管理

多维度财务管理是一种系统化的管理方法，它从多个维度出发，全面考虑养老机构的财务问题，旨在更全面地了解养老机构的财务状况，及时发现并解决财务问题，以及优化财务管理流程。多维度财务管理是一种全面、系统的财务管理方法，它可以帮助养老机构更好地管理财务，提高养老机构的经济效益和市场竞争力。多维度财务管理主要涉及以下几个方面。

1. 多维度会计核算

会计核算的基本任务就是为所有者或管理者等提供经营决策需要的管理信息。多维度会计核算就是将每一类管理信息按照最小颗粒度作为维度，在账簿登记、财务报告和财务分析各个环节予以反映，以满足经营管理的要求。多维度会计核算是养老机构精细化管理的基础。

2. 多维度成本分析

通过多维度分析，深入了解养老机构的成本构成，寻找降低成本的方法和途径，提高养老机构的经济效益。

3. 多维度盈利能力分析

按照管理会计应用指引第405号——多维度盈利能力分析的定义：多维度盈利能力分析，是指养老机构对一定期间内的经营成果，按照区域、产品、部门、客户、渠道、员工等维度进行计量，分析盈亏动因，从而支持养老机构精细化管理、满足内部营运管理需要的一种分析方法。

4. 多维度风险分析

颗粒度越细，就越能有利于发现问题，发现问题存在的真实原因，越容易发现养老机构内部的风险，准确评估风险，应对风险。

以下围绕多维度会计核算和多维度盈利能力分析两个方面讨论。

一、多维度会计核算

1. 实现多维度会计核算的基础——设计核算维度

（1）会计科目设置

对收入类别、成本类别、期间费用类别、服务产品等进行会计科目设置，在国家法定一级会计科目下，增加二级、三级或者四级会计科目，核算下面几个会计核算事项。

（2）辅助会计核算

通过辅助会计核算设置，核算下面几个维度：客户、供应商、部门、员工、项目、现金流。其中客户维度可以按照护理能力等级设计。

（3）供应链管理

通过供应链系统设置，一般核算下面几个维度：销售订单、采购订单、区域、库房、信用政策、产品、材料。

（4）档案/台账管理

客户档案：原居住地、户籍、原职业、学历、出生年月、年龄、性别、评估等级、基础病、来源、住院核算单元、床位等；

床位物理空间档案：房型（一人间/二人间/三人间等）、楼层、朝向、坐落（建筑物中间/两头）、布局（靠窗/居中/靠门）、分摊面积、分摊面积成本系数；

服务项目工时档案：服务项目、宽放率、标准工时等。

2. 按照设计的维度进行分解记账

分解财务数据，按照设计的维度进行账务处理，这是多维度会计核算的难点。在养老机构实务中，收入项目容易分解并记录到相关维度中。重点和难点就是成本的分解和期间费用的分摊。

【例6-28】某养老机构按照护理老年人等级设计的会计核算维度。分为自理、半失能和失能三个维度。当月发生护理成本30万元。当月统计护理工时台账，自理、半失能和失能分别对应护理工时为14 400个工时，其中，自理老年人用2 000工时，半自理老年人用5 000工时，失能老年人用7 400工时。

自理老年人护理成本=30×2 000÷14 400=4.17（万元）

半失能老年人护理成本=30×5 000÷14 400=10.42（万元）

自理老年人护理成本=30−4.17−10.42=15.41（万元）

工时是分解成本费用中最合理的权重值。

二、多维度盈利能力分析

多维度盈利能力分析对养老机构的管理能力、内部治理的规范性和数据质量等要求较高。结合养老机构业务实际情况，在进行相关分析时，重点是围绕客户的护理能力等级、服务产品这一维度展开。

表6–27为一家养老机构的多维度盈利能力分析表。该养老机构区分居家式养老、特殊护理养老和失能半失能养老三个板块。

表6–27

项目	失能半失能照料	特殊护理照料	居家式养老
一、床位费收入			
床位成本			
床位毛利额			
床位毛利率			
二、护理费收入			
护理成本			
护理毛利额			
护理毛利率			
三、综合收入			
综合成本			
综合毛利额			
综合毛利率			

✧ 第十二节　管理用报表

管理报表是养老机构管理过程中，基于业务本身管理诉求而形成的相关表格，包括业务类报表，财务类报表。主要用于内部管理分析使用。业务类报表反映业务本身的数据维度，比如：与入住老年人有关的报表、与护理服务餐饮服务有关的报表、与员工管理有关的报表、与销售管理有关的报表等。财务类报表，以财务数据为基础，用于内部管理形成的相关报表，如：与收入成本费用有关的报表、与毛利有关的报表、与物资管理有关的报表、与资金管理有关的报表等。

管理报表不同于财务报表。财务报表是按照国家会计准则标准编制的会计报表，主要用于了解整体财务状况、经营成果和现金流量的情况。如资产负债表、利润表、现金流量表、所有者权益变动表等。管理报表涉及的内容更加广泛和基础，既包括财务数据，也包括业务数据。

一、养老机构财务类主要管理报表

1. 管理报表名称及编报要求（见表6-28）

表6-28

管理报表名称	内容	编制部门	编报周期
营业收入、成本、毛利分析表	见表格样式，下同	财务部	分月，分年
护理毛利分析表		财务部	分月，分年
销售费用分析表		财务部	分月，分年
管理费用分析表		财务部	分月，分年
营业利润分析表		财务部	分月，分年
资金收支余额统计表		财务部	分月，分年
食材出入库统计表		财务部	分月，分年
低耗品出入库统计表		财务部	分月，分年

2. 管理报表样式

（1）营业收入分析表（见表6-29）

表6-29

月份	1 月	2 月	……	11 月	12 月	累计
床位收入						
护理收入						
餐饮收入						
医务收入						
制冷取暖收入						
补贴收入						
一次性采办收入						
其他收入						
合计						

（2）营业成本分析表（见表6-30）

表6-30

月份	1月	2月	……	11月	12月	累计
床位成本						
护理成本						
餐饮成本						
医务成本						
取暖成本						
其他成本						
合计						

（3）营业毛利分析表（见表6-31）

表6-31

月份	1月	2月	……	11月	12月	累计
床位毛利						
护理毛利						
餐饮毛利						
医务毛利						
取暖制冷毛利						
其他毛利						
合计						

（4）护理毛利分析表（见表6-32）

表6-32

月份	1月	2月	……	11月	12月	累计
护理等级1						
护理等级2						
……						
合计						

（5）销售费用/管理费用表（见表6–33）

表6–33

月份	1月	2月	……	11月	12月	累计
费用项目1						
费用项目2						
……						
合计						

（6）营业利润分析表（见表6–34）

表6–34

月份	1月	2月	……	11月	12月	累计
金额						

二、养老机构业务类主要管理报表

1. 管理报表名称及编报要求（见表6-35）

表6–35

管理报表名称	内容	编制部门	编报周期
办理入住人数与结构分析表	见表格样式，下同	护理部	分月，分年
退住原因、人数分析表		护理部	分月，分年
退住原因、入住时长分析表		护理部	按月累计统计
空床、包床统计表		护理部	累计数统计
服务安全统计表		护理部	分月，分年
服务质量统计表		护理部	分月，分年
能力评估统计表		护理部	分月，分年
员工数量与工资薪酬结构分析表		人力部门	累计数分析
员工人数与老年人人数增长趋势比较分析表		人力部门	分月，分年

续表

管理报表名称	内容	编制部门	编报周期
月度工资总额与月度收入增长趋势比较分析表		人力部门	分月，分年
分岗位人均工资增长趋势分析表		人力部门	分月，分年
老年人与员工人数比例趋势分析		人力部门	分月，分年
销售任务完成统计表		销售部	分月，分年
客户管理数据趋势分析表		销售部	分月，分年
意向客户比例分析		销售部	分月，分年
意向客户跟进统计分析表		销售部	分月，分年
获客成本分析表		销售部	分月，分年

2. 管理报表样式

（1）办理入住人数与结构分析表（见表6–36）

表6–36

月份	期初	1月	2月	……	12月	累计
护理等级1						
护理等级2						
护理等级3						
……						
合计						

（2）退住原因、人数分析表（见表6–37）

表6–37

月份	1月	2月	……	11月	12月	累计
身故人数						
其他原因人数						
合计						

（3）退住原因、时长分析表（见表6–38）

表6–38

退住原因	累计数	入住期	累计数
身故		入住不到1个月	
		入住超过1个月不到3个月	
		入住超过3个月不到12个月	
		入住12个月以上	
其他原因		入住不到1个月	
		入住超过1个月不到3个月	
		入住超过3个月不到12个月	
		入住12个月以上	
合计		合计	

（4）空床、包床统计表（见表6–39）

表6–39

房型	房间数量	床位数量	已入住人数	包床人数	空置床位数	可安排性别人数	
						男	女
1人间							
2人间							
3人间							
……							
合计							

（5）服务安全统计表（见表6–40）

表6–40

月份	1月	2月	……	11月	12月	累计
噎食						
食品药品误食						
压疮						
烫伤						
坠床						

续表

月份	1月	2月	……	11月	12月	累计
跌倒						
他伤与自伤						
走失						
文化娱乐活动意外						
合计						

（6）服务质量统计表（见表6–41）

表6–41

月份	1月	2月	……	11月	12月	累计
老人/家属投诉次数						
检查不合格次数						
合计						

（7）能力评估统计表（见表6–42）

表6–42

项目	1月	2月	……	11月	12月	累计
评估次数						
符合入住条件人数						
符合入住条件比例						

（8）员工数量与工资薪酬结构分析表（见表6–43）

××××年××月末，员工人数为×××人，本月工资薪酬总计×××元，社保缴纳××元，住房公积金缴纳××元。

表6–43

岗位	人数	工资薪酬
护理人员		
餐饮人员		
医护人员		

续表

岗位	人数	工资薪酬
销售人员		
物业人员		
管理及其他部门人员		
合计		

（9）员工人数与老年人人数增长趋势比较分析表（见表6–44）

表6–44

项目	1月	2月	……	11月	12月	累计
员工月末人数						
老人月末人数						

（10）月度工资总额与月度收入增长趋势比较分析表（见表6–45）

表6–45

项目	1月	2月	……	11月	12月	累计
工资总额						
月收入						

（11）分岗位人均工资增长趋势分析表（见表6–46）

表6–46

项目	1月	2月	……	11月	12月	累计
护理人员人均工资						
餐饮人员人均工资						
医护人员人均工资						
销售人员人均工资						
物业人员人均工资						
管理及其他部门人员人均工资						
全体员工人均工资						

（12）老年人与员工人数比例趋势分析（见表6–47）

表6–47

项目	1月	2月	……	11月	12月	累计
老年人月末人数/护理人员月末人数						
老年人月末人数/医护人员月末人数						
老年人月末人数/餐饮人员月末人数						
老年人月末人数/销售人员月末人数						
老年人月末人数/物业人员月末人数						
老年人月末人数/管理及其他部门人员月末人数						
老年人月末人数/员工月末总人数						

（13）销售任务完成统计表（见表6–48）

表6–48

月份	1月	2月	……	11月	12月	累计
当月入住任务数						
实际完成数						
完成占比						

（14）客户管理数据趋势分析表（见表6–49）

表6–49

项目	1月	2月	……	11月	12月	累计
到访次数						
意向客户建档数						
意向客户转化数（入住）						

（15）意向客户比例分析（见表6–50）

表6–50

项目	1月	2月	……	11月	12月	累计
意向客户建档占到访次数比例						
意向客户转化数量占意向客户建档数比例						
意向客户转化占到访次数比						

（16）意向客户跟进统计分析表（见表6-51）

表6-51

项目	1月	2月	……	11月	12月	累计
意向客户1						
意向客户2						
意向客户3						
……						

（17）获客成本分析表（见表6-52）

表6-52

月份	1月	2月	……	11月	12月	累计
营销费用						
到访次数						
入住人数						
到访次数人均获客成本						
入住人数人均获客成本						

三、养老集团管理专用报表

1. 管理报表名称及编报要求（见表6-53）

表6-53

管理报表名称	内容	编制部门	编报周期
养老项目入住人数及累计入住率统计表	见表格样式，下同	运营中心	分月，分年
养老项目退住人数及累计退住率统计表		运营中心	分月，分年
服务安全统计表		运营中心	
服务质量统计表		运营中心	
养老项目任务完成情况表		运营中心	
养老项目员工人数及老年人人数对比表		运营中心	分月，分年
养老项目营收、成本、费用统计表		财务管理中心	累计数统计
养老项目预算完成情况统计表		财务管理中心	分月，分年
养老项目资金结存表		财务管理中心	分月，分年

2. 管理报表样式

（1）养老项目入住人数及累计入住率统计表（见表6–54）

表6–54

月份	期初	1月	2月	……	12月	累计入住人数	入住率
养老项目1							
养老项目2							
养老项目3							
……							
合计							

（2）养老项目退住人数及累计退住率统计表（见表6–55）

表6–55

月份	1月	2月	……	12月	累计退住人数	退住率
养老项目1						
养老项目2						
养老项目3						
……						
合计						

（3）服务安全统计表（见表6–56）

表6–56

月份/次数	1月	2月	……	12月	累计次数	与老人人数比率
养老项目1						
养老项目2						
养老项目3						
……						
合计						

（4）服务质量统计表（见表6–57）

表6–57

月份 / 次数	1月	2月	……	12月	累计次数	与老年人人数比例
养老项目1						
养老项目2						
养老项目3						
……						
合计						

（5）养老项目任务完成情况表（见表6–58）

表6–58

月份 / 完成比	1月	2月	……	12月	累计完成比例
养老项目1					
养老项目2					
养老项目3					
……					
合计					

（6）养老项目员工人数及老年人人数对比表（见表6–59）

表6–59

月份 / 比例	1月	2月	……	12月
养老项目1				
养老项目2				
养老项目3				
……				
合计				

（7）养老项目营收、成本、费用统计表（见表6–60）

表6–60

月份/金额	1月				……	累计			
	收入	成本	费用	利润					
养老项目2									
养老项目3									
……									
合计									

（8）养老项目预算完成情况统计表（见表6–61）

表6–61

月份/完成比	1月				……	累计			
	收入	成本	费用	利润					
养老项目1									
养老项目2									
养老项目3									
……									
合计									

（9）养老项目资金结存表（见表6–62）

表6–62

月份/金额	1月	2月	……	12月
养老项目1				
养老项目2				
……				
集团总部				
合计				

✧ 第十三节 经营管理指标

经营管理指标是用于衡量养老机构经营效率和成果的一系列量化指标，它们可以帮助养老机构评估自身的经营状况，发现优势和改进点，并制定相应的管理策略。经营管理指标通常包括：财务指标、运营指标、市场指标、人力资源指标等。经营管理指标从性质上分，包括考核性指标和分析性指标。

设计经营管理指标，要遵循行业特性和重要性原则。

一、主要经营管理指标内容

1. 考核性指标

考核性指标设计的思路主要是兼顾了养老机构内部与外部的平衡、短期目标和长期目标的平衡、期望结果与动因的平衡、定量与定性的平衡。它包含了所有有助于养老机构发展的关键成功因素。有助于管理层关注养老机构的关键成功因素并抑制仅仅重视当期利润的短视行为。主要包括如下指标。

（1）财务指标

包括收入、成本、费用、利润等考核指标。利润指标用来考核高级管理人员。其他指标按照相关职能部门分解，用来考核主管至中层管理人员。

（2）客户指标

包括入住率/在院老年人人数、老年人（或家属）满意度、老年人非正常流失率、到访客户转化率、试入住期间老年人保持率等考核指标。入住率/在院老年人人数、老年人或家属满意度两个指标用来考核高级管理人员。其他指标按照相关职能部门分解，用来考核主管至中层管理人员。

（3）营运管理指标

包括消防安全、服务安全、服务创新、服务流程优化等考核指标。消防安全、服务安全指标用来考核高级管理人员。其他指标按照相关职能部门分解，用来考核主管至中层管理人员。

（4）员工管理指标

包括员工满意度、员工流失率、劳动仲裁人数、人均产出比例、员工培训考核通过率、信息系统使用熟练程度及错误率等。员工满意度、员工流失率两个指标用来考核高级管理人员。其他指标按照相关职能部门分解，用来考核主管至中层管理人员。

2. 分析性指标（见表6-63）

表6-63

指标性质	指标分类	主要经营分析指标
财务指标	边际贡献（即：毛利率）	单床综合毛利率 不同护理等级老年人毛利率
	固定成本费用	固定成本费用结构 固定费用占营收比例
	餐饮成本	餐饮成本结构 各项餐饮成本占餐饮收入比 老年人人均食材成本
	现金流	现金余额与每月现金需求量比例 经营活动现金流量结构
运营指标	老年人信息	不同护理等级老年人数量与结构
		入住老年人相关分析
		退住老年人相关分析
		能力评估情况分析
	入住速度（床位去化）	根据入住周期分析入住速度
	平均在院时长	时长越长，空置时间越短
	服务质量	老年人/家属投诉分析
	服务安全	意外伤害相关分析
员工指标	人员结构比分析	各部门人数及结构分析 老年人与护理员/医护人员/餐饮人员比例分析 人员配备合法性分析
	人员薪酬分析	部门薪酬结构比分析 分部门人均工资增长分析 人力资源总成本分析 薪酬占总成本费用比例分析 薪酬占营收比例趋势分析

续表

指标性质	指标分类	主要经营分析指标
销售指标	客户管理	到访客户相关分析
		意向客户占比分析
		意向客户跟踪分析
		意向客户转化分析
	任务管理	任务完成分析
建设指标	单床分摊面积	分析其经济性
	单床建设和配置成本	分析其经济性

二、考核性指标的设计

包括：利润、入住率/在院老年人人数、客户满意度、消防安全、服务安全、员工满意度、员工流失率等指标。不同发展阶段或者不同发展战略下，应该赋予不同的考核权重。在实现满入住以前，入住率/在院老年人人数、消防安全、服务安全、客户满意度应赋予较高的权重，利润、员工满意度、员工流失率应赋予较低的权重。在实现满入住以后，客户满意度、消防安全、服务安全、利润应赋予较高的权重，入住率/在院老年人人数、员工满意度、员工流失率应赋予较低的权重。

养老机构的发展阶段包括成长阶段（盈亏平衡前）和成熟阶段（盈亏平衡后）两个阶段。

成长阶段的主要考核性指标如表6–64所示（供参考）：

表6–64

指标维度	指标名称	分值分布
财务指标	扣除餐饮收支的毛利率	10
	自主现金流量	10
客户指标	加权平均入住率/净入住率或净入住人数	30
	非正常退住率或退住人数	10

续表

指标维度	指标名称	分值分布
运营管理指标	服务安全次数	5
	投诉次数	5
	老年人单位护理成本	5
	老年人单位食材成本	5
员工指标	员工离职率	10
满分		100

成熟阶段的主要考核性指标如表6-65所示（供参考）：

表6-65

指标维度	指标名称	分值分布
财务指标	利润额	30
	自主现金流量	10
客户指标	加权平均入住率/净入住率或净入住人数	10
	非正常退住率/退住人数	10
运营管理指标	服务安全次数	5
	服务质量不合格次数	5
	投诉次数	5
	老年人单位护理成本	5
	老年人单位食材成本	5
员工指标	员工离职率	5
	人均利润	10
满分		100

评分规则。

1. 财务指标

（1）利润额/扣除餐饮收支的毛利率

以颁布的经营预算数据为基础，实际完成数据在预算数据范围±10%以内的，该考核指标得分为满分；实际完成数据在预算数据范围±10%—

±20%之间的，该考核指标得分为满分的110%或90%；实际完成数据在预算数据范围 ±20%—±30%之间的，该考核指标得分为满分的120%或80%；实际完成数据在预算数据范围 ±30%—±40%之间的，该考核指标得分为满分的130%或70%；实际完成数据在预算数据范围 ±40%—±50%之间的，该考核指标得分为满分的140%或60%；实际完成数据在预算数据范围 ±50%以上的，该考核指标得分为满分的150%或50%；如果预算数据为正，实际完成为负，则该项为零分。

（2）自主现金流量

以颁布的经营预算数据为基础，实际完成数据在预算数据范围 ±10%以内的，该考核指标得分为满分；实际完成数据高于或者低于预算经营数据，参照"利润额"考核办法打分。

2. 客户指标

参照"利润额"考核办法打分；如果当期非正常退住率高于入住率的，则该项得分为零分。

3. 运营管理指标

参照"利润额"考核办法打分；如果当期发生服务安全导致的老年人身故或者发生累计超过10万元的经济赔偿，则运营管理指标整体打零分；如果当期老年人或者家属投诉超过20次，则运营管理指标整体打零分。

4. 员工指标

参照"利润额"考核办法打分；如果员工离职率超过30%或者人均利润下降40%，则员工指标整体打零分。

三、分析性指标及其参考预警值

部分经营分析指标有一个合理的区间值。在实际经营分析中，可对一些分析性指标设计好预警值，对超过预警值的分析性指标应进行专题分析，以便及时发现管理中的问题。借鉴行业内养老机构的经验数值，部分分析性指标及其预警值如表6–66至表6–69所示（供参考）。

1. 财务类分析指标

表 6–66

指标性质	指标分类	主要经营分析指标
财务指标	边际贡献	单床综合毛利率 不同护理等级老年人毛利率
	固定成本费用	固定成本费用结构 固定费用占营收比例
	餐饮成本	餐饮成本结构 各项餐饮成本占餐饮收入比 老年人人均食材成本
	现金流	现金余额与每月现金需求量比例 经营活动现金流量结构

2. 运营类分析指标

表 6–67

指标性质	指标分类	主要经营分析指标
运营指标	老年人信息	不同护理等级老年人数量与结构
		入住老年人相关分析
		退住老年人相关分析
		能力评估情况分析
	服务质量	老年人/家属投诉分析
	服务安全	意外伤害相关分析

3. 员工类分析指标

表 6–68

指标性质	指标分类	主要经营分析指标
员工指标	人员结构比分析	各部门人数及结构分析 老年人与护理员/医护人员/餐饮人员比例分析 人员配备合法性分析
	人员薪酬分析	部门薪酬结构比分析 分部门人均工资增长分析 人力资源总成本分析 薪酬占总成本费用比例分析 薪酬占营收比例趋势分析

4. 销售及其他分析指标

表 6–69

指标性质	指标分类	主要经营分析指标
销售指标	客户管理	到访客户相关分析
		意向客户占比分析
		意向客户跟踪分析
		意向客户转化分析
	任务管理	任务完成分析
建设指标	单床分摊面积	分析其经济性
	单床建设和配置成本	分析其经济性

✧ 第十四节　经营诊断分析

如果把养老机构比作一辆行驶中的轿车，那么我们必须了解现在的车况，行车的地理位置，有没有什么异常情况，知道什么时候该刹车，什么时候该加速，什么时候该停车，什么时候需要转向。养老机构也处在一个不断变化的经营环境，也需要经常诊断分析经营状况，及时作出相应的调整，以便安全、稳健地实现经营的目标。

微利时代下，精细化管理是养老机构实现盈利的有力手段，经营诊断分析能够发现养老机构的提升空间，在精细化管理中做到有的放矢，降低管理成本。经营诊断分析还能帮助管理层进行战略决策，能帮助把控养老机构经营风险。

养老机构常见的经营诊断分析有本量利分析、收入分析、护理毛利分析、餐饮成本结构分析等。

一、本量利分析

1. 本量利分析的概念

本量利分析是成本、业务量和利润三者依存关系分析的简称，指在成本性态分析的基础上，运用数学模型和图式，对成本、利润、业务量与单价等因素之间的依存关系进行具体的分析，研究其变动的规律性，以便为养老机构进行经营决策和目标控制提供有效信息的一种方法。

2. 本量利分析的要求

进行本量利营运分析时，需要按照成本性态的要求分析、填列固定成本和变动成本。分析和填列成本费用时，要注意以下几点。

（1）固定成本要按照月份进行分析、填列

如果一项费用发生受益期在1个月以上，要按月份分摊计入。比如，如果按照年度缴纳房租且房租已经缴纳，没有按月进行摊销，则需要按月进行计入，无论是否本月支付。如果当年房租尚未缴纳，也应该按照权责发生制的要求，将本月应该承担的房租计算在内。

（2）固定成本和变动成本要选用最近月份发生的数据进行填列

比如，厨师的工资是固定成本，3个月前是5个厨师，现在是7个厨师，那么就应该以现在的厨师薪酬水平填列。

（3）重要性原则

分析、填列成本费用时仅包括主要项目，偶尔发生且金额较小的项目可不用填列。变动成本仅考虑护理员薪酬、食材以及食堂发生的水电气耗材。

（4）合理、匹配原则

在计算变动成本时，各项数据要保持期间的一致性。如选择6月份的护理员薪酬作为变动成本，那么在计算每个老年人的护理成本时，也要选择6月份入住老年人的平均数。6月份入住老年人的平均数=6月初在院老年人人数+6月份办理入住老年人人数×50%-6月份办理退住老年人人数×50%。计算老年人的平均数也可以用简单平均数或加权平均数。选用加权平均数时最精确。

（5）分析结果的局限性

分析结果适用于未来入住老年人变动较小时的情形。当预计未来一段时间内入住老年人会发生较大的变化，则至少需要每季度进行一次数据整理并在此基础上重新进行本量利分析。

3. 本量利分析实务

本量利分析的内容包括：盈亏平衡分析、利润敏感性分析、边际贡献分析、安全边际分析和半变动成本的分解与预测。

（1）盈亏平衡分析

第一步：分析填列养老机构的月度固定成本费用金额（Cf）

第二步：分析计算每个老年人的月度变动成本费用金额（Cu）

Cu=（月度耗用的食材金额+月度食堂水电气耗材金额+月度护理员成本）/老年人平均人数

第三步：计算盈亏平衡点老年人入住数量（BEP）和盈亏平衡点营业额

BEP=Cf/（p–cu）其中：p是老年人月度平均收费金额。

盈亏平衡点老年人入住数量=月度固定成本费用/（老年人月度平均收费金额–老年人月度变动成本费用）

盈亏平衡点月度营业额=盈亏平衡点老年人入住数量×老年人月度平均收费金额

【例6–29】某养老机构对6月份的成本费用进行了性态分析并填列汇总。6月份固定成本费用500 000元，护理员人数35人，6月份护理员薪酬200 000元，发生食材100 000元，水电气耗材15 000元，6月初在院老年人人数128人，当月新办理入住10人，当月办理退住2人。养老机构床位总数210张，考虑周转及维修等因素，满入住后老年人人数为200人。6月份老年人平均月综合收费为6 000元/人。自开业来统计，平均每月净入住老年人5人。

6月份固定成本费用总额：500 000元

6月份变动成本费用总额=200 000+100 000+15 000=315 000（元）

6月份入住老人平均人数=128+10×50%–2×50%=132（人）

6月份单位老年人月变动成本费用=315 000÷132=2 386（元）

6月份平均综合收费水平：6 000元/人

盈亏平衡人数=500 000÷（6 000–2 386）≈139（人）

月盈亏平衡金额=139×6 000=834 000（元）

盈亏平衡入住率=139/200=69.50%

达到盈亏平衡时需要的时间=［139-（128+10-2）］÷5≈0.6（个月）

达到满入住时需要的时间=［200-（128+10-2）］÷5≈13（个月）

（2）利润敏感性分析

根据以下公式进行分析：

利润=老年人入住人数×（老年人平均月度收费水平-老年人月度变动成本费用）-月度固定成本费用

第一步：使某个影响利润的因素变动某个百分比（如5%），然后计算出相应的利润增长幅度。

第二步：计算某因素敏感系数。某个因素的敏感系数=利润变动百分比÷该因素变动百分比。

第三步：评价各因素敏感系数。

当该因素敏感系数>1，说明该因素为敏感因素，该因素发生变动时，利润会发生更大程度的变动。当该因素敏感系数≤1，说明该因素为非敏感因素，该因素发生变动时，利润会发生小于、等于或相反于该程度的变动。

利润敏感性分析的主要意义有三点：评估风险、调整决策方案、利润分析

【例6-30】承接【例6-29】，养老机构现入住老年人180人，其他相关数据同例6-29。当月综合收费水平增长5%、月单位变动成本费用下降5%、固定成本费用下降5%、入住老年人人数增长5%时，分析其各因素敏感系数。

根据上述公式：目前利润=180×（6 000-2 386）-500 000=150 520（元）

①当老年人人数增长5%时：

利润=180×（1+5%）×（6 000-2 386）-500 000=183 046（元），利润增长（183 046-150 520）÷150 520=21.61%，敏感系数为21.61%÷5%=4.32。

②当月综合收费水平增长5%时：

利润=180×［6 000×（1+5%）-2 386］-500 000=204 520（元），利润增长（204 520-150 520）÷150 520=35.87%，敏感系数为35.87%÷5%=7.17。

③当月单位变动成本费用增长5%时：

利润=180×［6 000–2 386×（1+5%）］–500 000=129 046（元），利润增长（129 100–150 520）÷150 520=–14.27%，敏感系数为–14.27%÷5%=–2.85。

④当月固定成本费用增长5%时：

利润=180×（6 000–2 386）–500 000×（1+5%）=125 520（元），利润增长（125 520–150 520）÷150 520=–16.61%，敏感系数为–16.61%÷5%=–3.32。

可见，在影响利润的几个因素中，敏感性最强的是月综合收费水平，当月综合收费水平增长1%，利润会增长7.17%；其次是老人数量和月固定成本，影响最小的是月单位变动成本，当其下降1%时，利润会下降2.85%，如表6–70所示。

表6–70

因素	因素变动比例	利润增长比例	敏感系数
月综合收费水平	+5%	+35.87%	7.17
老年人人数	+5%	+21.61%	4.32
单位月变动成本	–5%	–14.27%	2.85
月固定成本	–5%	–16.61%	3.32

（3）边际贡献分析

月度单位边际贡献=老年人月度平均收费水平–老年人月度变动成本费用

边际贡献总额=老年人入住数量×单位边际贡献

边际贡献率=月度单位边际贡献÷老年人月度平均收费水平

利润=边际贡献总额–固定成本费用

边际贡献分析在养老机构的应用：

①定价决策

【例6–31】养老机构计划制定餐饮收费价格，总原则是满入住状态下，餐饮利润水平为10%。根据设计的老年人供餐标准计算，每个老年人每月食材耗费600元；满入住后餐饮从业人员人数编制8人，月薪酬合计48 000元；水电气及其他费用，约占食材成本的15%；满入住人数约为200人。

餐饮成本分析如6–71：

表6–71

成本项目	成本性态	成本特征描述	金额（元）
人员薪酬	固定成本	每月均匀发生	48 000
食材	变动成本	跟老年人人数呈正比例变化，每个老年人每月600	600
其他餐饮成本	主要为变动成本	水/电/气/低耗；随食材变动而变动，发生金额约为食材的15%—20%。按15%测算	90

计算：

月变动成本费用总额：（600+90）×200=138 000（元）

月固定成本费用总额：48 000元

月利润：月收入a的10%

根据“利润=边际贡献总额–固定成本费用”计算，10%a=（a–138 000）–48 000。a≈206 667（元）。每个老年人月餐费定价为a÷200=206 667÷200=1 033.34（元）

②护理等级定价级差合理性分析

养老机构对入住的老年人会根据身体能力状况分成不同的护理等级，每一个护理等级有不同的护理费收费价格，收费价格的级差设计是否合理？也可以用边际贡献率进行合理性分析。

第一步：根据服务内容、服务工时等数据，计算出不同护理等级老年人的护理成本C1、C2、C3……。该成本为变动成本费用。

第二步：计算不同护理等级的边际贡献。某护理等级边际贡献=某护理等级护理费收费金额–某护理等级护理成本金额。

第三步：计算并比较不同护理等级的边际贡献率。某护理等级边际贡献率=某护理等级边际贡献/某护理等级护理费收费金额。

第四步：进行分析判断

一般来讲，不同护理等级的边际贡献率应该持平或者随着护理等级的提高其边际贡献率也相应提高。如果计算的边际贡献率与上述管理逻辑不一致，就需要考虑是否调整定价级差。

例如，养老机构分7个护理等级，经过计算，各个护理等级的边际贡献率如表6–72：

表6–72

护理等级	自理	介助1	介助2	介助3	介护1	介护2	介护3
边际贡献率	50%	40%	40%	45%	35%	45%	30%

分析表6–72数据发现：护理等级越高，边际贡献率越低；介护2的边际贡献率要高于相邻的两个护理等级。这说明，不同护理等级的价格级差设计不合理或者不同护理等级老年人的服务项目设计不合理。这就需要从这两个方面进行进一步的业务层面分析。

③利润增长预测

在养老机构入住老年人数量实现盈亏平衡月份的情况下（如5月份实现盈亏平衡），那么6月份增加的利润=6月份入住老年人的加权平均人数×月单位边际贡献，8月份累计增加的利润=（6月份增加的入住老年人人数+7月份增加的入住老年人人数+8月份入住老年人的加权平均人数）×月单位边际利润。以上不考虑退住人数。

（4）安全边际分析

通过计算安全边际和安全边际率进行经营风险分析。

安全边际人数=满入住人数–盈亏平衡人数

安全边际率=安全边际人数÷满入住人数

安全边际或安全边际率是衡量养老机构经营风险大小的指标，一个是绝对指标，另一个是相对指标。

当安全边际或安全边际率较大时，经营的风险程度较小；当安全边际或安全边际率较小时，经营的风险程度较大。表6–73为安全边际率与经营风险分析对照表：

表6-73

安全边际率	判断
<0%	满入住后，养老机构边际贡献总额仍然小于固定成本费用，根据目前的收费水平、成本费用水平，养老机构不能实现盈利。
>0%，≤10%	满入住后，养老机构经营利润在盈亏平衡边缘。经营风险较大。
>10%，≤20%	满入住后，养老机构实现微利。存在着一定的经营风险。
>20%，≤40%	满入住后，养老机构实现盈利。盈利能力居于行业内盈利养老机构平均水平。经营比较安全。
>40%	满入住后，养老机构盈利水平位于行业内盈利养老机构领先水平。但需要考虑其持续盈利能力。

【例6-32】承接【例6-29】按照安全边际计算公式，养老机构安全边际人数为200人-139人=61人，安全边际率为61÷200=30.5%。说明：满入住后，养老机构实现盈利。安全边际率为30.5%。经营比较安全，经营风险较小。

（5）半变动成本费用分解或资金需求预测

比如预测养老机构的低耗品消耗金额。养老机构的低耗品成本属于半变动成本。预测前先收集历史数据，以老年人人数为业务量，以低值易耗品发生金额为业务量成本。

【例6-33】某养老机构3—10月份，每月老年人入住人数与发生的低值易耗品金额如表6-74所示：

表6-74

月份	入住老人人数X	低耗品（含办公用品）金额Y
3	160	20 000
4	158	22 000
5	170	24 000
6	170	24 500
7	180	26 000
8	185	26 000
9	190	26 500
10	195	26 400

第一步，建立直线方程Y=a+b×X

其中：Y是业务量成本，即低耗品的消耗金额；X是业务量，即老年人人数；a是固定部分成本，即与老年人人数无关的低耗品消耗金额；b是单位变动成本，即与老年人人数有关的，每位老年人平均消费的低耗品金额。

第二步，寻找业务量最高点和最低点，以及对应的成本金额。业务量最高点为195人，低耗品消耗金额26 400元；业务量最低点位158人，低耗品消耗金额22 000元。

第三步，根据业务量金额差和业务量差的比值，计算出b，即单位变动成本。b=（26 400−22 000）/（195−158）=118.92

第四步，根据上述计算的b值，计算固定成本a。26 400=a+118.92×195。a=3 210.60

第五步，回归方程就可以写作：Y=3 210.60+118.92×X

通过上述步骤，就将低耗品成本分解为固定成本和单位变动成本。

根据上述直线方程可以进行低耗品需求预测。

【例6–34】承接【例6–33】，如果预计明年老年人每月平均入住人数为260人，每月平均低值易耗品成本为：

Y=3 210.60+118.92×260，每月成本Y=34 129.80（元）

该方法同样适合预测水费、电费、自备锅炉消耗的天然气等资金需求量。

二、收入分析

进行收入分析时，一定要结合业务量才能保证分析结果客观。

【例6–35】某养老机构6月份做了一个收入统计报表，数据如表6–75所示：

表6–75

比较期	6月份	5月份	环比增长	去年6月份	同比增长
收入（万元）	75.00	65.00	15.38%	27.50	172.73%

看上去数据比较乐观。财务人员决定结合老年人人数和人均收费两个维度进一步进行分析，如表6–76所示。

表6-76

比较期	6月份	5月份	环比增长	去年6月份	同比增长
收入（万元）	75.00	65.00	15.38%	27.50	172.73%
老年人人数	150	140	15.38%	50	200.00%
人均收费（元）	5 000.00	4 642.86		5 500.00	

财务人员发现：今年6月同比去年6月，老年人人数增加了200%，收入仅仅增长了172.37%。养老机构营收能力下降了。今年6月收费标准比5月有所回升，5月份的营收能力太低了。财务人员对此结果仍然不满意，在此表基础上又增加了一个新的分析维度：护理等级结构，如表6-77所示。

表6-77

比较期	6月份	5月份	去年6月份
不同护理等级收费标准	与去年一致	与去年一致	
护理等级结构	自理、半失能、完全失能比例基本一致	自理老年人比例大幅提高	完全失能老年人占多数

财务人员发现：实际收费标准并没有下降。是因为护理等级结构发生了变化，而这种结构变化带来的营收变动和平均单价变动是合理的。

三、护理毛利分析

护理毛利定义：护理毛利＝护理收费－护理成本

分析护理毛利的意义在于：①判断护理毛利是否在合理的区间；②不同护理等级老年人的毛利率是否有差异，以便根据差异评估不同护理等级的定价或者护理资源安排的合理性

【例6-36】某养老机构分7个护理等级，某月数据计算如表6-78所示（单位：元）：

表6-78

护理等级	自理	介助1	介助2	介助3	介护1	介护2	介护3
入住人数	20	15	18	20	30	35	40
平均收费	1 500	2 000	2 500	3 000	3 500	4 000	4 500

续表

护理等级	自理	介助1	介助2	介助3	介护1	介护2	介护3
护理收入	30 000	30 000	45 000	60 000	105 000	140 000	180 000
护理时长	903	1 085	1 763	2 169	3 162	5 062	7 593
护理薪酬	15 000	18 000	29 250	36 000	53 000	84 000	126 000
毛利	15 000	12 000	15 750	24 000	52 000	56 000	54 000
毛利率	50.00%	40.00%	35.00%	40.00%	49.52%	40.00%	30.00%
人均毛利	750	800	875	1 200	1 733	1 600	1 350

分析1：

经计算，综合护理毛利率=38.77%。

根据对一线城市以及县域的100多家养老机构数据统计，发现护理收费与护理毛利率之间存在如表6–79所示的对应关系（供参考）

表6–79

月平均护理费区间	3 500+	2 500–3 500	2 500–
综合毛利率（%）	45+	30–45	30–

分析2：

经分析不同护理等级的毛利率差异，发现有3个问题：

①护理等级最高的介护3毛利率和人均毛利最低；

②护理等级越高，护理毛利率越低；

③介护3个等级中，随着护理等级提高，毛利率和人均毛利都在下降。

对于不同的护理等级来讲，护理毛利率应该持平，或者护理等级越高毛利率越高才比较合理。

解决方案：

拉宽介护3个护理等级的收费价差，提高介护2和介护3的收费标准；

重新评估介护3个护理等级设计的服务内容，是否可以继续优化？

四、餐饮成本分析

由于餐饮成本中存在者固定成本费用，在养老机构开业前期，餐饮部门出现亏损是正常的。随着入住人数的增加，餐饮的亏损额会持续下降。满入住后，餐饮利润应该持平或实现微利。

餐饮人员薪酬和食材成本是管理的重点。对养老机构餐饮成本进行分析时，主要使用结构分析的方法。

表6–80为多家养老机构餐饮成本项目结构比例（供参考）：

表6–80

<table>
<tr><th>餐饮收入</th><th>餐饮成本费用</th><th>参考值</th></tr>
<tr><td>1.套餐收入</td><td rowspan="3">餐饮人员薪酬成本
食材成本
水电气以及其他</td><td rowspan="2">满入住后：
人员工资和食材成本一般占总收入的85%以上；
食材成本占总成本的40%—60%；
工资占总成本的30%—40%。
满入住前：
食材成本占总成本的40%—60%。</td></tr>
<tr><td>2.点餐收入</td></tr>
<tr><td>3.其他餐饮收入</td><td>水电费以及其他耗材一般占食材成本的15%—20%</td></tr>
</table>

✧ 第十五节　经营分析会

以经营数据为基础，通过定期召开经营数据分析会议，持续跟踪现实与目标的差距、及时形成对策，也可以通过绩效面谈向团队进行赋能，调动职工的积极性和创造性，保障养老机构整体经营目标的实现。经营分析会不是工作汇报会，而是为了发现问题、分析问题、解决问题的会议。经营分析会不是财务分析会，而是业务及经营状况分析会。经营分析会是集体的研讨与决策，不是某一个部门的会议。

一、经营分析会的组织安排

1. 经营分析组织机构

养老机构成立经营分析领导小组。院长担任组长，负责运营的副院长或运营部门负责人、财务负责人担任副组长，其他各部门负责人为组员。领导小组下设办公室。办公室负责人一般是运营部门或财务部门负责人。经营分析会领导小组的主要职责如下。

（1）根据管理要求，提取各部门核心管理指标、指标计算方法；

（2）制作、调整各部门经营数据分析模板；

（3）汇集差异、差异原因、问题解决方案，形成汇总报告，研究形成整改方案，提交总经办或董事会审议；

（4）跟踪整改结果。

2. 召集与主持

一般由领导小组办公室召集，院长或分管运营的副院长主持，也可以安排运营部门或者财务部门主持。

3. 召开频次

养老机构开业前期按照月份召开，中后期可以按照季度召开。

4. 参会部门与人员

院方管理层成员、各部门主管负责人等，必要时邀请董事、监事人员参加。

二、确定汇报的核心管理指标

1. 运营部门的核心管理指标

（1）入住趋势分析：分护理等级的入住人数。包括当月入住人数与本年度累计入住人数。

（2）退住分析：分退住原因、退住老人已经入住市场两个维度的退住人数。包括当月退住人数与本年度累计退住人数。

（3）入住前评估分析：入住前能力评估数据（含评估总人数、符合入住条件人数、不符合入住条件人数以及不符合入住条件的原因）。包括当月数与本年度累计数。

（4）剩余床位分析：按房型统计的剩余床位数量以及可入住性别。

2. 护理部门的核心管理指标

（1）护理时长分析：分析不同护理等级老年人的护理时长。包括当月数与本年度累计数。

（2）护理用耗材：分析不同护理等级老年人的护理用耗材。包括当月数与本年度累计数。

（3）护理服务增值收入分析：分析护理增值服务收入。包括当月数与本年度累计数。

（4）护理计划与完成情况。

（5）护理质量分析：当月发生的护理质量问题事项。

（6）老年人或家属投诉分析：包括投诉次数、性质以及处理结果。

3. 餐饮部门

（1）单位老年人食材分析：老年人食材消耗总金额与单位消耗金额。包括当月数与本年累计数。

（2）单位员工食材分析：员工食材消耗总金额与单位消耗金额。包括当月数与本年累计数。

（3）耗用水、电、燃气、耗材分析：消耗数量。包括当月数与本年累计数。

4. 物业部门

（1）用水分析：分区用水量和单位老年人消耗量。包括当月数与本年累计数。

（2）用电分析：分区用电量和单位老年人消耗量。包括当月数与本年累计数。

（3）用气分析：分区用气量。包括当月数与本年累计数。

5. 营销部门

（1）潜在客户来访量：到访数量。包括当月数与本年累计数。

（2）客户建档率分析：潜在客户建档数量。包括当月数与本年累计数。

（3）客户转化率分析：建档客户转化数量。包括当月数与本年累计数。

（4）任务完成分析：当月任务与完成量。包括当月数与本年累计数。

（5）获客成本分析：累计营销费用与到访人数、办理入住人数分月比例数据。

6. 人力资源部门

（1）分部门人均薪酬增长分析：分部门人数、人均薪酬分月数据。

（2）员工与老年人比例增长分析：员工人数、老年人人数分月数据。

（3）分部门员工与老年人比例增长分析：老年人与分部门员工比例分月数据。

（4）总体劳效分析：月工资总额、月收入分月数据。

（5）分部门劳效分析：分部门薪酬与收入分月数据。

7. 财务部门

（1）收入趋势分析：分月收入数据。

（2）成本分析：分月成本数据。

（3）毛利分析：分月毛利数据。

①护理薪酬成本分析：分护理等级的护理员薪酬。包括当月数与本年趋势分析。

②护理收费分析：分护理等级的收费金额。包括当月数与本年趋势分析。

③护理毛利分析：不同护理等级的毛利和毛利率。包括当月数与本年趋势分析。

④餐饮毛利分析：餐饮毛利。包括当月数与本年趋势分析。

（4）费用分析：分月费用数据。包括当月数与本年累计数。

（5）利润分析：分月利润数据。包括当月数与本年累计数。

（6）现金流分析：分月现金流量数据。分析现金余缺。

（7）预算完成分析：预算数据和实际完成数据。包括当月数与本年累计数。

三、经营分析会的模板要求

经营分析领导小组统一制订各部门经营分析模板，模板要求如下。

1.总体要求：内容简练、重点突出；

2. 汇报用统一的Excel表格；

3. 表格下附折线图（趋势分析）、饼状图（结构分析）或柱状图（比较分析）；

4. 要求文字说明，文字说明：列示问题及问题原因，提出问题解决建议。

四、经营分析会后续事项

经营分析领导小组汇集各部门的经营分析报告，汇总完成后，提交领导小组讨论。领导小组讨论后，确定整改方案。整改方案上报总经理办公会或董事会。总经理办公会或董事会审批同意后，组织整改小组，由整改小组牵头，对整改方案中的事项进行落实。整改落实结果要在下一个经营分析会予以通报。

✧ 第十六节　满入住利润测算

开业—实现满入住阶段是养老机构最重要的经营管理阶段，是一个不断总结经验、不断完善精细化管理的阶段。是一个形成养老机构独特文化，树立以“服务+经营”为导向的经营理念阶段。是一个锻炼人才队伍，为不断发展壮大夯实基础的阶段。养老机构的亏损集中在这一阶段，如果这一阶段不重视经营管理计划的管理，很容易导致亏损期不断延长，亏损额持续扩大，养老机构经营目标难以实现。满入住利润测算的意义就在于提炼一系列战略管理指标，通过将战略管理指标转化为预算管理指标，以保证经营目标的实现。另外，满入住利润预测也是评价一家养老机构是否具有投资价值的重要工具，还可以进一步进行分析资金的余缺，以便编制资金预算。

一、满入住利润测算编制基本要求

1. 满入住利润测算是指养老机构从开业到实现满入住期间的分年度滚动利润测算。

2. 根据养老机构床位规模的不同，满入住期间一般为2—5年。

3.满入住利润测算的编制期间为开业到实现满入住的期间。

二、满入住利润测算内容

1.分年度预测净入住老年人人数；
2.分析拟定分项目平均收费价格；
3.收入的测算；
4.分年度人力资源的编制；
5.分析拟定各岗位人员的平均薪酬；
6.分年度固定资产投资估算；
7.装修改造成本的测算；
8.水电费测算；
9.租金或设施使用费计算；
10.取暖费估算；
11.食材费用估算；
12.其他管理费用估算；
13.营销费用估算。

三、满入住利润测算方法

1.分年度预测净入住老年人人数

预计分年度净入住老年人人数时，要结合当地一般养老机构的平均年度入住人数、本项目市场定位等因素予以预测。

【例6-37】某养老机构备案床位数400张。预测入住人数如表6-81所示：

表6-81

年度	首年	第2年	第3年	第4年	第5年	第6年	第7年
当年净入住人数	100	100	100	100			
累计净入住人数	100	200	300	400	400	400	400

2. 分析拟定分项目平均收费价格

【例6–38】经调研市场，定位项目为普惠型养老机构，结合护理服务设计，拟定平均收费价格如表6–82所示：

表6–82

收费项目	床位费	护理费	餐费	取暖费（收5个月）	一次性用品费
月平均收费（元）	1 000	2 000	800	120	800

3. 收入的测算

【例6–39】假设每月平均入住。在每月平均入住的情况下，测算收入时，可引进一个加权平均人数的概念。即当年入住的老年人人数以入住时间为权重，折算为全年入住人数。比如，首年入住100人，全年平均入住，加权平均入住人数为50（100×50%）人。按照加权平均人数和拟定的收费平均标准，测算收入。具体见有关章节。

假设从第二年起，财政发放每人每月300元运营补贴，大约80%的老年人符合条件。

不考虑其他增值服务收入。

表6–83　单位：万元

年度	首年	第2年	第3年	第4年	第5年	第6年	第7年
床位费收入	60.00	180.00	300.00	420.00	480.00	480.00	480.00
护理费收入	120.00	360.00	600.00	840.00	960.00	960.00	960.00
餐费收入	48.00	144.00	240.00	336.00	384.00	384.00	384.00
取暖收入	3.00	9.00	15.00	21.00	24.00	24.00	24.00
一次性用品收入	8.00	8.00	8.00	8.00			
财政补助收入		28.80	57.60	86.40	115.20	115.20	115.20
收入合计	239.00	729.80	1 220.60	1 711.40	1 963.20	1 963.20	1 963.20

4. 分年度人力资源的编制

编制人力资源计划时，要区分该岗位与入住率的关系。

岗位与入住率的关系区分为强相关、弱相关和不相关。

各岗位与入住率的相关性如表6–84所示：

表6–84

岗位	强相关	弱相关	不相关
护理岗	√		
餐饮岗		√	
医生岗		√	
护士岗	√		
物业岗			√
管理及其他岗位			√

【例6–40】为简便计算，假设管理及行政后勤人员一次招聘到位；营销人员在满入住后只保留少量人员。老年人与护理员配比为7，老年人与医护及餐饮人员配比均为20。

分年度人力资源编制如表6–85所示：

表6–85

年度	首年	第2年	第3年	第4年	第5年	第6年	第7年
管理及其他人员	20	20	20	20	17	17	17
护理人员	8	21	35	50	58	58	58
餐饮人员	3	4	7	12	15	15	15
医务人员	4	4	7	12	15	15	15

5. 分析拟定各岗位人员薪酬标准

要充分调研当地人才市场的价格，结合公司服务定位，确定各岗位人员薪酬标准。为简便计算，采用平均薪酬测算人力资源成本。

【例6–41】各岗位人力资源年平均薪酬如下表6–86（单位：万元）

表6–86

岗位	管理及其他人员	护理人员	餐饮人员	医护人员
年薪酬	8	6	6.5	7

6. 分年度固定资产投资估算

【例6–42】为简便计算，假设固定资产投资强度为每床位15 000元，共投资600万元，开业前一次投资完成。

固定资产平均按照10年折旧，每年折旧60万元。

7. 装修改造成本估算

【例6–43】为简便计算，假设装修改造投资为600万元，开业前一次装修改造完成。按照20年摊销，每年摊销30万元。

8. 水电费测算

【例6–44】按照行业经验数据，满入住后折合每个老年人每个月水电费约250元，考虑水电费有部分固定成本。综合以上因素测算如表6–87所示：

表6–87

年度	首年	第2年	第3年	第4年	第5年	第6年	第7年
水电费（万元）	20	38	55	72	96	96	96

9. 租金或设施使用费

【例6–45】该项目为公建民营养老项目，年租金100万元，假设无免租期。

10. 取暖费估算

【例6–46】该项目为市政供暖，每平方米为18元，共10 000平米。

11. 食材费用估算

【例6–47】按照行业经验数据和餐饮食谱设计，折合每个老年人月食材消耗500元。综合考虑部分工作人员的食材消耗以及首年餐饮供餐运营经验不足的情况，测算如表6–88所示：

表6–88

年度	首年	第2年	第3年	第4年	第5年	第6年	第7年
食材（万元）	50	90	150	210	240	240	240

12. 其他管理费用估算

【例6–48】其他管理费用为阶梯状固定成本，根据经验测算如表6–89所示：

表6–89

年度	首年	第2年	第3年	第4年	第5年	第6年	第7年
其他管理费用（万元）	50	90	150	210	240	240	240

13. 营销费用测算

【例6–49】营销费用包括每年广告费、营销人员提成。底薪部分已经包括在管理及其他人员薪酬中，该部分不在营销费用估算中。假设每年广告费20万元，营销提成为床位费的12%。测算如表6–90所示：

表6–90

年度	首年	第2年	第3年	第4年	第5年	第6年	第7年
营销费用（万元）	34.4	34.4	34.4	34.4	20	20	20

四、满入住利润测算表的编制

【例6–50】承接【例6–37】至【例6–49】，根据分项测算的数据，编制滚动利润表如表6–91所示：

表6–91 单位：万元

年度	首年	第2年	第3年	第4年	第5年	第6年	第7年
一、营业收入							
床位费收入	60.00	180.00	300.00	420.00	480.00	480.00	480.00
护理费收入	120.00	360.00	600.00	840.00	960.00	960.00	960.00
餐费收入	48.00	144.00	240.00	336.00	384.00	384.00	384.00
取暖收入	3.00	9.00	15.00	21.00	24.00	24.00	24.00
一次性用品收入	8.00	8.00	8.00	8.00			
财政补助收入		28.80	57.60	86.40	115.20	115.20	115.20
收入合计	239.00	729.80	1 220.60	1 711.40	1 963.20	1 963.20	1 963.20
二、成本费用							
人员薪酬	255.50	340.00	464.50	622.00	686.50	686.50	686.50

续表

年度	首年	第2年	第3年	第4年	第5年	第6年	第7年
租金	100.00	100.00	100.00	100.00	100.00	100.00	100.00
折旧与摊销	90.00	90.00	90.00	90.00	90.00	90.00	90.00
食材	50.00	90.00	150.00	210.00	240.00	240.00	240.00
水电费	20.00	38.00	55.00	72.00	96.00	96.00	96.00
取暖费	18.00	18.00	18.00	18.00	18.00	18.00	18.00
销售费用	34.40	34.40	34.40	34.40	20.00	20.00	20.00
其他管理费用	200.00	220.00	240.00	260.00	280.00	280.00	280.00
成本费用合计	767.90	930.40	1 151.90	1 406.40	1 530.50	1 530.50	1 530.50
三、利润	–528.90	–200.60	68.70	305.00	432.70	432.70	432.70
四、所得税					19.23	108.18	108.18
五、净利润	–528.90	–200.60	68.70	305.00	413.48	324.53	324.52

根据满入住测算利润表，我们就可以确定战略管理指标。

五、现金流分析

表6–92　单位：万元

项目	评价期									
	首年	第2年	第3年	第4年	第5年	第6年	第7年	第8年	第9年	第10年
现金流入	289	780	1 271	1 761	1 963	1 963	1 963	1 963	1 963	1 963
1. 营业收入	239	730	1 221	1 711	1 963	1 963	1 963	1 963	1 963	1 963
2. 保证金	50	50	50	50						
现金流出	1 878	840	1 062	1 316	1 460	1 549	1 549	1 549	1 549	1 549
1. 装修改造	600									
2. 固定资产投资	600									
3. 付现经营成本	678	840	1 062	1 316	1 441	1 441	1 441	1 441	1 441	1 441
4. 所得税					19	108	108	108	108	108
税后现金净流量	–1 589	–61	209	445	503	415	415	415	415	415

经测算：

评价期净现值949万元，大于0，项目可行。

评价期内含报酬率为13.43%，大于资金成本，项目可行。

✧ 第十七节　年度财务预测

年度财务预测是根据历史资料和现实状况，对养老机构下一个财务年度的财务活动和财务成果作出科学的预计和测算。财务预测是提请董事会审批年度经营计划的基础性文件。

财务预测不等于财务预算。财务预算是多部门联合编制，是不同层级不同部门的博弈结果。数据要求精度高，预算目标与考核挂钩，不轻易变更预算指标。财务预测由财务部门主责编制。数据要求精度低，目的在于确定养老机构的财务目标，掌控发展节奏，合理管控协调养老机构资源，可根据实际经营情况随时调整。

一、财务预测编制基础

1. 床位销售计划

床位销售计划是编制年度经营计划最重要的基础工作，拟定养老机构在计划年度内每个月的床位销售数量、广宣推广费、销售活动、耗材、人员需求等。由销售部门根据养老机构发展战略和中短期规划拟定。

2. 服务计划

服务计划是拟定在计划年度内每个月提供服务时所需要的各种耗材、设备购置、固定资产维保、装修改造等方案。由护理部门、餐饮部门、医务部门、物业、院办等部门以销售计划为主要依据拟定。

3. 劳动用工计划

劳动用工计划是拟定在计划年度内每个月为完成销售和服务计划所需的各类人员的数量、工资总额和平均工资水平、奖励制度和奖金、社保及住房公积金金额等方案。由人力资源部门根据销售计划、服务计划和相关定员定额等人事管理规定拟定。

4. 财务历史资料

财务历史资料包括但不限于过去若干年度的收费老人人数与结构、收费项目、收费平均单价、营收金额、成本费用项目、各成本费用项目的发生金额、会计报表、税务报表、管理用报表、各类合同等资料。

二、财务预测编制内容

1. 收入预测

根据经营计划、收费项目、收费水平，利用各种财务预测方法，分月度预测床位费收入、护理费收入、餐费收入、医务收入、一次性用品收入、取暖制冷收入、补贴收入、其他收入等。

2. 成本预测

根据经营计划、服务成本水平，利用各种财务预测方法，分月度预测护理成本、餐饮成本、医务成本、取暖制冷成本等。

3. 费用预测

根据经营计划、历史数据，利用各种财务预测方法，分月度预测护理成本、餐饮成本、医务成本、取暖制冷成本等。

4. 经营资金结存预测

根据收入、成本、费用预测结果，结合预收费政策，合理测算每个月的经营资金结存。

三、财务预测编制方法

适合养老机构经营特点的财务预测方法有以下两种。

1. 直接编制法：根据拟定的各项经营计划，选取预测项目和标准直接计算。收入测算，人员薪酬测算，租金等固定成本费用测算等适用这种方法。

2. 比例法：根据各项成本费用与收入、老年人人数、员工人数、薪酬等的比例关系，选取预测项目和比例计算。食材、食堂耗材、护理耗材、物业耗材、工会经费、残保金预测等适合这种方法。

四、财务预测编制实务

1. 收入预测编制实务

首先，取得拟定的分月销售计划数据，上期末老年人人数数据，上年度各收费项目月度平均收费水平数据。

其次，假设分月销售计划人数在月内平均入住。测算当月入住老年人的平均入住人数，可按照当月销售计划人数的50%测算确定。

最后，制作收入预测工作表，预测月度收入。

【例6–51】假设第1月—第12月销售任务共118人，分别如表6–93所示：

表6–93

月份	第1月	第2月	第3月	第4月	第5月	第6月
销售任务数	8	8	12	12	12	10
月份	第7月	第8月	第9月	第10月	第11月	第12月
销售任务数	10	10	10	10	8	8

其他数据如表6–94所示（单位：元）：

表6–94

上期末老年人人数	平均月床位费	平均月护理费	平均月餐费	一次性用品收费	采暖季月平均取费	平均月医务收入	平均补贴收入
150	1 200	2 500	800	1 000	200	100	300

注：采暖季为本期11月至次年3月，共5个月。

根据以上数据编制预测工作表（见表6–95），计算各收费项目月度收入（单位：元）

表6-95

基本数据		1月	……	12月	合计
上期末老年人人数	150	—	—	—	—
月度销售任务人数		8		8	118
月度平均入住人数		8×50%		8×50%	—
月度累计入住人数		150+8	……	260+8	—
月度累计平均入住人数		150+8×50%	……	260+8×50%	—
收入测算	月标准	1月收入	……	12月收入	合计
床位费	1 200	184 800	……	316 800	……
护理费	2 500	385 000	……	660 000	……
餐费	800	123 200	……	11 200	……
一次性用品收费	1 000	8 000	……	8 000	……
取暖费	200	30 800	……	52 800	……
医务收入	100	15 400	……	16 400	……
补贴收入	300	46 200	……	79 200	……
合计		793 400	……	1 144 400	……

月度平均入住人数：月度销售任务人数×50%；

月度累计入住人数：上月末人数+月度销售任务人数；

月度累计入住平均人数：上月末人数+月度平均入住人数；

床位费、护理费、餐费、医务收入、补贴收入：月标准×月度累计入住平均人数；

一次性用品收入：一次性用品收费标准×月度销售任务人数；

取暖费：只在1—3月，11—12月预测。月取暖费标准×月度累计入住平均人数。

2. 成本预测

首先，取得如下资料和数据：

拟定的劳动用工经营计划数据，近三月份部门平均工资水平；

拟定的分部门确定当月员工的平均在职人数，即（月初人数+月末人数）÷2；

以上期老年人平均人数为权重计算的人均护理耗材成本；

以上期老年人平均人数为权重计算的人均食材成本，食堂其他成本占食材成本的比例；

以上期老年人平均人数为权重计算的人均医务耗材成本；

按照物业面积和取暖费收费标准计算的采暖成本。

相关表格如表6–96所示：

表6–96

上期老人平均人数	金额或比例	（上期期末老年人数＋上期期初老年人数）÷2
项目		计算
上期护理耗材人均成本（1）		上期护理耗材成本 ÷ 上期老年人平均人数
上期食材人均成本（2）		上期食材成本 ÷ 上期老年人平均人数
食堂其他成本占食材成本比（2）		上期食堂其他成本 ÷ 上期食材成本
上期医务耗材人均成本（3）		上期护理耗材成本 ÷ 上期老年人平均人数
本期采暖成本（4）		本期启用物业面积 × 国家采暖单位标准
护理部门近三月人均工资（1）		近三月工资薪酬 ÷ 3 ÷ 护理部平均人数
餐饮部门近三月人均工资（2）		近三月工资薪酬 ÷ 3 ÷ 餐饮部平均人数
医务部门近三月人均工资（4）		近三月工资薪酬 ÷ 3 ÷ 医务部平均人数

注：医务收入及医务成本均不包含药品收入及采购成本。

其次，制作成本预测工作表（见表6–97），预测月度成本。

表6–97

基本数据		第 1 月	……	第 12 月	合计
上期末老年人人数	150	—	—	—	—
月度销售任务人数		8		8	118
月度平均入住人数		8 × 50%		8 × 50%	—
月度累计入住人数		150+8	……	260+8	—
月度累计平均入住人数		150+8 × 50%	……	260+8 × 50%	—
护理人员平均在职人数		……	……	……	……
餐饮人员平均在职人数		……	……	……	……
医务人员平均在职人数		……	……	……	……
护理部门近三月人均工资		……	……	……	……

续表

基本数据		第1月	……	第12月	合计
餐饮部门近三月人均工资		……	……	……	……
医务部门近三月人均工资		……	……	……	……
上期护理耗材人均成本		……	……	……	……
上期食材人均成本		……	……	……	……
食堂其他成本占食材成本比		……	……	……	……
上期医务耗材人均成本		……	……	……	……
成本测算		第1月	……	第12月	合计
护理工资成本（1）		……	……	……	……
护理耗材成本（1）		……	……	……	……
食堂人工成本（2）		……	……	……	……
食堂食材成本（2）		……	……	……	……
食堂其他成本（2）		……	……	……	……
医务人工成本（3）		……	……	……	……
医务耗材成本（3）		……	……	……	……
取暖成本（4）		……	……	……	……
合计		……	……	……	……

注：

取暖成本按照本期物业面积和国家收费标准计算，预测期1—3月，11—12月，平均分摊。（1）—（4）分别为护理成本、餐饮成本、医务成本、取暖成本。

3. 管理费用预测

首先，取得以下资料和数据：

批准后的劳动用工经营计划数据，近三月份部门平均工资水平；

分部门确定的当月员工的平均在职人数，即（月初人数+月末人数）÷2。

租赁合同；

本期维修经营计划及工程预算金额；

固定资产和装修改造经营计划、工程预算金额；

上期老年人人均用水、用电、用气数据；

上期保安、保洁、中控、消防、绿化耗材成本；

上期社保、住房公积金占工资比例；

工会经费占本期工资的比例；

上期缴纳的残保金金额、本期残疾人入职人数、缴费计算公式；

上期车辆费用；

上期交通差旅费；

上期审计及中介费用；

上期其他管理费用金额。

其次，根据以上数据编制管理费用预测表，如表6–98所示。

表6–98

基本数据		第1月	……	第12月	合计
物业人员平均在职人数	—				
管理及其他人员平均在职人数	—				
物业部门近三月人均工资		—	—	—	—
管理及其他部门近三月人均工资		—	—	—	—
物业人员工资（1）					
管理及其他部门人员工资（2）					
社保/公积金（3）					
工会经费（4）					
管理税费（5）					
车辆费用（6）					
交通差旅费（7）					
中介费用（8）					
租金/设施使用费（1）					
物业耗材（1）					
长期资产折旧/摊销（1）					
维修费用摊销（1）					
维修费用（1）					
水费（1）					

续表

基本数据		第1月	……	第12月	合计
电费（1）					
天然气费（1）					
其他管理费用（9）					

注：
物业部门包括：保安、保洁、绿化、消防、中控、维修；
管理及其他部门包括：院办、财务、行政、人事、社工、其他；
物业耗材：保安、保洁、绿化、中控、消防、维修用低值易耗品；
长期资产折旧/摊销：装修改造摊销、无形资产摊销、固定资产折旧；
维修费用摊销：大、中维修费用摊销；
维修费：小型维修费用；
管理税费：房产税、土地税、车船税、印花税、残保金等；
车辆费用：加油费、车辆维修费、车辆保险费、路桥费等；
交通差旅费：市内交通费、城际交通费、住宿费、差旅杂费、出差补贴等；
中介费用：审计费、担保费、评估费、公证费等；
社保/公积金：单位负担的全员社保和公积金等；
天然气：指热水或厨房使用天然气，不包括采暖用天然气。

最后，按如下要求进行预测（见表6–99）。

表6–99

项目		要求
物业费用	保安/保洁/绿化/中控消防/维修人员工资	近三月部门平均工资 × 月平均在职人数
	保安/保洁/中控消防/绿化耗材/绿化租摆	同上期数据，可以略有增加
	物业及设施维修费	根据小型维修工程预算造价编制
	租金/设施使用费	根据上期数据、合同等编制
	电费	根据月度老年人平均人数 × 上年人均耗用标准
	水费	
	燃气费	
	装修改造/无形资产/设备设施折旧摊销	上期数据和本期新增的基建/固定资产购置/大中修理工程预算造价，按照方法进行摊销和折旧测算
	小型维修/大中维修摊销	

续表

项目		要求
管理及其他人员工资	管理人员/行政/人事/财务/社工/其他工资	近三月部门平均工资 × 月平均在职人数
社保公积金	单位负担的全部社会保险/公积金	根据上期发生额占上期工资比例测算
工会经费	每月缴纳的工会经费	根据本期预测工资总额的14%测算
管理税费	房产税/车船税/土地税/印花税/残保金	根据本期员工人数、本期残疾人人数，残保金缴费公式测算
车辆费用	加油费/维修费/保险费/路桥费	根据上期数据和本期车辆增加情况测算
交通差旅费	市内交通及差旅费	根据上期数据测算，可以略有增长
审计及中介费用	审计费/评估费/公证费/担保费等	根据上期数据测算
其他管理费用	其他项目	根据上期数据测算，可以略有增长
管理费用合计		

4. 销售费用预测

首先，取得以下资料和数据：

拟定的劳动用工经营计划数据，近三月份部门平均工资水平；

分部门确定的当月员工的平均在职人数，即平均在职人数=（月初人数+月末人数）÷2；

拟定的销售部门经营计划。

其次，根据以上数据按月编制销售费用预测表（见表6-100）。

表6-100

基本数据		第1月	……	第12月	合计
销售人员平均在职人数	—				
销售人员近三月平均基本工资	—				
销售人员基本工资		—	—	—	—
销售人员提成		—	—	—	—
广告宣传推广费用					
合计					

最后，按照如下要求进行预测：

销售人员基本工资：近三月部门平均工资 × 月度平均在职人数；

销售人员提成：根据提成政策、销售任务预测；

广告宣传推广费：根据经营计划、合同等预测。

5. 经营资金结存预测

根据上述预测数据，可以计算出每个月的盈利情况。一般情况下，养老机构只有预收款，没有应收款。在每月利润的基础上，调整折旧摊销和预收款余额后，即为经营资金结存金额（见表6–101）。

表6–101

月份	第 1 月	第 2 月	……	第 12 月	合计
利润					
加：折旧与摊销					
加：预收款余额					
加：预收保证金余额					
经营资金结存					

预收款余额的预测：根据上期末预收款余额占上期床位费、护理费、餐费收入三项收入合计金额的比例，再乘以本月三项收入的金额。

月末预收款余额＝当月三项收入金额 ×（上期末预收款余额/上期床位费、护理费、餐费收入三项收入合计金额）

预收保证金的预测：当月净入住人数 × 保证金标准。

6. 资金计划的编制

表6–102

月份	第 1 月	第 2 月	……	第 12 月	合计
期初货币资金余额					
加：经营资金净流入金额					
减：固定资产购置					
减：装修改造金额					
减：需要摊销的中大修理					
期末货币资金余额					

根据期末货币资金余额情况，作出资金筹措或投资理财计划。

✧ 第十八节 连锁经营管理

养老机构连锁经营管理是指若干养老机构以统一的名称、统一的标志、统一的经营方式、统一的管理手段连接起来，制定若干服务标准、集中采购、分散发展、共享规模效益的一种现代组织形式和经营方式。连锁经营管理目的是资源共享、降低整体成本费用、提高竞争力。

连锁经营管理是一种集团化经营管理，但又不完全等同于集团化经营管理。集团化经营管理是指集团成员之间在研发、采购、制造、销售、管理等环节紧密联系在一起，协同运作的管理方式。其管理目的也是资源共享、降低整体成本费用、提高竞争力。

两者主要区别：连锁经营管理主要通过实施标准化达到管理目的，而集团化经营管理主要通过提高协作能力达到管理目的。

一、养老机构连锁经营管理的意义

1. 养老机构服务内容同质化，决定了服务易于标准化

可对高端、中端、普惠型养老机构管理实行标准化；

可对不同护理等级老年人的养老服务提供标准化；

服务内容能不能标准化，是实行连锁经营管理的重要基础条件。

2. 养老机构运营模式简单，容易复制

养老机构运作模式简单，养老机构的工作就是提供护理服务和做好服务保障。在提供护理服务方面，国家有行业规范性要求。在服务保障方面，也具有一致性，主要是物资保障、物业保障和行政后勤保障。运作模式简单且容易复制，也是实行连锁经营管理的重要基础条件。

3. 降低发展扩张成本

（1）可降低各养老项目中高层管理人员的能力要求、减少人员配置；

（2）通过统一标准，统一采购，降低装修改造成本，降低固定资产、低耗品或快消品采购成本；

（3）减少、降低试错成本；

（4）缩短新项目筹建期。

4. 有利于打造养老品牌

可设计统一VI（Visual Identity）形象、统一服务质量标准、统一着装、统一文明服务规范，将集团养老文化贯彻到各个养老项目。

二、养老机构连锁经营管理的内容

1. 标准化建设

这里的标准化不是所有管理事项的标准化，而是对核心服务和管理要素进行标准化，不同市场定位、不同区域的养老项目可对部分管理要素进行个性化设置。

标准化建设要结合市场定位、地域、护理等级等核心要素编制，主要包括：

（1）服务提供标准化；

（2）概念设计、适老化改造设计、软装、装饰的标准化；

（3）固定资产配置的标准化；

（4）VI形象设计的标准化；

（5）核心业务管理流程标准化。

2. 专业化提效

服务提供方面强化平行管理，服务保障方面强化垂直管理。

（1）在服务提供方面，由各养老项目按照标准化的要求提供服务并做好质量控制；

（2）在服务保障方面，由集团公司制定各项专业工作标准、规章制度、业务流程、表单并进行培训宣贯。集团成立多个业务中心，配备具有一定专业能力的工作人员。

3. 规范化管理

标准化的服务和专业化的经营方式要依靠规范化的管理来达到目的，规范化管理是提高各养老项目管理水平的有力保障。规范化管理涉及运营、服务、财务、人事、营销、采购、物业等多个方面。规范化管理可以借助信息化平台来实现。

三、养老机构连锁经营管理的管控方式

在连锁经营管理领域，主要有三种管控模式，如表6-103所示。

表6-103

管控方式	描述	优点	缺点
业务型	1.总部负责战略以及各项工作标准、制度、流程制定并监督检查； 2.各养老项目负责具体落实。	总部深入项目，易于控制风险、快速复制。	总部规模大，市场反应慢。
资源型	1.总部负责财务、资产运营、收购兼并、人力资源等工作； 2.各养老项目独立运营。	总部人员少，各养老项目有更大自主权。	管控风险较大、不易于复制。
战略型	1.总部负责财务、资产运营、整体战略、各项目经营发展计划审批等工作； 2.各养老项目按照计划独立运营。	总部人员相对较少，专注于发展。	管控风险相对较大，不易于复制。上下博弈情况较多。

四、业务型管控方式的实施

从养老机构的业务特点分析，“业务型管控方式”适合养老机构连锁经营发展。业务性管控方式的实施就是管理权限的划分。

1. 重新定位集团公司和各养老项目的管理职责

集团公司的主要职责就是制定工作标准、规章制度、业务流程、表格表单、培训指导、监督检查；各养老项目的主要职责就是提供服务提供、服务保障，厘清集团公司和各养老项目的管理边界，从而提高效率，降低成本。

2. 集团公司和各养老项目的主要管理职责

集团公司各中心主要职责（规模较小的集团，各中心职能可以选择合并）：

（1）养老运营中心：制定护理服务标准；制定餐饮标准；制定增值服务标准；制定各养老项目活动标准；制定固定资产、低耗品配置标准；制定着装标准；增值服务立项审批；养老项目考核；养老项目运营分析；业务外包立项审批；制定物业服务标准；装修改造、固定资产及低耗品采购需求审核；制定文明服务规范；服务合同规范；服务培训；监督检查；以及设计相关的工作流程、表格表单等。

（2）适老化设计中心：制定装修改造标准；制定软装、装饰标准；制定VI形象标准；概念设计与适老化设计；以及设计相关的工作流程、表格表单等。

（3）财务管理中心：集中会计核算；集中财务分析；集中预算管理；集中资金管理；制定统一的财务管理制度和会计核算办法；制定收款结算管理办法；审计监督；信息化管理；投资管理；融资管理；培训；监督检查；以及设计相关的工作流程、表格表单等。

（4）人力资源中心：制定人力资源管理制度；劳动合同规范；员工手册编制；制定统一的员工福利制度；统一人员离职入职管理；制定员工绩效考核制度；编制集团各养老项目人力资源规划；制定员工薪酬标准；指导员工劳动仲裁纠纷问题处理；培训；监督检查；以及相关的工作流程、表格表单等。

（5）市场营销中心：对接传媒；对接合作客户；制定营销管理制度；制定提成计算和发放办法；拟定集团各养老项目营销计划；销售人员任务管理；寻找洽谈新的养老项目；项目投标；以及相关的工作流程、表格表单等。

（6）物资采办中心：供应商管理；物资集采；制定固定资产、低耗品入库出库流程；库存监督检查；物资调拨；招标管理；以及相关的工作流程、表格表单等。

各养老项目主要职责：

按照集团公司下发的工作标准和规章制度，做好服务提供、餐饮服务、服务保障和质量控制，协助完成集团公司安排的各项工作任务。

五、养老项目筛选

为维护品牌形象，保证服务质量，养老机构连锁经营管理不宜采取加盟制，而要采取自营的方式发展。寻找、考察养老项目是集团公司的一项重要工作。

1. 新养老项目的来源渠道

（1）监管部门；

（2）养老协会/老龄协会/福利协会；

（3）各种养老展会；

（4）各种养老论坛；

（5）各种养老平台信息；

（6）其他渠道。

2. 新养老项目的获取方式

（1）投标

公建民营养老项目一般采取投标的方式。投标文件内容一般包括：投标书；商务条款偏离表；技术条款偏离表；资格证明文件；中标服务费；投标人简介；商务条款；服务方案；技术与实施方案等。各地招标方会出具招标文件。

（2）合作

一些大型房地产公司、园区开发公司等在开发过程中，会配建形成一些养老项目。这些开发公司对养老项目的运营缺乏经验，也不是其发展主业，因此需要将持有的养老项目与养老机构进行合作。合作洽谈中要注意几个方面：充分的市场调研，运营管理权，投资责任和利润分配等。

（3）收购

收购是指获取已有养老项目的股份控制权和管理控制权。收购前要充分评估收购风险。

收购时要注意以下几个方面：属地养老市场调研；财务尽职调查；法律尽职调查；运营尽职调查；被收购养老机构估值的合理性；收购后投资等。

（4）新建

养老机构对一些闲置资产等通过租赁、购买等方式，改造为养老项目。

3. 养老项目优劣定性评价

对潜在养老项目进行初步考察后，进行优劣定性评价。可以简单分为优质、一般、不良三类。

（1）“优质”养老项目根据以下特征定性判断

①位于主城区或濒临主城区；

②养老床位规模在200—500张；

③当地经济发达，养老机构退休人员月退休金在4 000元以上；

④公建民营养老项目；

⑤当地有长护险扶持政策；

⑥不进行或局部进行适老化装修改造。

满足上述6个特征中4个以上，可以初步判断为优质养老项目。

（2）“不良”养老项目根据以下特征定性判断

①距离主城区较远，周边交通、医疗等配套严重缺乏；

②床位数小于100张或者大于600张；

③物业不具备验收条件或需要大面积适老化改造；

④当地经济发展水平较低，养老机构退休人员月退休金在3 000元以下；

⑤当地养老市场竞争激烈，存量床位数接近饱和；

⑥租金较高（接近或按不动产租赁市场价格）或者改造成本太高；

满足上述6个特征中4个以上，可以初步判断为不良养老项目。

（3）“一般”养老项目

除了上述判断为“优秀”和“不良”的养老项目外，其他为一般养老项目。

六、控制连锁经营发展的节奏

养老床位的快速扩张，极易造成资金链断裂和服务品质下降，给养老集团带来巨大经营风险，甚至走向重组、清算之路。

1. 总体发展思路

连锁经营发展要坚持单体做好、复制做大、管控做强、品牌做久的发展思路。

2. 具体把控点

（1）做好资金筹划，保证扩张过程中资金链不断裂。资金需求测算：根据历史财务经验数据，可以估算出每扩张百张养老床位平均投入的装修改造和固定资产配置资金量，以及每个养老机构在达到盈亏平衡点时的流动资金需求量。按照时间、金额两个维度来估算。这样就能从时间和金额两个维度测算扩张养老床位时需要的资金量。

资金来源规划：资金来源主要有三个方面，银行贷款或社会借款、追加投资、已有养老项目营运资金结余。资金来源的预测，也要按照时间和金额两个维度来估算，并且能保证其可靠性。谨慎使用高利率融资资金，谨慎签订有对赌条件的融资协议。

（2）做好人才储备和培训工作。建立人才储备机制。坚持对各岗位骨干人员的选拔、培养与储备，通过建立各种规章制度保障落实。骨干人才储备比例不是越高就越好。过高的人才储备比例会大幅提高已有养老项目的营运成本；人才储备比例过高，反而不利于发挥连锁经营人才资源共享的低成本优势。

坚持做好培训工作，不只是服务培训，也包括各项工作标准、制度、流程等管理培训。

（3）考虑已有养老项目的盈利能力。如果大部分已有养老项目盈利能力比较好，那么就说明集团公司的管控模式、经营战略、工作标准、管理制度是有效的，具备快速扩张的基础。另外，大部分养老项目盈利能力较好，也能给扩张发展提供更多的资金流，从而降低融资成本。

如果大部分已有养老项目盈利能力较差，那就需要分析盈利能力差的原因。是管控模式的问题？是营运成本和收入结构的问题？还是入住率和入住时间的问题？如果不能够充分分析其原因，发现影响盈利能力的因素并进行有效调整，就应暂缓床位扩张。盲目快速扩张就可能带来巨大风险。

（4）坚持市场调研在先、可研报告在先的原则，按照严格的制度和流程筛选、评估、论证、议定养老项目。

第七章

养老项目的前期工作

✧ 第一节 养老机构盈利的底层逻辑

底层逻辑的百度百科解释：底层逻辑指的是事物间的共同点，是不同之中的相同之处、变化背后不变的东西。也指从事物的底层、本质出发，寻找解决问题路径的思维方法。底层逻辑越坚固，解决问题的能力也就越强。养老机构盈利的底层逻辑：通过对大量实现盈利的养老机构的商务模式、盈利模式、经营数据进行分析，得出实现盈利共性的、基本的因素。

为什么有的养老机构入住率不足50%就实现了盈利，而有的养老机构入住率达到了80%以上却依然亏损？为什么有的养老机构开业不到2年就实现了盈利，而有的养老机构开业5年以上了，却依然亏损？为什么多数养老机构处于不盈利的状态？

因为盈利的养老机构管理层有意或无意知悉了养老机构盈利的底层逻辑。而那些迟迟不能盈利的养老机构对盈利的底层逻辑一直不清晰。那么养老机构盈利的底层逻辑有哪些方面呢？

一、盈利底层逻辑的几个方面

1.科学的市场定位

2.差异化经营策略

3.毛利额能够覆盖固定成本

4.战略指标管理

5.人力资源成本管理

6.全成本管理和精细化管理

二、底层逻辑几个方面的认知

1. 科学的市场定位

（1）城市定位。适用于大型CCRC养老项目和旅居康养项目。

选择人口净流入的城市；

选择经济发达的城市；

选择区域中心城市；

旅游或特色城市。

（2）区域定位。适用于所有养老项目。

老年人口密集的老城区；

近郊区；

距离医院、公园较近的地区、交通便利的地区。

（3）服务定位。适用于所有养老项目。

机构养老/CCRC养老社区；

中高端/普惠性；

普通护理/特色护理（特殊护理/康复等）。

（4）客群定位。与服务定位相结合。

自理/半失能/完全失能/特殊护理；

地方病或慢性病客群；

心脑血管/糖尿病/特殊护理/骨折客群。

好多养老项目，尤其是CCRC项目，多数因为市场定位不合理问题，出现巨额亏损。市场定位出现错误，导致养老项目出现硬伤，调整成本极高。

2. 差异化经营策略

差异化经营指的是在同质化的产品市场中，养老机构为了应对激烈的竞争，通过对产品、价格、分销和促销方面制定出不同于竞争对手的策略，以达到建立比较竞争优势，取得竞争主动权的目的。这种策略的核心是在同质化的市场中提供独特的产品或服务，以满足消费者的不同需求和偏好。

养老机构的服务目前同质化比较严重，市场竞争激烈。通过对养老照料市场做精准的人群、需求细分，制定差异化经营策略，以使养老项目可以与其他竞争对手区分开来，提供独特的服务和产品，以吸引更多的客户。认知障碍症老年人照护、帕金森症老年人照护、健康管理与康复等照护都属于差异化策略。

差异化经营可以建立养老项目的独特品牌形象和声誉，使其在市场中脱颖而出，迅速提高入住率。目前多数养老机构入住率迟迟不能提高，主要问题是忽略了差异化经营，陷入同质化竞争的红海市场。

3. 毛利额能够覆盖固定成本

毛利：养老机构服务收入与服务成本的差额。服务成本是指直接用于老年人照料方面的成本，随着老年人的增长而呈线性增长。比如护理人员的工资、老年人的食材等。

固定成本：与老年人的数量不相关的成本。比如租金、租入房屋的适老化装修改造成本、固定资产投入、公区的水电暖费用、非护理人员的工资等。

利润 = 毛利额 - 固定成本 = 老年人数量 × 单位老年人毛利 - 固定成本
　　= 老年人数量 ×（老年人平均收费单价 - 老年人平均服务成本）- 固定成本

可见，毛利额与老年人数量和收费价格、服务成本密切相关。如果固定成本较高，毛利额也要足够大。如果养老机构不能提高单位毛利额，就必须有一定规模的床位数量；如果床位规模较小，就必须有较高的服务毛利率。

如果养老项目定位为普惠型，目标客群为普通大众老年人群，那么收费定价会处于一个低水平。如果固定成本较高，就需要有一定床位的数量提高毛利额。因此普惠型养老机构的床位数量就不能少。反之，如果养老项目的床位数量不多，那么就不能定位为普惠型养老机构，应该定位为中高端养老机构或者特色养老机构。这样由于单位毛利较高，也能产生一定的毛利总额来覆盖固定成本。

4. 战略指标管理

公司战略指标包括：满入住周期、利润率、盈亏平衡入住率、盈亏平衡周期（战略亏损期）、战略亏损金额等。

养老机构在投标期间或者开业前，应该做好战略规划，做好满入住利润测算。然后提炼出战略管理指标，将战略管理指标分年度转换为经营预算。以保证经营目标的实现。有的养老机构经测算满入住利润是可观的，但由于盈亏平衡周期过长，导致整个养老项目价值下降，最终出现累计亏损迟迟不能弥补的情形。

另外，在不同的阶段，入住率、利润和现金流决策也要不断调整。不同的时期管理的重点也要有所不同。成长阶段的管理重点是入住率和现金流，牺牲部分利润换取入住率和现金流的增加。成熟阶段管理的重点是利润。

5. 人力资源配置

人力成本对盈利的影响：养老机构属于劳动密集型养老机构，其人力成本约占全部成本的比重约40%。造成人力成本过高的因素有：

（1）组织管理结构设置的原因；

（2）服务设计、休假制度、班次安排的原因；

（3）没有跟入住率的增长做动态管理；

（4）超前或过度储备人员。

人力成本过高，使本来能够实现盈利的养老机构出现亏损或者导致盈亏平衡周期变长。

6. 全成本管理和精细化管理

（1）全成本管理

①建设成本管理体系

成本核算、成本分析、成本控制、成本降低和成本优化五个方面。

②成本管理的参与度要广

全成本管理包括全员、全面、全过程的“三全性”，其中，全员参与成本控制，包括养老机构领导层、管理层及员工；全面性指的是全生命周期成本管理，不仅包括经营阶段的成本，还包括设计阶段的成本；全过程成本管理是指对养老机构经营活动实行全环节、动态性成本控制。

③战略成本管理

通过设定目标成本，进行成本管理与控制；实施成本领先策略，通过成本降低获得竞争优势；养老集团通过供应链管理和价值链分析优化成本等。

④明确成本分类与管理重点

成本管理的重点从成本性态上讲是固定成本，从成本结构上讲是人力成本。

（2）精细化管理

①建立多维度财务核算

老年人护理等级维度、员工维度、会计科目维度、服务产品维度等。

②全环节成本控制

对每一个环节制定成本控制目标。

③建立管理指标和分析指标体系

战略管理指标、经营管理指标、财务分析指标、业务分析指标等。

④满入住前分年度动态预算管理

入住率、营收、成本、费用、利润（亏损）。

✧ 第二节　养老项目市场调研

养老项目市场调研就是运用科学的方法，有目的、有系统地收集、记录、整理养老市场的信息，了解市场现状和发展趋势、为经营决策提供客观、正确的信息的过程。

一、养老项目市场调研的意义

作出养老项目取舍决策；

科学、经济、合理确定投资规模；

明晰市场定位，制定发展战略；

了解竞争对手，制定竞争策略、营销策略；

定价与服务设计。

二、市场调研的主要内容

1.当地养老扶持政策，包括护理险、建设补贴、运营补贴政策等。

2.当地老年人人口状况，包括退休性质、年龄段、人数、养老观念、空巢率、喜好等。

3.当地工资水平、退休金水平。

4.当地养老机构床位保有量、在建量情况。

5.当地养老机构情况。包括机构性质、机构数量、运营时间、商务模式、盈利模式、产品设计、运营模式、入住率、收费水平、硬件投入、智慧养老、工作人员数量等。

6.当地劳动力成本，重点是养老机构从业人员成本。

三、市场调研计划的编制

凡事预则立，不预则废。一个好的调研计划可提高工作效率，是调研信息相关性、可靠性、有效性的保证。

调研计划的主要内容：

1.调研目的：只有目的明确，才能编制合理的调研计划，获得有效的信息。

2.调研时间：要考虑外勤调研时间、整理分析时间和报告时间。

3.调研人员：大的调研项目，要做好人员分工，明确一名负责人。

4.调研区域：区分调研内容，划定调研区域。比如养老机构调研，需要以市、县为调研区域。老年人群体调研，需要以项目所在地为中心，以周边多少公里为半径划定调研区域。

5. 调研费用：人工费、耗材费、通讯费、赠品费、差旅费等。

6. 调研对象：属地养老机构、监管部门、养老金管理部门、房产中介、家政等。

7. 调研内容及工具：将调研内容进行分类，整理成各种调研表格。

8. 调研形式：问卷、走访、咨询、座谈、查阅。

9. 调研方法：调研方法的选择原则是以最有效的方式，获取最真实、最可靠的调研信息。

要结合具体调研内容，采用不同的调研方法。鉴于养老市场调研的特殊性，调研方法还要区分主次。以线下调研为主，线上为辅；以单位走访为主，个人问卷为辅；以现场调研为主，公开信息查阅为辅。

四、调研信息整理与分析

1. 数据整理

经过线下和线上调研后，得到的数据比较杂乱，需要对采集到的原始数据进行整理。包括以下整理内容：补充重要的缺失数据；删除重复数据；对明显错误数据进行修正；统一数据的格式和表达方式；按照预定的分类规则进行分类。

2. 数据分析

分析的目的是拟投资养老项目的可行性与必要性。

分析的内容：一是当地养老市场的发展潜力，可结合上海“9073”或北京“9064”养老模式进行定性分析；二是目前养老机构的服务水平、入住率、经营状况以及原因分析等。

分析的方法有两种：一是因素分析法：围绕开业时间、入住率、平均收费水平、平均服务水平、租金或投资规模、人员数量与结构等因素进行分析。二是比较分析法：比较不同养老机构的各项数据。不同性质的养老机构应先分类再对比。

五、调研结论与建议

1. 调研结论主要内容

当地养老床位的存量数量、入住率、在建养老床位的增量数量；

当地养老机构的市场细分情况；

当地养老市场的潜力；

调研养老机构的经营状况及原因分析。

2. 调研建议主要内容

拟投资养老项目可行性与必要性的定性分析；

拟投资养老项目的市场定位；

拟投资养老项目的产品组合形式（护理院/机构式养老/居家式养老/社区养老服务辐射）。

✧ 第三节　闲置资产改造养老项目决策

目前的养老项目，有新建项目，多数是公建养老项目。也有改建项目。随着国家对闲置资产盘活利用政策的出台，利用闲置资产改建为养老项目的机会将会越来越多。

一、闲置资产改建养老项目的有关政策

1. 2016年10月9日，民政部等11部委发布《关于支持整合改造闲置社会资源发展养老服务的通知》："充分挖掘闲置社会资源，引导社会力量参与，将城镇中废弃的厂房、医院等，事业单位改制后腾出的办公用房，乡镇区划调整后的办公楼，以及转型中的党政机关和国有企事业单位举办的培训中心、疗养院及其他具有教育培训或疗养休养功能的各类机构等，经过一定的程序，整合改造成养老机构、社区居家养老设施用房等养老服务设施，增加服务供给，提高老年人就近就便获得养老服务的可及性，为全面建成以居

家为基础、社区为依托、机构为补充、医养结合的多层次养老服务体系目标提供物质保障。”

2. 2016年11月20日，国务院办公厅发布《关于进一步扩大旅游文化体育健康养老教育培训等领域消费的意见》：“支持整合改造闲置社会资源发展养老服务机构，将城镇中废弃工厂、事业单位改制后腾出的办公用房、转型中的公办培训中心和疗养院等，整合改造成养老服务设施。”

3. 2022年5月25日，国务院办公厅发布《关于进一步盘活存量资产扩大有效投资的意见》：“推动闲置低效资产改造与转型，依法依规合理调整规划用途和开发强度，开发用于创新研发、卫生健康、养老托育、体育健身、休闲旅游、社区服务或作为保障性租赁住房等新功能。”

二、闲置资产的类别

1. 闲置土地：社区服务用地、公共事业用地、公益用地。

2. 闲置房产：烂尾楼盘、闲置废弃工业厂房、闲置办公楼、弃用公用设施、存量酒店、培训机构、疗养机构等。

三、闲置资产供应及开发形式

1. 供应形式：政府划拨、对外租赁、合作建设康养项目、整体转让等。

2. 开发形式：国有资本/集体资本投资、养老机构投资、联合开发等。

四、闲置资产改建养老项目的决策程序及要求

改建养老项目遵循如下程序：

了解项目基本情况——全面养老市场调研——科学进行市场定位——编制严谨的可行性研究报告——项目评审决策。

注意：

在了解项目基本情况、养老市场调研环节两个程序中，如果经过初步评估，认为该闲置资产不适合做养老项目，就可以中断下一步的工作，舍弃该

项目。

在编制可研报告环节，如果不能得出项目可行的意见，则需要重新进行项目定位、适老化设计，然后重新进行投资估算和经济评价。

1. 了解项目基本情况环节

这是科学决策的第一步，了解项目的以下基本情况，但不要求对项目进行详尽的了解。

（1）用地属性：合法性、是否可以变更属性。

（2）剩余可使用年期：超过20年、是否可续期。

（3）土地使用权和房屋产权：无产权的土地和房屋是否可以作养老使用？

（4）房屋目前结构与建筑面积：初步评估适老化改造的难度及投资估算，床位数等。

（5）水电气暖等市政设施：市政配套的完整性。

（6）地理位置：周边居民区、交通便利度、风景区、距离城区核心距离。

（7）周边配套：医疗配套、文化娱乐配套、商业配套。

（8）政策和法规：消防要求、民非还是营利性。

2. 养老市场调研环节

在了解项目的基础上，开展属地养老市场调研工作，调研的主要目的是对项目进行取舍评价和市场定位。

（1）养老机构调研：机构数量、成立时间、市场定位、建筑面积、投资额/租金、床位数、入住老年人人数、收费项目及收费水平、餐饮水平、员工人数等。

（2）养老从业人员工资水平调研：护理员、厨师、医生、护士工资平均水平及社保缴纳等。

（3）退休老年人群体调研：分年龄阶段退休老年人数量、入住养老机构意愿等。

（4）中年工薪族收入水平和退休老年人收入水平调研：中年工薪族平均工资和退休老年人退休金等。

（5）房价和房租水平调研：与项目所在地某一距离内一手房和二手房销售价格和周边房租水平等。

（6）政策调研：养老项目扶持政策、优惠政策、医保政策等。

调研的内容越细致，越有利于项目决策。

3. 市场定位环节

市场定位的重点是服务定位和客群定位。服务定位与客群定位存在着一定的关联关系。

进行市场定位时，可使用SWOT工具来完成。

（1）分析环境因素：优势、劣势、机会、威胁。

（2）构造SWOT矩阵：对发展有直接的、重要的、大量的、迫切的、久远的影响因素优先排列出来，而将那些间接的、次要的、少许的、不急的、短暂的影响因素排列在后面。

市场定位决策：发挥优势因素，克服弱点因素，利用机会因素，化解威胁因素。

养老机构定位可参考表7–1：

表7–1

城市规模	床位规模	客群定位	服务定位	区域定位
超大城市	300张以上	高净值人群	中高端护理+特殊护理+健康管理	全域
	100–300张	高净值人群	高端护理+特殊护理	主城区
	100张以下	特殊人群	特殊护理	全域
特大城市	300张以上	高净值人群	中高端护理+特殊护理+健康管理	全域
	100–300张	高净值人群	高端护理+特殊护理	主城区
	100张以下	特殊人群	特殊护理	全域
大城市	300张以上	普通人群	中高端护理+特殊护理+健康管理	远郊除外
	100–300张	高净值人群	中高端护理+特殊护理	主城区
	100张以下	特殊人群	特殊护理	全域

续表

城市规模	床位规模	客群定位	服务定位	区域定位
中等城市	200张以上	普通人群	普通护理+健康管理	全域
	200张以下	——	——	——
小城市	200张以上	普通人群	普通护理+健康管理	全域
	200张以下	——	——	——

注：

（1）城市规模标准：

①超大城市：城区常住人口1 000万以上；

②特大城市：城区常住人口500至1 000万；

③大城市：城区常住人口100至500万，其中300万以上500万以下的城市为Ⅰ型大城市，100万以上300万以下的城市为Ⅱ型大城市；

④中等城市：城区常住人口50至100万；

⑤小城市：城区常住人口50万以下，其中20万以上50万以下的城市为Ⅰ型小城市，20万以下的城市为Ⅱ型小城市。

（2）健康管理服务概念：

慢病管理（高血压、糖尿病、睡眠障碍、眼病等），中医养生保健（含药膳食疗），康复（偏瘫、骨折、透析）等。

（3）特殊护理概念：

认知障碍症老人照护、帕金森症老年人照护。

4. 可行性研究报告编制环节

首先，根据闲置资产现状，结合国家适老化建筑设计规范文件，编制适老化改造方案。编制适老化改造方案，需要做如下基础工作。

（1）产品设计

机构照料服务、活力老年人生活服务、旅居服务、健康管理服务、慢病管理服务、康复护理服务等。

（2）服务规模

机构床位、旅居床位、活力老年人床位数量。

（3）功能分区

照料区、餐饮区、文娱运动区、健康管理区。

（4）动线设计

13条动线的经济性。

（5）改造方案

确定改造内容、技术要求等。

注意：

适老化改造方案的编制是进行投资估算和经济性评价的基础；

设计原则：轻装修，重装饰；

一次性改造成本与运营成本统筹考虑；

照料区、餐饮区、文娱运动区、服务保障区面积要合理且具有经济性；

单人间、二人间、多人间安排要遵循服务产品设计要求，尊重市场入住的经验数据。

其次，根据适老化改造方案以及固定资产配置，估算投资金额。

（1）确定可能发生的成本项目：建造成本/装修改造成本，水、电、暖、燃气等市政配套成本，园林绿化、道路围墙等小市政配套成本，老年人房间用护理床、家具、家电及软装成本，管理用固定资产购置成本。

（2）以当地预算定额为标准计算。以当地成本水平为标准计算。

（3）必要时考虑融资费用。

最后，对项目进行经济评价。

（1）利润测算要求：不少于10年，滚动预测；

（2）收入测算要求：根据预计的服务项目、单价和入住人数逐年预测；

（3）成本费用测算要求：区分固定成本和变动成本进行测算；

（4）现金流量分析要求：根据投资、预收款、收入、付现成本编制每年现金净流量。

注意：将闲置资产改造成养老项目，涉及财务、运营、投资、工程施工、工程造价等多个专业。要想将一个闲置资产改造成一个成功的养老项目，需要各专业互相协作，必要时利用专家的工作。

5. 项目评审决策环节

在以上工作准备就绪后，进入了项目评审决策环节。投资一个养老项目，属于重大经营决策，应该按照养老机构章程的规定，提交董事会进行审议决策。切忌凭感觉决策，切忌一人决策。

✧ 第四节　如何快速评估公建养老项目的投资价值

投资价值分析是一个评估投资机会的过程，主要涉及对特定资产或项目的潜在收益和风险的评估。对公建养老项目来讲，在进行投资价值分析时通常会考虑多种因素，包括但不限于以下几个方面：基本面分析、市场与竞争分析、经济可行性分析、风险分析等。

之所以要求快速评估公建养老项目，进行投资价值分析，是因为公建民营项目从有关部门发布招标公告到递交投标书的时间较短，需要运筹的事项很多，必须尽快做出是否投标的决定。

一、养老项目基本面分析

基本面分析主要是通过踏勘公建养老项目现场和阅读当地有关部门发布的招标文件等方式来完成的。重点了解以下事项。

1. 项目建设现状；

2. 未来交付状态；

3. 预估达到使用状态前，按照招标文件内容，投资人是否需要进一步进行适老化改造？如果需要，要改造哪些项目？预计会发生的改造成本有多少？

4. 养老床位规模；

5. 合同期以及续签条款；

6. 项目租金或设施使用费等水平；

7. 交通及周边环境；

8. 距离主城区距离，周边是否属于高密度居民区等。

二、市场与竞争分析

做市场与竞争分析时，重点是以下几个方面。

1. 当地老年人人口数量，尤其是70周岁以上老年人数量；

2. 当地退休金水平。包括行政事业单位退休金水平和企业退休金中位数；

3. 当地已经开业的养老机构床位数量，正在建设的养老项目床位数数量；

4. 周边养老机构分布情况；

5. 当地养老机构收费水平和服务水平等。

三、经济可行性分析

快速评估一个公建养老项目的经济可行性，应结合养老项目的经济特征，利用本量利分析的方法作出评价。

通过本量利分析，确定该养老项目的盈亏平衡点、满入住的利润和投资资金的需求量。盈亏平衡点入住率要在70%以下，企业经营风险较小；满入住利润率要大于或等于行业平均利润率；投资资金要在投资人可承受的范围内。进行本量利分析前，需要对其几个要素予以明确。

1. 固定成本

分析该养老项目未来要发生的主要固定成本。包括租金、适老化改造金额以及摊销额、投入固定资产的金额以及折旧额、非护理人员配备数量以及薪酬、水电费以及取暖费、按照收入一定比例计算的其他管理费用。

2. 综合收费平均单价

只包括床位费、护理费、餐费和取暖费。基于谨慎原则，不考虑一次性物品费和运营补贴。综合收费平均单价的标准以当地企业退休金的中位数为基础，结合预计的市场定位综合确定。但不宜超过当地企业退休金中位数水平的20%。

3. 变动成本

这里的变动成本只包括护理变动成本和餐饮变动成本（变动成本的定义以及测算详见有关章节）。

4. 入住数量

测算利润时，要求动态测算。从开业始至少5年。计算出每一年的利润（亏损）金额。

根据以上测算，就能初步确定该养老项目的盈亏平衡点、满入住利润、盈亏平衡周期、满入住周期、累计利润回正年份、需要的投资资金数量。需要注意的是，即使经过合理预测，判断一个养老项目投资价值非常好，也可能在实际经营中，因为盈亏平衡周期过长，前期大量亏损，致使该项目的投资价值大幅降低而变得不再具有投资价值。

四、风险分析与风险管控

首先，是识别风险。

公建养老项目可能存在的主要风险有：

1.工程项目验收手续不完整、不规范。特别是消防验收方面；

2.需要投资人进一步装修改造的项目太多，投资太大，或者租金/设施使用费较高。导致该养老项目不具有经济性；

3.合同期太短。建议公建养老项目合同期不短于10年；

4.存量和在建的养老床位数量较多，接近或者超过了“9073”或者“9064”的养老格局需要的养老床位数量。

其次，是分析和管控风险。

1.投标前，就以上主要风险与有关部门进行沟通，特别是消防验收报告的沟通。对没有消防验收报告的，或者消防验收报告不规范的，或者其他工程验收报告不完整、不规范的，要慎重作出投标的决定。对招标文件中的合同期约定较短的（少于10年），要明确合同到期后是否可以约定续期条款。

2.对于存量和在建的养老床位数量较多的情形，意味着当地竞争会非常激烈，市场容量有限，建议慎重投标。

3.对于进一步装修改造的项目太多，投资太大，或者租金/设施使用费较高的情形，在做经济分析时，本着谨慎原则，尽可能精算，以判断该养老项目是否具有经济性。

✧ 第五节 开业筹备指南

开业筹备，业内也称“筹开”，是指养老机构完成基本装修后至开业前的准备工作。

一、影响筹开期长短的因素

是指完成基本装修日至正式开业日之间的日期。筹开期一般为3—6个月。筹开期越长，筹开费用越高。但筹开期太短，也可能导致准备工作不充分，影响开业后服务提供。

影响筹开期长短的主要因素：

1.物业原因；

2.筹开经验；

3.项目的复杂性。

二、筹开事项

做好筹开工作的关键是梳理筹开事项，以便养老机构如期正常开业。筹开事项分为一般筹开事项和特殊筹开事项。

1. 一般筹开事项

指一般养老机构开业必须筹备的事项，主要包括以下内容。

（1）成立筹开组织机构：一般院长或投资人指定人员为组长，下设几个工作组，分管不同筹开事项。

（2）物业验收：水、强电、弱电、消防、空调、电梯、锅炉等。

（3）开荒保洁。

（4）设计养老项目组织结构：制定组织结构图，明确各部门工作职责。

（5）岗位职责：明确各岗位人员工作职责。

（6）人事编制：确定开业前各岗位基本人员编制。

（7）人员招聘：招聘开业前各岗位人员。

（8）采购计划：固定资产、低耗品、服装、物业用品、食堂用品等。按照部门、品种、数量、时间、金额编制。

（9）采购。包括固定资产和低值易耗品采购。

（10）管理制度制定、管理用表单设计。

（11）财务会计核算、财务软件、收款管理、税务事项、银行账户等。

（12）出入院管理系统。

（13）服务产品设计：居家式、护理等级、护理模式、白班夜班、排班管理等。

（14）价格政策：居家产品价格、床位费价格、不同护理等级价格、餐费等其他费用价格及调价机制。

（15）服务动线设计：客户接待动线、政府接待动线、医务护理动线、老人活动动线、餐饮服务动线、食堂采购供给及餐余垃圾动线、安保动线、急救动线、消防动线、安保动线等。

（16）服务流程设计：评估、入院、退院、请假、护理、收费、结算、退费等流程设计、序时每天任务流程。

（17）合同设计：居家式、机构式合同范本及附件。

（18）业务培训：管理培训、护理培训。

（19）VI形象设计、各种标牌制作安装。

（20）服装设计及选配。

（21）销售管理：营销费用测算、销售团队、销售提成发放政策、广告投放等。

（22）服务测试：检测制度、服务、流程、动线的合理性。

（23）疫情隔离区及动线设计。

（24）开业庆典准备。

2. 特殊筹开事项

不是养老机构开业必须筹备的事项或者由于养老项目的特殊性、管理层的特别要求，需要单独准备的事项。主要包括以下内容。

（1）顶层管理架构。

（2）公司设立。

（3）适老化装修改造。

（4）智慧养老系统上线。

（5）发展战略、财务战略、竞争策略。

（6）经营计划。

（7）财务预测。

（8）现金流管理。

（9）内部控制设计。

三、筹开工作流程

成立筹开组和各个工作组——召开筹开会议，明确各工作组任务——各工作组根据其任务穷尽相关筹开事项——筹开组统筹筹开事项并编制筹开计划——各工作组落实筹开事项——服务测试——开业庆典准备——开业。

四、筹开领导小组及工作组

1. 筹开组织机构

（1）筹开领导小组：总体筹开工作领导。

（2）筹开工作组：负责各个筹开事项的落实。

一般工作组有：物业保障组、运营保障组、人力保障组、宣传销售保障组、采购保障组、外联保障组。

2. 筹开领导小组及工作组职能分工

（1）筹开领导小组

工作目标：保证如期开业，在制度建设、流程动线设计、服务产品设计和市场定价方面具有竞争力。

工作任务：建立各个筹开工作组，明确各组成员及筹开工作任务；梳理筹开事项；指导、协调、监督、检查各项筹开工作的开展；筹开项目移交给运营管理团队。

（2）物业保障组

工作目标：保证物业正常运行，满足开业要求。

主要任务：物业验收、适老化装修改造、开荒保洁、制定物业相关规章制度、设计相关动线、物业人员培训等。

（3）运营保障组

工作目标：保证各种运营正常开展，满足开业要求。

主要任务：制定有关管理制度和服务制度、建立组织机构、服务产品设计、相关流程设计、相关动线设计、食堂事务、财务、行政、培训、服务测试、开业前准备等。

（4）人力保障组

工作目标：保障合格人员供给，满足开业要求。

主要任务：制定相关管理制度、员工手册、编制人力资源计划、人员招聘、社保、相关培训等。

（5）宣传销售保障组

工作目标：保证养老机构开业前具备一定老年人储备。

主要任务：制定有关管理制度、营销费用规划、市场推广宣传、预售床位、相关流程设计等。

（6）采购保障组

工作目标：保证固定资产和低耗品供给，满足开业要求。

主要任务：编制采购计划、制定相关规章制度、物资采买、物资管理等。

（7）外联保障组

工作目标：保证对外工作顺利完成，满足开业要求。

主要任务：对接民政、食药监、卫健委等有关部门、有关协会、第三方合作单位等。

五、筹开计划编制

1.筹开计划编制是最基础的工作，合理编制筹开计划并按照筹开计划开展工作，是降低筹开期风险、保证如期开业的保障。

2.筹开计划的编制工具：甘特图

甘特图法：将筹开事项梳理完毕并落实到各个工作组后，各工作组分析其启动时间和持续时间，然后建立坐标轴。纵坐标为启动时间，横坐标为持续时间。时间以周（或日）为单位。

甘特图工具的使用：

【例1】X筹开事项计划在第2周开始，持续时间4周。编制如表7–2所示：

表7–2 筹开计划示意甘特图

筹开重要事项	启动时间 \ 持续时间	第1周	第2周	第3周	第4周	第5周	第6周	……
	第1周							
x筹开事项	第2周	—	—	—	—			
	第3周							
	第4周							
	第5周							
	第6周							
	……							

注意：

筹开计划由各工作组编制，筹开小组审核各个工作组的筹开计划，并结合筹开时间进行综合调整。

所有筹开工作事项的最晚完成时间，距开业日期不少于5个工作日。筹开事项有承继关系的，下一筹开事项的开始时间要在上一筹开事项结束时间的前两个工作日进行计划安排。

六、筹开风险控制

1. 筹开风险控制性质

（1）筹开过程的风险（不能如期开业）及其控制。

（2）筹开事项设计对未来运营可能带来的风险（运营成本高、服务效率低）及其控制。

2. 筹开期风险识别

（1）政策风险：不能及时办理许可证风险，不能及时备案风险，居家式产品被政府叫停风险。

（2）市场风险：市场定位错误风险，定价过高过低风险，竞争带来的风险。

（3）经营风险：筹开组织不力风险，服务设计与定价脱节风险，人员配置不足或过度风险，资产配置不足、过度、无效风险，餐饮管理风险，服务动线设计安全风险，流程设计安全风险，疫情管控隔离措施及动线风险等。

（4）财务风险：现金流断裂风险、收款管理风险、资金管理安全风险、居家式或会员资金被监管使用风险、利润分配风险。

3. 筹开期风险控制

（1）风险控制的目标：保证养老机构如期开业，从法律、政策、运营等方面做好养老机构的顶层管理架构设计、安全设计，使养老机构在一个更具有经济性的管理机制基础上，良性发展。

（2）风险控制措施：与民政等部门保持密切联系，时刻关注养老政策的变化情况。根据养老政策变动适时调整经营策略。重点是消防手续的沟通与办理；加强筹备组的力量，穷尽筹开事项，制定合理的筹开计划，每周召开1—2次会议，推进、协调、督导筹开事项，保证按时按质完成；咨询专业人士意见。在涉及适老化改造、装修方面，获取行政许可及备案方面，听取设计人员，消防及民政人士意见。在服务项目，服务流程，动线方面按照质量规范进行设计，咨询经验丰富的专业人士意见；做好前期的市场调研工作，对养老项目合理定位，从经营管理角度推进、设计筹开各项事项。

财务法规篇

一、民间非营利组织会计制度

·第一章 总 则·

第一条 为了规范民间非营利组织的会计核算，保证会计信息的真实、完整，根据《中华人民共和国会计法》及国家其他有关法律、行政法规的规定，制定本制度。

第二条 本制度适用于在中华人民共和国境内依法设立的符合本制度规定特征的民间非营利组织。民间非营利组织包括依照国家法律、行政法规登记的社会团体、基金会、民办非企业单位和寺院、宫观、清真寺、教堂等。

适用本制度的民间非营利组织应当同时具备以下特征：

（一）该组织不以营利为宗旨和目的；

（二）资源提供者向该组织投入资源不取得经济回报；

（三）资源提供者不享有该组织的所有权。

第三条 会计核算应当以民间非营利组织的交易或者事项为对象，记录和反映该组织本身的各项业务活动。

第四条 会计核算应当以民间非营利组织的持续经营为前提。

第五条 会计核算应当划分会计期间，分期结算账目和编制财务会计报告。

第六条 会计核算应当以人民币作为记账本位币。业务收支以人民币以外的货币为主的民间非营利组织，可以选定其中一种货币作为记账本位币，但是编制的财务会计报告应当折算为人民币。

民间非营利组织在核算外币业务时，应当设置相应的外币账户。外币账户包括外币现金、外币银行存款、以外币结算的债权和债务账户等，这些账户应当与非外币的各该相同账户分别设置，并分别核算。

民间非营利组织发生外币业务时，应当将有关外币金额折算为记账本位币金额记账。除另有规定外，所有与外币业务有关的账户，应当采用业务发生时的汇率。当汇率波动较小时，也可以采用业务发生当期期初的汇率进行折算。

各种外币账户的外币余额，期末时应当按照期末汇率折合为记账本位币。按照期末汇率折合的记账本位币金额与账面记账本位币金额之间的差额，作为汇兑损益计入当期费用。但是，属于在借款费用应予资本化的期间内发生的与购建固定资产有关的外币专门借款本金及其利息所产生的汇兑差额，应当予以资本化，计入固定资产成本。借款费用应予资本化的期间依照本制度第三十五条加以确定。

本制度所称外币业务是指以记账本位币以外的货币进行的款项收付、往来结算等业务。

本制度所称的专门借款是指为购建固定资产而专门借入的款项。

第七条 会计核算应当以权责发生制为基础。

第八条 民间非营利组织在会计核算时，应当遵循以下基本原则：

（一）会计核算应当以实际发生的交易或者事项为依据，如实反映民间非营利组织的财务状况、业务活动情况和现金流量等信息。

（二）会计核算所提供的信息应当能够满足会计信息使用者（如捐赠人、会员、监管者等）的需要。

（三）会计核算应当按照交易或者事项的实质进行，而不应当仅仅按照它们的法律形式作为其依据。

（四）会计政策前后各期应当保持一致，不得随意变更。如有必要变更，应当在会计报表附注中披露变更的内容和理由、变更的累积影响数，以及累积影响数不能合理确定的理由等。

（五）会计核算应当按照规定的会计处理方法进行，会计信息应当口径一致、相互可比。

（六）会计核算应当及时进行，不得提前或延后。

（七）会计核算和编制的财务会计报告应当清晰明了，便于理解和使用。

（八）在会计核算中，所发生的费用应当与其相关的收入相配比，同一会计期间内的各项收入和与其相关的费用，应当在该会计期间内确认。

（九）资产在取得时应当按照实际成本计量，但本制度有特别规定的，按照特别规定的计量基础进行计量。其后，资产账面价值的调整，应当按照本制度的规定执行；除法律、行政法规和国家统一的会计制度另有规定外，民间非营利组织一律不得自行调整资产账面价值。

（十）会计核算应当遵循谨慎性原则。

（十一）会计核算应当合理划分应当计入当期费用的支出和应当予以资本化的支出。

（十二）会计核算应当遵循重要性原则，对资产、负债、净资产、收入、费用等有较大影响，并进而影响财务会计报告使用者据以做出合理判断的重要会计事项，必须按照规定的会计方法和程序进行处理，并在财务会计报告中予以充分披露；对于非重要的会计事项，在不影响会计信息真实性和不致于误导会计信息使用者做出正确判断的前提下，可适当简化处理。

第九条 会计记账应当采用借贷记账法。

第十条 会计记录的文字应当使用中文。在民族自治地区，会计记录可以同时使用当地通用的一种民族文字。境外民间非营利组织在中华人民共和国境内设立的代表处、办事处等机构，也可以同时使用一种外国文字记账。

第十一条 民间非营利组织应当根据有关会计法律、行政法规和本制度的规定，在不违反本制度的前提下，结合其具体情况，制定会计核算办法。

第十二条 民间非营利组织填制会计凭证、登记会计账簿、管理会计档案等，按照《中华人民共和国会计法》《会计基础工作规范》和《会计档案管理办法》等规定执行。

第十三条 民间非营利组织应当根据国家有关法律、行政法规和内部会计控制规范，结合本单位的业务活动特点，制定相适应的内部会计控制制度，以加强内部会计监督，提高会计信息质量和管理水平。

·第二章 资 产·

第十四条 资产是指过去的交易或者事项形成并由民间非营利组织拥有或者控制的资源，该资源预期会给民间非营利组织带来经济利益或者服务潜力。资产应当按其流动性分为流动资产、长期投资、固定资产、无形资产和受托代理资产等。

第十五条 民间非营利组织应当定期或者至少于每年年度终了，对短期投资、应收款项、存货、长期投资等资产是否发生了减值进行检查，如果这些资产发生了减值，应当计提减值准备，确认减值损失，并计入当期费用。对于固定资产、无形资产等其他资产，如果发生了重大减值，也应当计提减值准备，确认减值损失，并计入当期费用。如果已计提减值准备的资产价值在以后会计期间得以恢复，则应当在该资产已计提减值准备的范围内部分或全部转回已确认的减值损失，冲减当期费用。

第十六条 对于民间非营利组织接受捐赠的现金资产，应当按照实际收到的金额入账。对于民间非营利组织接受捐赠的非现金资产，如接受捐赠的短期投资、存货、长期投资、固定资产和无形资产等，应当按照以下方法确定其入账价值：

（一）如果捐赠方提供了有关凭据（如发票、报关单、有关协议等）的，应当按照凭据上标明的金额作为入账价值。如果凭据上标明的金额与受赠资产公允价值相差较大，受赠资产应当以其公允价值作为其入账价值。

（二）如果捐赠方没有提供有关凭据的，受赠资产应当以其公允价值作为入账价值。

对于民间非营利组织接受的劳务捐赠，不予确认，但应当在会计报表附注中作相关披露。

第十七条 本制度中所称的公允价值是指在公平交易中，熟悉情况的交易双方自愿进行资产交换或者债务清偿的金额。公允价值的确定顺序如下：

（一）如果同类或者类似资产存在活跃市场的，应当按照同类或者类似资产的市场价格确定公允价值。

（二）如果同类或类似资产不存在活跃市场，或者无法找到同类或者类似资产的，应当采用合理的计价方法确定资产的公允价值。

在本制度规定应当采用公允价值的情况下，如果有确凿的证据表明资产的公允价值确实无法可靠计量，则民间非营利组织应当设置辅助账，单独登记所取得资产的名称、数量、来源、用途等情况，并在会计报表附注中作相关披露。在以后会计期间，如果该资产的公允价值能够可靠计量，民间非营利组织应当在其能够可靠计量的会计期间予以确认，并以公允价值计量。

第十八条 民间非营利组织如发生非货币性交易，应当按照以下原则处理：

（一）以换出资产的账面价值，加上应支付的相关税费，作为换入资产的入账价值。

（二）非货币性交易中如果发生补价，应区别不同情况处理：

1.支付补价的民间非营利组织，应以换出资产的账面价值加上补价和应支付的相关税费，作为换入资产的入账价值。

2.收到补价的民间非营利组织，应按以下公式确定换入资产的入账价值和应确认的收入或费用：

换入资产入账价值=换出资产账面价值-（补价 ÷ 换出资产公允价值）× 换出资产账面价值-（补价 ÷ 换出资产公允价值）× 应交税金+应支付的相关税费

应确认的收入或费用=补价 ×［1-（换出资产账面价值+应交税金）÷ 换出资产公允价值］

（三）在非货币性交易中，如果同时换入多项资产，应按换入各项资产的公允价值占换入资产公允价值总额的比例，对换出资产的账面价值总额和应支付的相关税费进行分配，以确定各项换入资产的入账价值。

本制度所称非货币性交易是指交易双方以非货币性资产进行的交换，这种交换不涉及或只涉及少量的货币性资产（即补价）。其中，货币性资产是指持有的现金及将以固定或可确定金额的货币收取的资产；非货币性资产是指货币性资产以外的资产。

第一节 流动资产

第十九条 流动资产是指预期可在1年内（含1年）变现或者耗用的资产，主要包括现金、银行存款、短期投资、应收款项、预付账款、存货、待摊费用等。

第二十条 民间非营利组织应当设置现金和银行存款日记账，按照业务发生顺序逐日逐笔登记。有外币现金和存款的民间非营利组织，还应当分别按人民币和外币进行明细核算。

现金的核算应当做到日清月结，其账面余额必须与库存数相符；银行存款的账面余额应当与银行对账单定期核对，并与按月编制的银行存款余额调节表调节相符。

本制度所称的账面余额是指会计科目的账面实际余额，不扣除作为该科目备抵的项目（如累计折旧、资产减值准备等）。

第二十一条 短期投资是指能够随时变现并且持有时间不准备超过1年（含1年）的投资，包括股票、债券投资等。

（一）短期投资在取得时应当按照投资成本计量。短期投资取得时的投资成本按以下方法确定：

1.以现金购入的短期投资，按照实际支付的全部价款，包括税金、手续费等相关税费作为其投资成本。实际支付的价款中包含的已宣告但尚未领取的现金股利或已到付息期但尚未领取的债券利息，应当作为应收款项单独核算，不构成短期投资成本。

2.接受捐赠的短期投资，按照本制度第十六条的规定确定其投资成本。

3.通过非货币性交易换入的短期投资，按照本制度第十八条的规定确定其投资成本。

（二）短期投资的利息或现金股利应当于实际收到时冲减投资的账面价值，但在购买时已计入应收款项的现金股利或者利息除外。

（三）期末，民间非营利组织应当按照本制度第十五条的规定对短期投资是否发生了减值进行检查。如果短期投资的市价低于其账面价值，应当按照市价低于账面价值的差额计提短期投资跌价准备，确认短期投资跌价损失并计入当期费用。如果短期投资的市价高于其账面价值，应当在该短期投资期初已计提跌价准备的范围内转回市价高于账面价值的差额，冲减当期费用。

（四）处置短期投资时，应当将实际取得价款与短期投资账面价值的差额确认为当期投资损益。

本制度所称的账面价值是指某会计科目的账面余额减去相关的备抵项目后的净额。

民间非营利组织的委托贷款和委托投资（包括委托理财）应当区分期限长短，分别作为短期投资和长期投资核算和列报。

第二十二条 应收款项是指民间非营利组织在日常业务活动过程中发生的各项应收未收债权，包括应收票据、应收账款和其他应收款等。

（一）应收款项应当按照实际发生额入账，并按照往来单位或个人等设置明细账，进行明细核算。

（二）期末，应当分析应收款项的可收回性，对预计可能产生的坏账损失计提坏账准备，确认坏账损失并计入当期费用。

第二十三条 预付账款是指民间非营利组织预付给商品供应单位或者服务提供单位的款项。

预付账款应当按照实际发生额入账，并按照往来单位或个人等设置明细账，进行明细核算。

第二十四条 存货是指民间非营利组织在日常业务活动中持有以备出售或捐赠的，或者为了出售或捐赠仍处在生产过程中的，或者将在生产、提供服务或日常管理过程中耗用的材料、物资、商品等。

（一）存货在取得时，应当以其实际成本入账。存货成本包括采购成本、加工成本和其他成本。其中，采购成本一般包括实际支付的采购价款、相关税费、运输费、装卸费、保险费以及其他可直接归属于存货采购的费用。加工成本包括直接人工以及按照合理方法分配的与存货加工有关的间接费用。其他成本是指除采购成本、加工成本以外的，使存货达到目前场所和状态所发生的其他支出。接受捐赠的存货，按照本制度第十六条的规定确定其成本。通过非货币性交易换入的存货，按照本制度第十八条的规定确定其成本。

（二）存货在发出时，应当根据实际情况采用个别计价法、先进先出法或者加权平均法，确定发出存货的实际成本。

（三）存货应当定期进行清查盘点，每年至少盘点一次。对于发生的盘盈、盘亏以及变质、毁损等存货，应当及时查明原因，并根据民间非营利组织的管理权限，经理事会、董事会或类似权力机构批准后，在期末结账前处理完毕。对于盘盈的存货，应当按照其公允价值入账，并确认为当期收入；对于盘亏或者毁损的存货，应先扣除残料价值、可以收回的保险赔偿和过失人的赔偿等，将净损失确认为当期费用。

（四）期末，民间非营利组织应当按照本制度第十五条的规定对存货是否发生了减值进行检查。如果存货的可变现净值低于其账面价值，应当按照可变现净值低于账面价值的差额计提存货跌价准备，确认存货跌价损失并计入当期费用。如果存货的可变现净值高于其账面价值，应当在该存货期初已计提跌价准备的范围内转回可变现净值高于账面价值的差额，冲减当期费用。

本制度所称的可变现净值是指在正常业务活动中，以存货的估计售价减去至完工将要发生的成本以及销售所必需的费用后的金额。

第二十五条 待摊费用是指民间非营利组织已经支出，但应当由本期和以后各期分别负担的、分摊期在1年以内（含1年）的各项费用，如预付保险费、预付租金等。

待摊费用应当按其受益期限在1年内分期平均摊销，计入有关费用。

第二节 长期投资

第二十六条 长期投资，是指除短期投资以外的投资，包括长期股权投资和长期债权投资等。

第二十七条 长期股权投资应当按照以下原则核算。

（一）长期股权投资在取得时，应当按取得时的实际成本作为初始投资成本。初始投资成本按以下方法确定：

1.以现金购入的长期股权投资，按照实际支付的全部价款，包括税金、手续费等相关费用，作为初始投资成本。实际支付的价款中包含的已宣告但尚未领取的现金股利，应当作为应收款项单独核算，不构成初始投资成本。

2.接受捐赠的长期股权投资，按照本制度第十六条的规定，确定其初始投资成本。

3.通过非货币性交易换入的长期股权投资，按照本制度第十八条的规定确定其初始投资成本。

（二）长期股权投资应当区别不同情况，分别采用成本法或者权益法核算。如果民间非营利组织对被投资单位无控制、无共同控制且无重大影响，长期股权投资应当采用成本法进行核算；如果民间非营利组织对被投资单位具有控制、共同控制或重大影响，长期股权投资应当采用权益法进行核算。

采用成本法核算时，被投资单位经股东大会或者类似权力机构批准宣告发放的利润或现金股利，作为当期投资收益。

采用权益法核算时，按应当享有或应当分担的被投资单位当年实现的净利润或发生的净亏损的份额调整投资账面价值，并作为当期投资损益。按被投资单位宣告分派的利润或现金股利计算分得的部分，减少投资账面价值。

被投资单位宣告分派的股票股利不作账务处理，但应当设置辅助账进行数量登记。

本制度所称的控制是指有权决定被投资单位的财务和经营政策，并能据以从该单位的经营活动中获得利益；本制度所称的共同控制，是指按合同约定对某项经济活动所共有的控制；本制度所称的重大影响，是指对被投资单位的财务和经营政策有参与决策的权力，但并不决定这些政策。

（三）处置长期股权投资时，应当将实际取得价款与投资账面价值的差额确认为当期投资损益。

第二十八条 长期债权投资应当按照以下原则核算。

（一）长期债权投资在取得时，应当按取得时的实际成本作为初始投资成本。初始投资成本按以下方法确定：

1.以现金购入的长期债权投资，按照实际支付的全部价款，包括税金、手续费等相关费用，作为初始投资成本。实际支付的价款中包含的已到付息期但尚未领取的债券利息，应当作为应收款项单独核算，不构成初始投资成本。

2.接受捐赠取得的长期债权投资，按照本制度第十六条的规定确定其初始投资成本。

3.通过非货币性交易换入的长期债权投资，按照本制度第十八条的规定确定其初始投资成本。

（二）长期债权投资应当按照票面价值与票面利率按期计算确认利息收入。长期债券投资的初始投资成本与债券面值之间的差额，应当在债券存续期间，按照直线法于确认相关债券利息收入时予以摊销。

（三）持有可转换公司债券的民间非营利组织，可转换公司债券在转换为股份之前，应当按一般债券投资进行处理。当民间非营利组织行使转换权利，将其持有的债券投资转换为股份时，应当按其账面价值减去收到的现金后的余额，作为股权投资的初始投资成本。

（四）处置长期债权投资时，应当将实际取得价款与投资账面价值的差额，确认为当期投资损益。

第二十九条 民间非营利组织改变投资目的，将短期投资划转为长期投资，应当按短期投资的成本与市价孰低结转。

第三十条 期末，民间非营利组织应当按照本制度第十五条的规定对长期投资是否发生了减值进行检查。如果长期投资的可收回金额低于其账面价值，应当按照可收回金额低于账面价值的差额计提长期投资减值准备，确认长期投资减值损失并计入当期费用。如果长期投资的可收回金额高于其账面价值，应当在该长期投资期初已计提减值准备的范围内转回可收回金额高于账面价值的差额，冲减当期费用。

本制度所称可收回金额是指资产的销售净价与预期从该资产的持续使用和使用寿命结束时的处置中形成的预计未来现金流量的现值两者之中的较高者，其中销售净价是指销售价值减资产处置费用后的余额。

第三节 固定资产

第三十一条 固定资产，是指同时具有以下特征的有形资产：

（一）为行政管理、提供服务、生产商品或者出租目的而持有的；

（二）预计使用年限超过1年；

（三）单位价值较高。

第三十二条 固定资产在取得时，应当按取得时的实际成本入账。取得时的实际成本包括买价、包装费、运输费、交纳的有关税金等相关费用，以及为使固定资产达到预定可使用状态前所必要的支出。固定资产取得时的实际成本应当根据具体情况分别确定：

（一）外购的固定资产，按照实际支付的买价、相关税费以及为使固定资产达到预定可使用状态前所发生的可直接归属于该固定资产的其他支出（如运输费、安装费、装卸费等）确定其成本。

如果以一笔款项购入多项没有单独标价的固定资产，按各项固定资产公允价值的比例对总成本进行分配，分别确定各项固定资产的成本。

（二）自行建造的固定资产，按照建造该项资产达到预定可使用状态前所发生的全部必要支出确定其成本。

（三）接受捐赠的固定资产，应当按照本制度第十六条的规定确定其成本。

（四）通过非货币性交易换入的固定资产，按照本制度第十八条的规定确定其成本。

（五）融资租入的固定资产，按照租赁协议或者合同确定的价款、运输款、途中保险费、安装调试费以及融资租入固定资产达到预定可使用状态前发生的借款费用等确定其成本。

第三十三条 在建工程，包括施工前期准备、正在施工中的建筑工程、安装工程、技术改造工程等。工程项目较多且工程支出较大的，应当按照工程项目的性质分项核算。

第三十四条 在建工程应当按照所建造工程达到预定可使用状态前实际发生的全部必要支出确定其工程成本，并单独核算。在建工程的工程成本应当根据以下具体情况分别确定：

（一）对于自营工程，按照直接材料、直接人工、直接机械使用费等确定其成本。

（二）对于出包工程，按照应支付的工程价款等确定其成本。

第三十五条 为购建固定资产而发生的专门借款的借款费用在规定的允许资本化的期间内，应当按照专门借款的借款费用的实际发生额予以资本化，计入在建工程成本。这里的借款费用包括因借款而发生的利息、辅助费用以及因外币借款而发生的汇兑差额。

只有在以下三个条件同时具备时，因专门借款所发生的借款费用才允许开始资本化：

（一）资产支出已经发生；

（二）借款费用已经发生；

（三）为使资产达到预定可使用状态所必要的购建活动已经开始。

如果固定资产的购建活动发生非正常中断，并且中断时间连续超过3个月（含3个月），应当暂停借款费用的资本化，将中断期间内所发生的借款费用确认为当期费用，直至资产的购建活动重新开始。但是，如果中断是使购建的固定资产达到预定可使用状态所必要的程序，则借款费用的资本化应当继续进行。

当所购建的固定资产达到预定可使用状态时，应当停止借款费用的资本化，之后所发生的借款费用应当于发生时计入当期费用。通常所购建的固定资产达到以下状态时，应当视为所购建的固定资产已经达到预定可使用状态：

（一）固定资产的实体建造（包括安装）工作已经全部完成或者实质上已经完成；

（二）所购建的固定资产与设计要求或者合同要求相符或者基本相符，即使有极个别与设计或者合同要求不相符的地方，也不影响其正常使用；

（三）继续发生在所购建固定资产上的支出金额很少或者几乎不再发生。

第三十六条 所购建的固定资产已达到预定可使用状态时，应当自达到预定可使用状态之日起，将在建工程成本转入固定资产核算。

第三十七条 民间非营利组织应当对固定资产计提折旧，在固定资产的预计使用寿命内系统地分摊固定资产的成本。

民间非营利组织应当根据固定资产的性质和消耗方式，合理地确定固定资产的预计使用年限和预计净残值。

民间非营利组织应当按照固定资产所含经济利益或者服务潜力的预期实现方式选择折旧方法，可选用的折旧方法包括年限平均法、工作量法、双倍余额递减法和年数总和法。折旧方法一经确定，不得随意变更。如果由于固定资产所含经济利益或者服务潜力预期实现方式发生重大改变而确实需要变更的，应当在会计报表附注中披露相关信息。

第三十八条 民间非营利组织应当按月提取折旧，当月增加的固定资产，当月不提折旧，从下月起计提折旧；当月减少的固定资产，当月照提折旧，从下月起不提折旧。

第三十九条 与固定资产有关的后续支出，如果使可能流入民间非营利组织的经济利益或者服务潜力超过了原先的估计，如延长了固定资产的使用寿命，或者使服务质量实质性提高，或者使商品成本实质性降低，则应当计入固定资产账面价值，但其增计后的金额不应当超过该固定资产的可收回金额。其他后续支出，应当计入当期费用。

第四十条 民间非营利组织由于出售、报废或者毁损等原因而发生的固定资产清理净损益，应当计入当期收入或者费用。

第四十一条 用于展览、教育或研究等目的的历史文物、艺术品以及其他具有文化或者历史价值并作长期或者永久保存的典藏等，作为固定资产核算，但不必计提折旧。在资产负债表中，应当单列“文物文化资产”项目予以单独反映。

第四十二条 民间非营利组织对固定资产应当定期或者至少每年实地盘点一次。对盘盈、盘亏的固定资产，应当及时查明原因，写出书面报告，并根据管理权限经董事会、理事会或类似权力机构批准后，在期末结账前处理完毕。盘盈的固定资产应当按照其公允价值入账，并计入当期收入；盘亏的固定资产在减去过失人或者保险公司等赔款和残料价值之后计入当期费用。

第四十三条 民间非营利组织对固定资产的购建、出售、清理、报废和内部转移等都应当办理会计手续，并应当设置固定资产明细账（或者固定资产卡片）进行明细核算。

第四节　无形资产

第四十四条　无形资产是指民间非营利组织为开展业务活动、出租给他人或为管理目的而持有的且没有实物形态的非货币性长期资产，包括专利权、非专利技术、商标权、著作权、土地使用权等。

第四十五条　无形资产在取得时，应当按照取得时的实际成本入账。

（一）购入的无形资产，按照实际支付的价款确定其实际成本。

（二）自行开发并按法律程序申请取得的无形资产，按依法取得时发生的注册费、聘请律师费等费用，作为无形资产的实际成本。依法取得前，在研究与开发过程中发生的材料费用、直接参与开发人员的工资及福利费、开发过程中发生的租金、借款费用等直接计入当期费用。

（三）接受捐赠的无形资产，按照本制度第十六条的规定确定其实际成本。

（四）通过非货币性交易换入的无形资产，按照本制度第十八条的规定确定其实际成本。

第四十六条　无形资产应当自取得当月起在预计使用年限内分期平均摊销，计入当期费用。如预计使用年限超过了相关合同规定的受益年限或法律规定的有效年限，该无形资产的摊销年限按如下原则确定：

（一）合同规定了受益年限但法律没有规定有效年限的，摊销期不应超过合同规定的受益年限；

（二）合同没有规定受益年限但法律规定了有效年限的，摊销期不应超过法律规定的有效年限；

（三）合同规定了受益年限，法律也规定了有效年限的，摊销期不应超过受益年限和有效年限两者之中较短者。

如果合同没有规定受益年限，法律也没有规定有效年限的，摊销期不应超过10年。

第四十七条　民间非营利组织处置无形资产，应当将实际取得的价款与该项无形资产的账面价值之间的差额，计入当期收入或者费用。

第五节　受托代理资产

第四十八条　受托代理资产是指民间非营利组织接受委托方委托从事受托代理业务而收到的资产。在受托代理过程中，民间非营利组织通常只是从委托方收到受托资产，并按照委托人的意愿将资产转赠给指定的其他组织或者个人。民间非营利组织本身只是在委托代理过程中起中介作用，无权改变受托代理资产的用途或者变更受益人。

民间非营利组织应当对受托代理资产比照接受捐赠资产的原则进行确认和计量，但在确认一项受托代理资产时，应当同时确认一项受托代理负债。

·第三章　负　债·

第四十九条　负债是指过去的交易或者事项形成的现时义务，履行该义务预期会导致含有经济利益或者服务潜力的资源流出民间非营利组织。负债应当按其流动性分为流动负债、长期负债和受托代理负债等。

第五十条　或有事项是指过去的交易或者事项形成的一种状况，其结果须通过未来不确定事项的发生或不发生予以证实。

如果与或有事项相关的义务同时符合以下条件，应当将其确认为负债，以清偿该负债所需支出的最佳估计数予以计量，并在资产负债表中单列项目予以反映：

（一）该义务是民间非营利组织承担的现时义务；

（二）该义务的履行很可能导致含有经济利益或者服务潜力的资源流出民间非营利组织；

（三）该义务的金额能够可靠地计量。

第五十一条　流动负债是指将在1年内（含1年）偿还的负债，包括短期借款、应付款项、应付工资、应交税金、预收账款、预提费用和预计负债等。

（一）短期借款是指民间非营利组织向银行或其他金融机构等借入的期限在1年以下（含1年）的各种借款。

（二）应付款项是指民间非营利组织在日常业务活动过程中发生的各项应付票据、应付账款和其他应付款等应付未付款项。

（三）应付工资是指民间非营利组织应付未付的员工工资。

（四）应交税金是指民间非营利组织应交未交的各种税费。

（五）预收账款是指民间非营利组织向服务和商品购买单位预收的各种款项。

（六）预提费用是指民间非营利组织预先提取的已经发生但尚未支付的费用，如预提的租金、保险费、借款利息等。

（七）预计负债是指民间非营利组织对因或有事项所产生的现时义务而确认的负债。

第五十二条 各项流动负债应当按实际发生额入账。

短期借款应当按照借款本金和确定的利率按期计提利息，计入当期费用。

第五十三条 长期负债是指偿还期限在1年以上（不含1年）的负债，包括长期借款、长期应付款和其他长期负债。

（一）长期借款是指民间非营利组织向银行或其他金融机构等借入的期限在1年以上（不含1年）的各种借款。

（二）长期应付款主要是指民间非营利组织融资租入固定资产发生的应付租赁款。

（三）其他长期负债是指除长期借款和长期应付款外的长期负债。

第五十四条 各项长期负债应当按实际发生额入账。

第五十五条 受托代理负债是指民间非营利组织因从事受托代理交易、接受受托代理资产而产生的负债。受托代理负债应当按照相对应的受托代理资产的金额予以确认和计量。

·第四章 净资产·

第五十六条 民间非营利组织的净资产是指资产减去负债后的余额。净资产应当按照其是否受到限制，分为限定性净资产和非限定性净资产等。

如果资产或者资产所产生的经济利益（如资产的投资收益和利息等）的使用受到资产提供者或者国家有关法律、行政法规所设置的时间限制或（和）用途限制，则由此形成的净资产即为限定性净资产，国家有关法律、行政法规对净资产的使用直接设置限制的，该受限制的净资产亦为限定性净资产；除此之外的其他净资产，即为非限定性净资产。

本制度所称的时间限制，是指资产提供者或者国家有关法律、行政法规要求民间非营利组织在收到资产后的特定时期之内或特定日期之后使用该项资产，或者对资产的使用设置了永久限制。

本制度所称的用途限制，是指资产提供者或者国家有关法律、行政法规要求民间非营利组织将收到的资产用于某一特定的用途。

民间非营利组织的董事会、理事会或类似权力机构对净资产的使用所作的限定性决策、决议或拨款限额等，属于民间非营利组织内部管理上对资产使用所作的限制，不属于本制度所界定的限定性净资产。

第五十七条 如果限定性净资产的限制已经解除，应当对净资产进行重新分类，将限定性净资产转为非限定性净资产。

当存在下列情况之一时，可以认为限定性净资产的限制已经解除：

（一）所限定净资产的限制时间已经到期；

（二）所限定净资产规定的用途已经实现（或者目的已经达到）；

（三）资产提供者或者国家有关法律、行政法规撤销了所设置的限制。

如果限定性净资产受到两项或两项以上的限制，应当在最后一项限制解除时，才能认为该项限定性净资产的限制已经解除。

·第五章 收 入·

第五十八条 收入是指民间非营利组织开展业务活动取得的、导致本期净资产增加的经济利益或者服务潜力的流入。收入应当按其来源分为捐赠收入、会费收入、提供服务收入、政府补助收入、投资收益、商品销售收入等主要业务活动收入和其他收入等。

（一）捐赠收入是指民间非营利组织接受其他单位或者个人捐赠所取得

的收入。

（二）会费收入是指民间非营利组织根据章程等的规定向会员收取的会费。

（三）提供服务收入是指民间非营利组织根据章程等的规定向其服务对象提供服务取得的收入，包括学费收入、医疗费收入、培训收入等。

（四）政府补助收入是指民间非营利组织接受政府拨款或者政府机构给予的补助而取得的收入。

（五）商品销售收入是指民间非营利组织销售商品（如出版物、药品等）等所形成的收入。

（六）投资收益是指民间非营利组织因对外投资取得的投资净损益。

民间非营利组织如果有除上述捐赠收入、会费收入、提供服务收入、政府补助收入、商品销售收入、投资收益之外的其他主要业务活动收入，也应当单独核算。

（七）其他收入，是指除上述主要业务活动收入以外的其他收入，如固定资产处置净收入、无形资产处置净收入等。

对于民间非营利组织接受的劳务捐赠，不予确认，但应当在会计报表附注中作相关披露。

第五十九条 民间非营利组织在确认收入时，应当区分交换交易所形成的收入和非交换交易所形成的收入。

（一）交换交易是指按照等价交换原则所从事的交易，即当某一主体取得资产、获得服务或者解除债务时，需要向交易对方支付等值或者大致等值的现金，或者提供等值或者大致等值的货物、服务等的交易。如按照等价交换原则销售商品、提供劳务等均属于交换交易。

对于因交换交易所形成的商品销售收入，应当在下列条件下同时满足时予以确认：

1.已将商品所有权上的主要风险和报酬转移给购货方；

2.既没有保留通常与所有权相联系的继续管理权，也没有对已售出的商品实施控制；

3. 与交易相关的经济利益能够流入民间非营利组织；

4. 相关的收入和成本能够可靠地计量。

对于因交换交易所形成的提供劳务收入，应当按以下规定予以确认：

1. 在同一会计年度内开始并完成的劳务，应当在完成劳务时确认收入；

2. 如果劳务的开始和完成分属不同的会计年度，可以按完工进度或完成的工作量确认收入。

对于因交换交易所形成的因让渡资产使用权而发生的收入应当在下列条件同时满足时予以确认：

1. 与交易相关的经济利益能够流入民间非营利组织；

2. 收入的金额能够可靠地计量。

（二）非交换交易是指除交换交易之外的交易。在非交换交易中，某一主体取得资产、获得服务或者解除债务时，不必向交易对方支付等值或者大致等值的现金，或者提供等值或者大致等值的货物、服务等；或者某一主体在对外提供货物、服务等时，没有收到等值或者大致等值的现金、货物等。如捐赠、政府补助等均属于非交换交易。

对于因非交换交易所形成的收入，应当在同时满足下列条件时予以确认：

1. 与交易相关的含有经济利益或者服务潜力的资源能够流入民间非营利组织并为其所控制，或者相关的债务能够得到解除；

2. 交易能够引起净资产的增加；

3. 收入的金额能够可靠地计量。

一般情况下，对于无条件的捐赠或政府补助，应当在捐赠或政府补助收到时确认收入；对于附条件的捐赠或政府补助，应当在取得捐赠资产或政府补助资产控制权时确认收入，但当民间非营利组织存在需要偿还全部或部分捐赠资产（或者政府补助资产）或者相应金额的现时义务时，应当根据需要偿还的金额同时确认一项负债和费用。

第六十条 民间非营利组织对于各项收入应当按是否存在限定区分为非限定性收入和限定性收入进行核算。

如果资产提供者对资产的使用设置了时间限制或者（和）用途限制，则所确认的相关收入为限定性收入；除此之外的其他收入，为非限定性收入。

民间非营利组织的会费收入、提供服务收入、商品销售收入和投资收益等一般为非限定性收入，除非相关资产提供者对资产的使用设置了限制。民间非营利组织的捐赠收入和政府补助收入，应当视相关资产提供者对资产的使用是否设置了限制，分别限定性收入和非限定性收入进行核算。

第六十一条 期末，民间非营利组织应当将本期限定性收入和非限定性收入分别结转至净资产项下的限定性净资产和非限定性净资产。

·第六章 费 用·

第六十二条 费用是指民间非营利组织为开展业务活动所发生的、导致本期净资产减少的经济利益或者服务潜力的流出。费用应当按照其功能分为业务活动成本、管理费用、筹资费用和其他费用等。

（一）业务活动成本，是指民间非营利组织为了实现其业务活动目标、开展其项目活动或者提供服务所发生的费用。如果民间非营利组织从事的项目、提供的服务或者开展的业务比较单一，可以将相关费用全部归集在“业务活动成本”项目下进行核算和列报；如果民间非营利组织从事的项目、提供的服务或者开展的业务种类较多，民间非营利组织应当在“业务活动成本”项目下分别项目、服务或者业务大类进行核算和列报。

（二）管理费用，是指民间非营利组织为组织和管理其业务活动所发生的各项费用，包括民间非营利组织董事会（或者理事会或者类似权力机构）经费和行政管理人员的工资、奖金、福利费、住房公积金、住房补贴、社会保障费、离退休人员工资及补助，以及办公费、水电费、邮电费、物业管理费、差旅费、折旧费、修理费、租赁费、无形资产摊销费、资产盘亏损失、资产减值损失、因预计负债所产生的损失、聘请中介机构费和应偿还的受赠资产等。其中，福利费应当依法根据民间非营利组织的管理权限，按照董事会、理事会或类似权力机构等的规定据实列支。

（三）筹资费用，是指民间非营利组织为筹集业务活动所需资金而发生的费用，它包括民间非营利组织为了获得捐赠资产而发生的费用以及应当计入当期费用的借款费用、汇兑损失（减汇兑收益）等。民间非营利组织为了获得捐赠资产而发生的费用包括举办募款活动费、准备、印刷和发放募款宣传资料费以及其他与募款或者争取捐赠资产有关的费用。

（四）其他费用，是指民间非营利组织发生的、无法归属到上述业务活动成本、管理费用或者筹资费用中的费用，包括固定资产处置净损失、无形资产处置净损失等。

民间非营利组织的某些费用如果属于多项业务活动或者属于业务活动、管理活动和筹资活动等共同发生的，而且不能直接归属于某一类活动，应当将这些费用按照合理的方法在各项活动中进行分配。

第六十三条 民间非营利组织发生的业务活动成本、管理费用、筹资费用和其他费用，应当在发生时按其发生额计入当期费用。

第六十四条 期末，民间非营利组织应当将本期发生的各项费用结转至净资产项下的非限定性净资产，作为非限定性净资产的减项。

·第七章 财务会计报告·

第六十五条 财务会计报告是反映民间非营利组织财务状况、业务活动情况和现金流量等的书面文件。

第六十六条 财务会计报告分为年度财务会计报告和中期财务会计报告。以短于一个完整的会计年度的期间（如半年度、季度和月度）编制的财务会计报告称为中期财务会计报告。年度财务会计报告则是以整个会计年度为基础编制的财务会计报告。

第六十七条 财务会计报告由会计报表、会计报表附注和财务情况说明书组成。民间非营利组织对外提供的财务会计报告的内容、会计报表的种类和格式、会计报表附注应予披露的主要内容等，由本制度规定；民间非营利组织内部管理需要的会计报表由单位自行规定。

民间非营利组织在编制中期财务会计报告时，应当采用与年度会计报表相一致的确认与计量原则。中期财务会计报告的内容相对于年度财务会计报告而言可以适当简化，但仍应保证包括与理解中期期末财务状况和中期业务活动情况及其现金流量相关的重要财务信息。

第六十八条 民间非营利组织采用的会计政策前后各期应当保持一致，不得随意变更，除非符合下列条件之一：

（一）法律或会计制度等行政法规、规章的要求；

（二）这种变更能够提供有关民间非营利组织财务状况、业务活动情况和现金流量等更可靠、更相关的会计信息。

民间非营利组织应当采用追溯调整法核算会计政策的变更，如果追溯调整法不可行，则应当采用未来适用法核算；如果相关法律或会计制度等另有规定，则应当按照相关规定进行核算。

本制度中所称追溯调整法，是指对某项交易或者事项变更会计政策时，如同该交易或者事项初次发生时就开始采用新的会计政策，并以此对相关项目进行调整的方法。本制度所称未来适用法，是指对某项交易或者事项变更会计政策时，新的会计政策适用于变更当期及未来期间发生的交易或者事项的方法。

第六十九条 资产负债表日至财务会计报告批准报出日之间发生的需要调整或说明的有利或不利事项，属于资产负债表日后事项。对于资产负债表日后事项，应当区分调整事项和非调整事项进行处理。

调整事项，是指资产负债表日后至财务会计报告批准报出日之间发生的，为资产负债表日已经存在的情况提供了新的或进一步证据，有助于对资产负债表日存在情况有关的金额作出重新估计的事项。民间非营利组织应当就调整事项，对资产负债表日所确认的相关资产、负债和净资产，以及资产负债表日所属期间的相关收入、费用等进行调整。

非调整事项，是指资产负债表日后至财务会计报告批准报出日之间才发生的，不影响资产负债表日的存在情况，但不加以说明将会影响财务会计报告使用者作出正确估计和决策的事项。民间非营利组织应当在会计报表附注中披露非调整事项的性质、内容，以及对财务状况和业务活动情况的影响。如无法估计其影响，应当说明理由。

第七十条 财务会计报告中的会计报表至少应当包括以下三张报表：

（一）资产负债表；

（二）业务活动表；

（三）现金流量表。

第七十一条 会计报表附注至少应当包括下列内容：

（一）重要会计政策及其变更情况的说明；

（二）董事会（或者理事会或者类似权力机构）成员和员工的数量、变动情况以及获得的薪金等报酬情况的说明；

（三）会计报表重要项目及其增减变动情况的说明；

（四）资产提供者设置了时间或用途限制的相关资产情况的说明；

（五）受托代理交易情况的说明，包括受托代理资产的构成、计价基础和依据、用途等；

（六）重大资产减值情况的说明；

（七）公允价值无法可靠取得的受赠资产和其他资产的名称、数量、来源和用途等情况的说明；

（八）对外承诺和或有事项情况的说明；

（九）接受劳务捐赠情况的说明；

（十）资产负债表日后非调整事项的说明；

（十一）有助于理解和分析会计报表需要说明的其他事项。

第七十二条 财务情况说明书至少应当对下列情况作出说明：

（一）民间非营利组织的宗旨、组织结构以及人员配备等情况；

（二）民间非营利组织业务活动基本情况，年度计划和预算完成情况，产生差异的原因分析，下一会计期间业务活动计划和预算等；

（三）对民间非营利组织业务活动有重大影响的其他事项。

第七十三条 民间非营利组织对外投资，而且占对被投资单位资本总额50%以上（不含50%），或者虽然占该单位资本总额不足50%但具有实质上的控制权的，或者对被投资单位具有控制权的，应当编制合并会计报表。

第七十四条 民间非营利组织的年度财务会计报告至少应当于年度终了后4个月内对外提供。如果民间非营利组织被要求对外提供中期财务会计报告的，应当在规定的时间内对外提供。

会计报表的填列，以人民币“元”为金额单位，“元”以下填至“分”。

第七十五条 民间非营利组织对外提供的财务会计报告应当依次编定页数，加具封面，装订成册，加盖公章。封面上应当注明：组织名称、组织登记证号、组织形式、地址、报表所属年度或者中期、报出日期，并由单位负责人和主管会计工作的负责人、会计机构负责人（会计主管人员）签名并盖章；设置总会计师的单位，还应当由总会计师签名并盖章。

·第八章 附 则·

第七十六条 本制度自2005年1月1日起施行。

二、民间非营利组织会计制度若干问题的解释

2020年6月15日，财政部关于印发《〈民间非营利组织会计制度〉若干问题的解释》的通知（财会〔2020〕9号）

一、关于社会服务机构等非营利组织的会计核算

根据《民间非营利组织会计制度》（财会〔2004〕7号，以下简称《民非制度》）第二条规定，同时具备《民非制度》第二条第二款所列三项特征的非营利性民办学校、医疗机构等社会服务机构，境外非政府组织在中国境内依法登记设立的代表机构应当按照《民非制度》进行会计核算。

二、关于接受非现金资产捐赠

（一）对于民间非营利组织接受捐赠的存货、固定资产等非现金资产，应当按照《民非制度》第十六条的规定确定其入账价值。

（二）对于以公允价值作为其入账价值的非现金资产，民间非营利组织应当按照《民非制度》第十七条所规定的顺序确定公允价值。

《民非制度》第十七条第一款第（一）项规定的“市场价格”，一般指取得资产当日捐赠方自产物资的出厂价、捐赠方所销售物资的销售价、政府指导价、知名大型电商平台同类或者类似商品价格等。

《民非制度》第十七条第一款第（二）项规定的“合理的计价方法”，包括由第三方机构进行估价等。

（三）对于民间非营利组织接受非现金资产捐赠时发生的应归属于其自身的相关税费、运输费等，应当计入当期费用，借记“筹资费用”科目，贷记“银行存款”等科目。

（四）民间非营利组织接受捐赠资产的有关凭据或公允价值以外币计量的，应当按照取得资产当日的市场汇率将外币金额折算为人民币金额记账。当汇率波动较小时，也可以采用当期期初的汇率进行折算。

三、关于受托代理业务

（一）《民非制度》第四十八条规定的“受托代理业务”是指有明确的转赠或者转交协议，或者虽然无协议但同时满足以下条件的业务：

1.民间非营利组织在取得资产的同时即产生了向具体受益人转赠或转交资产的现时义务，不会导致自身净资产的增加。

2.民间非营利组织仅起到中介而非主导发起作用，帮助委托人将资产转赠或转交给指定的受益人，并且没有权利改变受益人，也没有权利改变资产的用途。

3.委托人已明确指出了具体受益人个人的姓名或受益单位的名称，包括从民间非营利组织提供的名单中指定一个或若干个受益人。

（二）民间非营利组织从事受托代理业务时发生的应归属于其自身的相关税费、运输费等，应当计入当期费用，借记“其他费用”科目，贷记“银行存款”等科目。

四、关于长期股权投资

（一）对于因接受股权捐赠形成的表决权、分红权与股权比例不一致的长期股权投资，民间非营利组织应当根据《民非制度》第二十七条的规定，并结合经济业务实质判断是否对被投资单位具有控制、共同控制或重大影响关系。

（二）民间非营利组织因对外投资对被投资单位具有控制权的，应当按照《民非制度》第二十七条的规定采用权益法进行核算，并在会计报表附注中披露投资净损益和被投资单位财务状况、经营成果等信息。

五、关于限定性净资产

（一）《民非制度》第五十六条规定的限定性净资产中所称的“限制”，是指由民间非营利组织之外的资产提供者或者国家有关法律、行政法规所设置的。该限制只有在比民间非营利组织的宗旨、目的或章程等关于资产使用的要求更为具体明确时，才能成为《民非制度》所称的“限制”。

（二）民间非营利组织应当根据《民非制度》第五十七条的规定，区分以下限制解除的不同情况，确定将限定性净资产转为非限定性净资产的金额：

1.对于因资产提供者或者国家有关法律、行政法规要求在收到资产后的特定时期之内使用该项资产而形成的限定性净资产，应当在相应期间之内按照实际使用的相关资产金额转为非限定性净资产。

2.对于因资产提供者或者国家有关法律、行政法规要求在收到资产后的特定日期之后使用该项资产而形成的限定性净资产，应当在该特定日期全额转为非限定性净资产。

3.对于因资产提供者或者国家有关法律、行政法规设置用途限制而形成的限定性净资产，应当在使用时按照实际用于规定用途的相关资产金额转为非限定性净资产。

其中，对固定资产、无形资产仅设置用途限制的，应当自取得该资产开始，按照计提折旧或计提摊销的金额，分期将相关限定性净资产转为非限定性净资产。在处置固定资产、无形资产时，应当将尚未重分类的相关限定性净资产全额转为非限定性净资产。

4.如果资产提供者或者国家有关法律、行政法规要求民间非营利组织在特定时期之内或特定日期之后将限定性净资产用于特定用途，应当在相应期间之内或相应日期之后按照实际用于规定用途的相关资产金额转为非限定性净资产。

其中，要求在收到固定资产、无形资产后的某个特定时期之内将该项资产用于特定用途的，应当在该规定时期内，对相关限定性净资产金额按期平均分摊，转为非限定性净资产。

要求在收到固定资产、无形资产后的某个特定日期之后将该项资产用于特定用途的，应当在特定日期之后，自资产用于规定用途开始，在资产预计剩余使用年限内，对相关限定性净资产金额按期平均分摊，转为非限定性净资产。

与限定性净资产相关的固定资产、无形资产，应当按照《民非制度》规定计提折旧或计提摊销。

5.对于资产提供者或者国家有关法律、行政法规撤销对限定性净资产所设置限制的，应当在撤销时全额转为非限定性净资产。

（三）资产提供者或者国家有关法律、行政法规对以前期间未设置限制的资产增加限制时，应当将相关非限定性净资产转为限定性净资产，借记“非限定性净资产”科目，贷记“限定性净资产”科目。

六、关于注册资金

（一）执行《民非制度》的社会团体、基金会、社会服务机构设立时取得的注册资金，应当直接计入净资产。注册资金的使用受到时间限制或用途限制的，在取得时直接计入限定性净资产；其使用没有受到时间限制和用途限制的，在取得时直接计入非限定性净资产。

前款规定的注册资金，应当在现金流量表“收到的其他与业务活动有关的现金”项目中填列。

（二）社会团体、基金会、社会服务机构变更登记注册资金属于自愿采取的登记事项变更，并不引起资产和净资产的变动，无需进行会计处理。

七、关于承接政府购买服务取得的收入

按照《民非制度》第五十九条的规定，民间非营利组织承接政府购买服务属于交换交易，取得的相关收入应当记入“提供服务收入”等收入类科目，不应当记入“政府补助收入”科目。

八、关于存款利息

民间非营利组织取得的存款利息，属于《民非制度》第三十五条规定的“为购建固定资产而发生的专门借款”产生且在“允许资本化的期间内”的，应当冲减在建工程成本；除此以外的存款利息应当计入其他收入。

九、关于境外非政府组织代表机构的总部拨款收入

（一）执行《民非制度》的境外非政府组织代表机构（下同）应当增设“4701总部拨款收入”科目，核算从其总部取得的拨款收入。

（二）境外非政府组织代表机构取得总部拨款收入时，按照取得的金额，借记“现金”“银行存款”等科目，贷记本科目。

（三）期末，将本科目本期发生额转入非限定性净资产，借记本科目，贷记“非限定性净资产”科目。

如果存在限定性总部拨款收入，则应当在本科目设置“限定性收入”“非限定收入”明细科目，在期末将“限定性收入”明细科目本期发生额转入限定性净资产。

（四）境外非政府组织代表机构应当在业务活动表收入部分“投资收益”项目与“其他收入”项目之间增加“总部拨款收入”项目。本项目应当根据“总部拨款收入”科目的本期发生额填列。

十、关于资产减值损失

（一）按照《民非制度》第七十一条第（六）项规定，会计报表附注应当披露“重大资产减值情况的说明”。民间非营利组织应当在“管理费用”科目下设置“资产减值损失”明细科目，核算因提取资产减值准备而确认的资产减值损失。

（二）长期投资、固定资产、无形资产的资产减值损失一经确认，在以后会计期间不得转回。

十一、关于出资设立其他民间非营利组织

（一）民间非营利组织按规定出资设立其他民间非营利组织，不属于《民非制度》规定的长期股权投资，应当计入当期费用。设立与实现本组织业务活动目标相关的民间非营利组织的，相关出资金额记入“业务活动成本”科目；设立与实现本组织业务活动目标不相关的民间非营利组织的，相关出资金额记入“其他费用”科目。

（二）本解释施行前民间非营利组织出资设立其他民间非营利组织并将出资金额计入长期股权投资的，应当自本解释施行之日，将原“长期股权

投资”科目余额中对其他民间非营利组织的出资金额转入“非限定性净资产”科目（以前年度出资）或“业务活动成本”“其他费用”科目（本年度出资）。

十二、关于关联方关系及其交易的披露

民间非营利组织与关联方发生关联方交易的，应当按照《民非制度》第七十一条第（十一）项规定，在会计报表附注中披露该关联方关系的性质、交易类型及交易要素。

（一）本解释所称的交易要素，至少应当包括：

1.交易的金额。

2.未结算项目的金额、条款和条件。

3.未结算应收项目的坏账准备金额。

4.定价政策。

（二）本解释所称关联方，是指一方控制、共同控制另一方或对另一方施加重大影响，以及两方或两方以上同受一方控制、共同控制或重大影响的相关各方。以下各方构成民间非营利组织的关联方：

1.该民间非营利组织的设立人及其所属企业集团的其他成员单位。

2.该民间非营利组织控制、共同控制或施加重大影响的企业。

3.该民间非营利组织设立的其他民间非营利组织。

4.由该民间非营利组织的设立人及其所属企业集团的其他成员单位共同控制或施加重大影响的企业。

5.由该民间非营利组织的设立人及其所属企业集团的其他成员单位设立的其他民间非营利组织。

6.该民间非营利组织的关键管理人员及与其关系密切的家庭成员。关键管理人员，是指有权力并负责计划、指挥和控制民间非营利组织活动的人员。与关键管理人员关系密切的家庭成员，是指在处理与该组织的交易时可能影响该个人或受该个人影响的家庭成员。关键管理人员一般包括：民间非营利组织负责人、理事、监事、分支（代表）机构负责人等。

7.该民间非营利组织的关键管理人员或与其关系密切的家庭成员控制、

共同控制或施加重大影响的企业。

8.该民间非营利组织的关键管理人员或与其关系密切的家庭成员设立的其他民间非营利组织。

此外，以面向社会开展慈善活动为宗旨的民间非营利组织（包括社会团体、基金会、社会服务机构等），与《中华人民共和国慈善法》所规定的主要捐赠人也构成关联方。

（三）本解释所称关联方交易，是指关联方之间转移资源、劳务或义务的行为，而不论是否收取价款。关联方交易的类型通常包括以下各项：

1.购买或销售商品及其他资产。

2.提供或接受劳务。

3.提供或接受捐赠。

4.提供资金。

5.租赁。

6.代理。

7.许可协议。

8.代表民间非营利组织或由民间非营利组织代表另一方进行债务结算。

9.关键管理人员薪酬。

十三、关于生效日期

本解释自公布之日起施行。

三、北京市民办非营利养老机构财务管理办法

北京市财政局 北京市民政局关于印发《北京市民办非营利养老服务机构财务管理办法》的通知（京财社［2021］199号），该文件于2021年2月1日执行。

·第一章　总　则·

第一条　为规范民办非营利养老服务机构（以下简称非营利养老服务机

构）财务行为，加强非营利养老服务机构财务管理，根据《中华人民共和国会计法》《民办非企业单位登记管理暂行条例》《养老机构管理办法》《民间非营利组织会计制度》《〈民间非营利组织会计制度〉若干问题的解释》《会计基础工作规范》等有关法规政策以及财政部有关内部控制规范的相关要求，制定本办法。

第二条 本办法适用对象为市、区民政部门登记注册并在区民政部门备案的为老年人提供全日集中住宿和照料护理服务，床位数在10张以上的非营利养老服务机构。

第三条 非营利养老服务机构法定代表人或者负责人对会计工作和会计资料真实性、完整性负责，并对本单位内部会计控制的建立健全及有效实施负责。

第四条 非营利养老服务机构财务管理的主要任务：

（一）建立健全内部财务管理制度，加强财务监督，保障经费使用合法合规。

（二）认真执行《民间非营利组织会计制度》（含解释），及时、准确、完整地进行会计核算，编制财务预决算和财务会计报告，真实反映单位财务状况，开展财务分析。

（三）加强财产物资管理，维护资产的完整和安全，防止资产流失和浪费。

（四）提高资金使用效率，降低费用，节约开支。

第五条 非营利养老服务机构应当根据国家有关法律、行政法规和内部会计控制规范，结合本单位实际，制定相适应的内部会计控制制度，加强内部会计监督，提高会计信息质量和管理水平。

·第二章　会计机构与会计人员·

第六条 非营利养老服务机构应当根据会计业务的需要，设置会计机构，或者在有关机构中设置会计人员并指定会计主管人员；不具备设置条件的，应当委托经批准设立从事会计代理记账业务的中介机构代理记账。

第七条 非营利养老服务机构会计人员应当遵守《中华人民共和国会计法》等法律法规和国家统一的会计制度，具备良好的职业道德，按照国家有关规定参加继续教育，具备从事会计工作所需要的专业能力。

第八条 会计和出纳人员应实行岗位分设，不得兼任。出纳人员不得兼任稽核、会计档案保管和收入、支出、费用、债权债务账目的登记工作。

第九条 单位法定代表人或者负责人的直系亲属不得担任本单位的会计机构负责人、会计主管人员。会计机构负责人、会计主管人员的直系亲属不得在本单位会计机构中担任出纳工作。

第十条 非营利养老服务机构财会人员工作调动或离职时，必须按规定与接管人员办清交接手续。一般会计人员办理交接手续，由会计机构负责人（会计主管人员）监交；会计机构负责人（会计主管人员）办理交接手续，由单位负责人监交，必要时备案的民政部门可以派人会同监交。

·第三章 会计核算·

第十一条 非营利养老服务机构应按照《中华人民共和国会计法》《民间非营利组织会计制度》（含解释）等规定，设置会计科目，登记会计账簿，进行会计核算，编制财务会计报告，有条件的应实行会计电算化管理。

登记会计账簿，必须以经过审核的会计凭证为依据。

记账凭证应当根据经过审核的原始凭证及有关资料编制。

第十二条 会计核算应当以非营利养老服务机构持续经营为前提，以权责发生制为基础，采用借贷记账法。会计核算应当划分会计期间，分期结算账目和编制财务会计报告。

第十三条 会计核算应当以非营利养老服务机构实际发生的交易或者事项为对象，记录和反映单位本身的各项业务活动。

任何单位不得以虚假经济业务事项或者资料进行会计核算。

第十四条 非营利养老服务机构开立、变更银行账号和刻制财务专用章等事宜应报登记管理机关备案。

第十五条 非营利养老服务机构银行账户只限本单位会计核算使用，不得向其他个人或单位出借、出租。

第十六条 非营利养老服务机构所有财务收支应当全部纳入本单位财务账户统一管理、统一核算，不得建立账外账。

·第四章 收入管理·

第十七条 非营利养老服务机构的收入必须合法取得。按其来源分为捐赠收入、提供服务收入、政府补助收入、商品销售收入、投资收益以及其他收入等。

记账时应严格区分应税收入和非应税收入，不得混淆，各项应税收入，要按照税收法律、行政法规等规定办理纳税申报。

第十八条 非营利养老服务机构接受社会捐赠应坚持自愿和无偿的原则，不得强行或者变相摊派，不得接受附加利益回报条件的捐赠。

非营利养老服务机构接受社会捐赠应当每年向民政部门报告接受捐赠的有关情况，并应当将有关情况以适当方式向社会公布。

非营利养老服务机构接受境外捐赠时，应作为重大事项向民政部门报告，不得接受附加违反法律法规和违背社会公德条件的捐赠。

第十九条 非营利养老服务机构收取经营服务性收费应当遵循自愿、公平、公开的原则，收费标准应向社会公示。

第二十条 非营利养老服务机构各项收入除用于自身有关的、合理的支出外，应当全部用于章程规定的非营利事业。

·第五章 费用管理·

第二十一条 非营利养老服务机构的费用可分为业务活动成本、管理费用、筹资费用和其他费用。

第二十二条 非营利养老服务机构的费用必须真实、合法，凡取得的增值税发票必须通过“国家税务总局全国增值税发票查验平台”查验属实后方可报销入账。不得用虚假发票、白条或不真实的发票入账。

第二十三条 非营利养老服务机构必须建立健全内部会计监督制度，明确各项经费开支范围和标准、审批程序和权限并应严格执行。

第二十四条 非营利养老服务机构接收的政府补助（补贴）专项经费应按补助（补贴）名称单列明细科目核算，使用时必须执行国家有关部门的规定单独核算、专款专用，不得超出使用范围和标准。期末结余列入限定性净资产管理。

第二十五条 非营利养老服务机构承接政府购买服务取得的收入，应按项目单列科目核算。根据提供服务的实际需要，按照非营利养老服务机构适用的财务管理制度支配和使用。

第二十六条 非营利养老服务机构接收的捐赠资产，应在章程规定的宗旨和业务范围内，根据与捐赠人约定的期限、方式和用途进行使用管理，并及时向社会公开捐赠资产的使用管理情况。

·第六章 资产管理·

第二十七条 非营利养老服务机构的资产来源必须合法，发起人不享有对资产的所有权。任何单位和个人不得侵占、私分或者挪用非营利养老服务机构的资产。

第二十八条 非营利养老服务机构应当对资产实行分类管理，建立健全资产管理制度。

第二十九条 非营利养老服务机构应加强流动资产、固定资产、对外投资等资产的清查和管理。

第三十条 非营利养老服务机构应建立现金和银行存款日记账制度，按照业务发生顺序逐日逐笔登记，做到日清月结，账款相符。

第三十一条 非营利养老服务机构的现金管理，应按照《现金管理暂行条例》，严格执行现金库存限额、现金使用范围、现金发放手续等规定。除发放工资、福利、劳酬、差旅费和《现金管理暂行条例》规定限额以下的零星支出外，其余应通过银行、非银行金融平台（微信、支付宝等）办理转账结算业务。

非营利养老服务机构取得的现金收入，应及时存入银行账户，不得从现金中直接支付。

第三十二条 非营利养老服务机构的应收款项，应按照实际发生额入账，设置明细账进行明细核算。

第三十三条 非营利养老服务机构的存货，应按照实际成本入账，定期进行清查盘点。

第三十四条 固定资产是指为行政管理、提供服务、生产商品或者出租目的而持有的，预计使用年限超过1年，单位价值较高的有形资产。包括土地、房屋及构筑物；通用设备；专用设备；文物和陈列品；图书、档案；家具、用具、装具及动植物。

非营利养老服务机构应建立固定资产总账、明细账和账卡，完善固定资产购置、领用、处置、清查盘点等日常管理制度。单位应根据自身资产状况确认固定资产的金额标准。

第三十五条 非营利养老服务机构合并、分立的，应办理资产的清查、移交事项。

非营利养老服务机构终止时，应当成立清算小组，做好资产和债权债务清算工作。终止后的剩余财产，应当按照单位章程的规定或者单位理事会的决议用于公益目的；无法按以上方式处理的，由登记的民政部门主持转给宗旨相同或者相近的法人，并向社会公告。

·第七章　负债管理·

第三十六条 负债是指过去的交易或者事项形成的现时义务，履行该义务预期会导致含有经济利益或者服务潜力的资源流出非营利养老服务机构。

负债应当按其流动性分为流动负债、长期负债和受托代理负债等。

流动负债是指将在1年内（含1年）偿还的负债，包括短期借款、应付款项、应付工资、应交税金、预收账款、预提费用和预计负债等。

长期负债是指偿还期限在1年以上（不含1年）的负债，包括长期借款、长期应付款和其他长期负债。

受托代理负债是指非营利养老服务机构因从事受托代理交易、接受受托代理资产而产生的负债。

第三十七条 非营利养老服务机构的各项流动负债、长期负债应当按实际发生额入账，受托代理负债应当按照相对应的受托代理资产的金额予以确认和计量。

每一笔负债均应当按照债权人名称设置明细账，进行明细核算。负债应当及时清偿，确实无法偿付或不需偿付的负债，应及时清理，并结转至其他收入科目进行核销。

第三十八条 非营利养老服务机构收取入住服务对象的押金，应计入负债，作其他应付款处理，并按入住服务对象单独核算。押金应全部存入银行账户单独核算，不得挪作他用。收取押金时，为入住服务对象出具风险提示书。

·第八章 净资产管理·

第三十九条 非营利养老服务机构的净资产是指资产减去负债后的余额。

净资产应当按照其是否受到限制，分为限定性净资产和非限定性净资产。

如果资产或者资产所产生的经济利益（如资产的投资收益和利息等）的使用受到资产提供者或者国家有关法律、行政法规所设置的时间限制或（和）用途限制，则由此形成的净资产即为限定性净资产。国家有关法律行政法规对净资产的使用直接设置限制的，该净资产亦为限定性净资产。除此之外的其他净资产，即为非限定性净资产。

限定性净资产中所称的“限制”，是指由非营利养老服务机构之外的资产提供者或者国家有关法律、行政法规所设置的比机构宗旨或章程中关于资产使用的要求更为具体明确的限制。

如果限定性净资产的限制已经解除，应当对净资产进行重新分类，将限定性净资产转为非限定性净资产。

第四十条 非营利养老服务机构收入抵减费用后形成的净资产不得分配或变相分配。

·第九章 票据管理·

第四十一条 非营利养老服务机构的票据应专人管理，明确票据领用、保管、注销等环节的职责、权限和程序，专门序时记录登记。

第四十二条 非营利养老服务机构应严格执行《中华人民共和国发票管理办法》及《财政票据管理办法》等相关规定，不得转让、出借、代开、买卖票据，不得擅自扩大票据适用范围。

非营利养老服务机构应根据实际发生的业务活动如实开具正式发票和财政专用票据，不得开具内部收据，也不得多开、少开、不开正式发票。

第四十三条 非营利养老服务机构应加强票据使用管理，票据填写项目齐全、内容真实、字迹清楚，收据联加盖单位财务专用章和收款人的名章。

第四十四条 非营利养老服务机构收取费用必须使用财政部门统一监（印）制的专用票据，或印有税务机关全国统一发票监制章的发票。从事有偿服务型活动，必须使用印有税务机关全国统一发票监制章的发票。

第四十五条 非营利养老服务机构接受捐赠，应开具公益事业捐赠专用票据。

·第十章 档案管理·

第四十六条 非营利养老服务机构应当严格按照《会计档案管理办法》等有关规定，建立健全会计档案管理制度，加强会计档案管理。

第四十七条 非营利养老服务机构每年形成的会计档案，应按照归档要求，整理立卷，装订成册，编制会计档案保管清册。

鼓励非营利养老服务机构利用计算机、网络通信等信息技术手段管理会计档案。

·第十一章　监督管理·

第四十八条　非营利养老服务机构的财务工作应自觉接受民政、财政、审计等相关部门的监督检查。

第四十九条　区民政、财政部门应当结合本行政区域内非营利养老服务机构的服务规模、信用记录、风险程度等情况，采取随机或重点等方式，实施监督检查，也可委托专业机构进行检查、抽查。检查抽查情况和查处结果应当及时向社会公布。

第五十条　民政、财政部门应当畅通对非营利养老服务机构举报投诉渠道，依法及时处理有关举报投诉。

市民政、财政部门应当加强对区民政、财政部门的指导和监督，及时督促纠正财务管理中的违法违规行为。

第五十一条　非营利养老服务机构每年3月31日前向业务主管单位报送上一年度的工作报告和具有资质的会计师事务所出具的财务状况审计报告，经业务主管单位初审同意后，于5月31日前向登记管理机关报送上一年度工作报告和由具有资质的会计师事务所出具的审计报告，自觉接受监督检查。

第五十二条　非营利养老服务机构变更法定代表人或者负责人、办理注销清算之前，应当对其进行财务审计。

·第十二章　法律责任·

第五十三条　非营利养老服务机构不依法设置会计账簿，未按照规定填制、取得原始凭证，填制、取得的原始凭证不符合规定，以未经审核的会计凭证为依据登记会计账簿，登记会计账簿不符合规定，伪造、变造会计凭证、会计账簿，编制虚假财务会计报告，隐匿或者故意销毁依法应当保存的会计凭证、会计账簿、财务会计报告等违反《中华人民共和国会计法》规定的，由单位所在地的区财政部门依据《中华人民共和国会计法》有关规定，视情给予处罚。

第五十四条 非营利养老服务机构虚报冒领政府补贴资金的，一经核实，由备案的民政部门纳入本市养老服务机构信用黑名单并按照补贴资金文件的相关规定追回其冒领的资金并由其所在地的区财政部门按照本办法第五十六条的规定处理；构成犯罪的，移送司法机关处理。

第五十五条 非营利养老服务机构有下列情形的，由登记的民政部门依照《民办非企业单位登记管理暂行条例》予以警告，责令改正，可以限期停止活动；情节严重的予以撤销登记；构成犯罪的，依法追究刑事责任。

（一）涂改、出租、出借本单位登记证书或出租、出借本单位印章的；

（二）拒不接受或者不按照规定接受监督检查的；

（三）侵占、私分、挪用民办非企业单位的资产或者所接受的捐赠、资助的；

（四）违反国家有关规定收取费用、筹集资金或者接受使用捐赠、资助的。

第五十六条 非营利养老服务机构有虚报冒领骗取政府补贴资金、挪用政府补贴资金、从无偿使用的财政资金中非法获益、其他违反规定使用及骗取财政资金等行为的，由单位所在地的区财政部门依据《财政违法行为处罚处分条例》责令改正、给予警告或处以罚款。

第五十七条 非营利养老服务机构有违反财政收入票据管理规定行为的，由单位所在地的区财政部门销毁非法印制的票据，没收违法所得；并依据有关规定对单位、直接负责的主管人员和其他直接责任人员处以罚款。

第五十八条 民政、财政部门及其工作人员在监督管理工作中滥用职权、徇私舞弊、玩忽职守的，依法给予党纪、政纪处分；构成犯罪的，依法追究刑事责任。

·第十三章 附 则·

第五十九条 本办法由北京市财政局、北京市民政局负责解释。

第六十条 本办法自发布之日起施行。